O FLAENAU TYWI
I LANNAU TAF

O Flaenau Tywi
i Lannau Taf

Hunangofiant J. Cyril Hughes

Argraffiad cyntaf: 2013

(h) J. Cyril Hughes/Gwasg Carreg Gwalch

Cyhoeddwyd gan Wasg Carreg Gwalch,
12 Iard yr Orsaf, Llanrwst, Conwy, LL26 0EH.
Ffôn: 01492 642031 Ffacs: 01492 641502
e-bost: llyfrau@carreg-gwalch.com
lle ar y we: www.carreg-gwalch.com

Rhif rhyngwladol: 978-1-84527-469-6

Mae'r cyhoeddwr yn cydnabod cefnogaeth ariannol
Cyngor Llyfrau Cymru

Cynllun clawr: Eleri Owen, Pwllheli

Cyflwynedig i'm teulu

Cyflwyniad

Pleser o'r mwyaf fu cael gwahoddiad i ysgrifennu gair o gyflwyniad i gyfrol y bu disgwyl mawr amdani. Magwyd Cyril Hughes, fel finnau, ym mherfeddion mynyddoedd Elenydd ar ffermdy sydd heddiw'n lloches dros nos i gerddwyr sy'n dilyn y llethrau o Ystrad-fflur i Abergwesyn. Dyma'r ffordd arw fu gynt yn un o lwybrau'r porthmyn cynnar fu'n gyrru gwartheg a defaid i ardaloedd llawer brasach yn Lloegr.

Oherwydd lleoliad y fferm a'i phellter o'r pentref agosaf anodd credu heddiw na chafodd gŵr mor ddisglair â Cyril gychwyn yn yr ysgol tan oedd e ymron yn saith oed. Eto, graddiodd o Brifysgol Cymru Aberystwyth a chynnal oes o wasanaeth, a pharhau i wneud hynny mewn amrywiol feysydd, ac yntau bellach wedi croesi'r pedwar ugain oed.

Cofiaf unwaith hen fugail yn dweud wrtha i fod byw yng nghanol y mynyddoedd yn creu gwyleidd-dra mewn person wrth iddo ddod yn llwyr ymwybodol o fawredd ei Greawdwr o'i gwmpas. Dyna, yn sicr, sydd yn taro rhywun wrth sgwrsio â Cyril. Dyma ddyn sydd wedi ymdrin â byw a gweithio'n drefol ymysg pobol ar bob lefel ac eto gyda gwên ddisgwylgar ar ei wyneb ar fore dydd Llun yn y Sioe Fawr yn Llanelwedd pan fydd yn gwylio'r bugeiliaid yn corlannu'r defaid.

Yn ddiweddar cefais y fraint o'i arwain yn ôl drwy goedwig Tywi at ddrws ei hen gartref lle bu'r atgofion yn llifo ac enwau'r esgeirydd yn ailgynnau hen dân. Ie, digon gwir yr hen ddywediad y medrir tynnu'r dyn o'r mynydd, ond nid oes modd o gwbwl dynnu'r mynydd o'r dyn. Edrychaf ymlaen at lyfr diddorol fydd yn adlewyrchu bywyd proffesiynol llawn ond gyda sawr mwg y mawn a sgrechian y barcud yn treiddio drwyddo dro ar ôl tro.

Prynwch a darllenwch y gyfrol a chewch flasu hanes gŵr a gerddodd ymhell o gysgod y Graig Goch a chaniad yr ehedydd, ond heb anghofio'i wreiddiau sy'n ddwfn yn nhawelwch ac unigedd mynydd-dir Elenydd.

Charles Arch
Hydref 2013

1

Y gwladwr

Mab y mynydd

Yn chwech oed, roeddwn i heb eto dywyllu drws ysgol. A dweud y gwir roedd y syniad o gymryd y cam hwnnw yn diflasu fy mywyd yn llwyr er gwaetha'r ffaith fy mod i, yn fy nychymyg, yn mynd yn gyson i'r 'cownti school' yn Nhregaron. Er holl ymdrechion Mam, fynnwn i ddim cael fy nysgu i ddarllen nac ysgrifennu er fy mod wrth fy modd yn gwrando arni hi'n darllen hanesion Wil Cwac Cwac, Siôn Blewyn Coch ac Eban Jones yn *Llyfr Mawr y Plant*. Fe'm hystyriwn fy hun yn dipyn o arbenigwr ar gampau Mickey a Minnie Mouse a Pluto gan i'r llyfr hwnnw hefyd gyrraedd y cartref yn unigeddau mynyddoedd y Cambrian o fewn ychydig lathenni i afon Tywi, yn agos i'w tharddiad ar y ffin rhwng siroedd Ceredigion a Brycheiniog.

Moelprysgau oedd y cartref hwnnw, saith milltir o'r pentref agosaf, Pontrhydfendigaid, a thair milltir o'r tŷ agosaf, Nantstalwyn, y gallem ymweld ag ef. Bugail defaid oedd fy nhad ar y pryd yn gyflogedig gan y brodyr James a Dafydd Edwards, Nantstalwyn a Nantyrhwch. Troi ymhlith oedolion, efelychu oedolion a defnyddio iaith a ieithwedd bugeiliaid a ffermwyr a wnawn. Defaid oedd fy mhethau bryd hynny a hyd y dydd heddiw gallaf ddweud mai tua sièd a chylchoedd beirniadu'r defaid y cyfeiriaf fy nghamrau y funud y cyrhaeddaf faes y Sioe yn Llanelwedd tua'r hanner awr wedi wyth ar y bore Llun. Treuliaf oriau lawer yno ddydd Llun a dydd Mercher gan ganolbwyntio ar y bridiau Cymreig, heb fod â fawr i ddweud wrth y bridiau tramor. Yr un yw fy agwedd at y gwartheg hwythau. Siawns na fyddai fy ngwelediaeth fymryn yn wahanol pe dibynnai fy mywoliaeth ar ddefaid a gwartheg a'm gorfodi i ystyried manteision posibl rhai o'r bridiau tramor a chroes-fridiau.

Er mai yn ffermdy Bryncethin ym mhlwyf Llangeitho, Ceredigion, y gwelais olau dydd ar y trydydd o Ionawr, 1931, ym Moelprysgau y mae fy nghof cyntaf, sef o'r cynhaeaf gwair. Gorwedd mewn tanfa o wair yng nghwmni mochyn, o bob peth. Nid mochyn cyffredin mo hwn. Byddai fy nhad neu fy mam yn gwneud pererindod flynyddol ar gefn Black y goben ddu i farchnad fisol Tregaron i brynu mochyn bach – yn ddieithriad o gert Bancllyn ger Llyn Eiddwen. Tyngai'r ddau fel ei gilydd fod moch o'r fferm hon yn fwy deallus a chyfeillgar nag unrhyw foch eraill dan haul. Gallaf innau gytuno. Pan fyddwn i wedi blino ar geisio helpu yn ystod y cynhaeaf gwair ar Lethr Llwyd, byddwn yn encilio i'r danfa wair agosaf i orffwys, a chawn gwmni'r mochyn. Toc byddai dau gysgadur blinedig yn rhochian yn braf heb ofid yn y byd. Pryder fy rhieni oedd y byddai fy nghyfaill yn rholio ar fy mhen a'm mogi, ond rydw i yma o hyd.

Roedd y tymor lladd a chynaeafu mawn yn un o uchafbwyntiau'r flwyddyn i fi. Roeddem yn gyfan gwbl ddibynnol ar fawn i gynhesu'r tŷ, pobi'r bara a berwi tatws i ni, y lloi a'r moch. Apêl fawr y cyfnod oedd y byddem yn bwyta ein cinio ar lan yr afon rhyw filltir a hanner o'n cartref adeg trin y mawn. Trwy garedigrwydd y teulu Arch, fferm y Fynachlog, Ystrad-fflur, byddem yn lladd mawn ar eu tir hwy a'u cludo i un o dai allan Moelprysgau. Ac er mwyn i fi chwarae fy rhan yn llawn, a'm cadw'n ddiddig gydol y dydd, fe luniodd Jack Arch haearn lladd mawn digon bach a hylaw i grwtyn pedair oed ei drin heb drafferth gyda fy enw wedi ei losgi ar ei gefn. Mae'r haearn hwnnw'n dal yn fy meddiant hyd y dydd heddiw. Dangosai'r mochyn ei ddeallusrwydd bryd hynny hefyd. Arferai Mam ei fwydo o gwmpas y pump o'r gloch yn ddyddiol ac er ei fod yn gwmni ffyddlon wrth drin y mawn byddai'n codi ei ben, yn rhoi un sgrech ac yn anelu am adref ar yr adeg briodol o'r dydd. Ond, och a gwae, fe wawriai'r dydd pan gyrhaeddai John Jones, Dolgoch, gyda'i gyllyll awchus i roi terfyn disyfyd ar fy nghyfaill rhadlon, a mawr fyddai'r dagrau er i Mam fy nhywys gryn bellter o'r tŷ rhag i sgrechfeydd y truan fochyn fod yn ormod o hunllef. Er y galar, roeddwn i gyda'r cyntaf at y bwrdd i fwynhau gwledd o afu ffres, a'r cig mân drannoeth pan ddeuai John drachefn i dorri'r corpws yn ddarnau. Halltu'r cyfan fyddai'r dasg ddiflas nesaf.

Yn ystod y gaeaf, yn naturiol, y digwyddai'r diwrnod lladd mochyn, ond un o bleserau mawr y dyddiau byr a'r nosweithiau hir yng ngolau'r lamp baraffîn oedd Dydd Calan a'r cyfle i fynd i hela calennig. Nid cerdded a wnawn na chychwyn allan ben bore, ond yn hytrach fynd gyda fy mam ar gefn Black i dri thŷ yn unig, sef Nantstalwyn, Nantyrhwch a Dolgoch lle byddai'r croeso'n gynnes a'r rhoi yn hael. Dim sôn am orffen rhannu calennig am hanner dydd ond gwahoddiad i gynhesu o flaen tanllwyth o dân a chael pryd o fwyd. Anfoesgar iawn fyddai peidio â bwyta'n harti yn y tri lle. Flynyddoedd yn ddiweddarach, mewn ardaloedd eraill, cerddais filltiroedd lawer am dipyn llai o gelc na fyddai'n gynnes yn fy mhoced ar achlysuron cymdeithasol y calennig cynnar. Oedd, roedd yno gymdeithas glòs o bobl y ystyriaf yn fraint i mi eu hadnabod a chael fy magu yn eu plith. Dyma hawddfyd fy mhlentyndod cyn dyddiau'r coed coniffer a melltith yr hedfan isel. A dyna pam rwy'n ffieiddio'r holl sôn gan rai pobl y dyddiau hyn am ryw 'wilderness' anelwig. Pobl yn byw a gweithio mewn ardal sy'n creu cymdogaeth, nid pobl yn dod ar hap neu dros dro i fyw'n fras ymhell o ferw'r byd. Amheuaf ar brydiau mai wedi cilio o ardaloedd dinesig yn Lloegr y mae llawer o'r rhain am i bobl o liw a diwylliant gwahanol darfu ar eu bywyd cyfforddus. Eglura hyn y rheswm pam y bu Dafydd Huws a minnau mor awyddus i greu cynllun ynni adnewyddadwy yn yr ardal, cynllun gyda'r potensial i adfywio a chynnig cyfleoedd newydd i'r trigolion cynhenid.

Er bod y daith yn faith ac anodd i Bontrhydfendigaid, y pentref hwnnw oedd ein canolfan siopa. Ar gefn poni y gwneid y daith ran fynychaf ond cerdded fyddai raid pan na fyddai'r fath anifail wrth law. Meddyliwch o ddifri am wraig yn cerdded ar draws saith milltir i'r siop, prynu digon o fwyd i gynnal teulu am bythefnos neu dair wythnos, yna wynebu'r 'daith hirfaith' yn ôl i'w chartref yn cario bagiau trwmlwythog. Amrywiai'r tywydd, a byddai wedi hen dywyllu cyn iddi gyrraedd adref pan fyddai'r dydd yn fyr. Deuai lorri i hanner y ffordd bob hydref gyda digon o fflŵr i grasu bara dros fisoedd y gaeaf a digonedd o flawd i fwydo'r anifeiliaid. Nwydd arall hanfodol oedd casgennaid o baraffîn i oleuo'r lampau. Ar yr un ffordd y deuai Dr Anderson yr holl ffordd o Bontrhydygroes pan fyddai galw ac ni chawsom ein hesgeuleuso ganddo; fe lwyddai ef, yr unig un, i yrru ei gar hyd at ddrws y tŷ pa mor arw bynnag y ffordd a dwfn yr afon. Doedd yr un milfeddyg o fewn cyrraedd ond fe ddeuai'r milfeddyg answyddogol, David Phillips, Llwynygog, ar gefn ei geffyl os byddai galw. Ein hunig ymwelydd cyson oedd Rhys Jones, y postmon, a gerddai'r pedair milltir ar ddeg yn ôl a blaen – yn ddyddiol ar ambell gyfnod er y gallai'n hawdd fod wedi cadw llythyrau am ddiwrnod neu ddau cyn eu dosbarthu, heb i neb fod ddim callach. Beth bynnag y tywydd, doedd dim dichon ein rhwystro rhag ymweld â Ffair Gŵyl y Grog ar 25 Medi. Cynhelid marchnad geffylau ar ddarn o dir glas yn ystod y bore gyda rhialtwch y ffair bleser yn hawlio gweddill y dydd. Codi archwaeth a wnâi'r achlysur at y ffeiriau calangaeaf yn Nhregaron ac Aberystwyth fis Tachwedd. Y trydydd ar ddeg o'r mis hwnnw oedd dydd Calangaeaf gyda ffair Tregaron yn digwydd ar y dydd

Mawrth cyntaf wedi'r dyddiad. Ymfalchïai Aberystwyth mewn tri dydd Llun ffair: y cyntaf fyddai'r Llun cyntaf wedi 13 Tachwedd – honno oedd y ffair fwyaf a phwysicaf.

Bu gaeaf 1937 yn greulon i drigolion y ffermydd mynydd ac yn arbennig felly i'w preiddiau. Yn llechwraidd dros nos y cyrhaeddodd yr eira ac mae cof gennyf weld fy nhad yn edrych trwy'r ffenestr ar doriad dydd a sylweddoli pa mor drafferthus a cholledus y gallai hyn fod. Ac felly y bu. Ni feddem ar radio na'r un cyfrwng arall i roi i ni ragolygon y tywydd. Collwyd degau ar ddegau o'r praidd a oedd yn bennaf cyfrifoldeb fy nhad er iddo dreulio pob awr o olau dydd ym mhob tywydd allan ar y mynydd yn arwain y defaid i ddiogelwch neu'n twrio amdanynt o dan luwchfeydd dyfnion. Achubwyd nifer fawr iawn ond trengodd llawer hefyd. Y gorchwyl diflas ond angenrheidiol wedi i'r eira glirio oedd blingo'r meirw er mwyn gwerthu'r crwyn i ddigolledu rywfaint bach ar y perchnogion. Treuliais innau, yn chwech oed, ddyddiau lawer allan ar y mynydd yn cyflawni'r dasg honno gyda chymorth cyllell chwecheiniog o siop gymharol newydd Woolworth yn Stryd Fawr, Aberystwyth. Roedd iddi garn coch a llafn finiog. I gau pen y mwdwl fe lwythwyd y pentwr crwyn ar 'y gambo fach' a wynebu'r daith saith milltir, gan groesi'r afon sawl gwaith, i Bontrhydfendigaid i'w trosglwyddo i'r prynwr. Pa ryfedd nad oedd y syniad o fynd i'r ysgol yn apelio pan fo bywyd fy nghynefin gymaint yn fwy diddorol.

Cneifio, golchi, trochi, sbaddu a nodi: dyna uchelwyliau'r gymdeithas y maged fi ynddi. Dyddiau difyr odiaeth pan ddeuai pawb ynghyd i weithio'n ddiwyd a phroffesiynol, i gymdeithasu'n hwyliog, ddireidus a rhannu hanesion a chlecs. Cyfle hefyd i finne ehangu ar fy *repertoire* o eiriau ac ymadroddion amharchus, a dal pen rheswm gyda'r gorau. Ar achlysuron o'r fath y deuthum i adnabod pobl newydd a heidiai o Dregaron, Abergwesyn a llefydd eraill: y ffermwr o Flaencaron yr honnid iddo feddu ar y ddawn i ddenu baco o byrsiau baco'r brodyr Edwards trwy wneud yn siŵr fod ei focs baco ef ei hun bob amser yn wag. Doedd dim owns o gnawd sbâr ar ei gorff a chlywais un wag yn honni y medrai gyfrif ei asennau hyd yn oed pan fyddai'n gwisgo cot uchaf drwchus ganol gaeaf! Fy arwr o blith yr holl ymwelwyr oedd Tom Roberts, Blaenglasffrwd, dyn rhadlon a chyfeillgar a oedd yn barod bob amser i ddal pen rheswm gyda chrwt pedair i bump oed. Ni chollwn yr un cyfle i fod yn ei gwmni. Yn wahanol i rai o'r gweddill, ni freuddwydiai Tom am ddysgu dim byd amheus i fi.

Sbaddu, neu dorri, ŵyn gwryw oedd crefft a swyddogaeth Ben Felix o Abergwesyn, a byddai'n eistedd ar fainc neu ffwrwm gydol yr amser yn tynnu'r cerrig gyda'i ddannedd. Ar ddiwrnod cneifio deuai Harri Squash i'w ogoniant yn plygu'r cnyfau gwlân. Mae cefndir Harri'n ddirgelwch o hyd a does gen i ddim cof ei glywed yn siarad Cymraeg. Hwyrach mai 'crwt o'r ysgol' ydoedd, fel y disgrifid bechgyn a ddeuai'n wreiddiol o gartrefi plant amddifad. Term arall, cwbl gyfeiliornus dybia i, oedd y disgrifiad 'crwt o ysgol plant drwg' a ddefnyddid ar lafar gwlad. Borstal, mae'n debyg, a olygid. Adroddai Mam am ffrind iddi hi'n ceisio argyhoeddi un o'r bechgyn di-Gymraeg hyn o rinweddau ymroi ati yn y bore gyda'r cyngor: "The *bore* never lost it." Lleol, o gyffiniau Tregaron, oedd y cymeriad chwim ei feddwl a ffraeth ei dafod, John Bwlchffin.

Un digwyddiad a effeithiodd yn fawr arnaf, ac sy'n dal yn fyw yn y cof yw colli buwch. Fe drigodd yn dilyn methu â bwrw llo er gwaethaf pob ymdrech gan y milfeddyg gwlad, David Phillips, Llwynygog, a deithiodd yr holl ffordd o'r Bont i geisio achub bywyd un o'n hanifeiliaid prin. Y drefn oedd llusgo'r corpws bellter o'r tŷ a'i gladdu, ac rwy'n dal i gofio gweld y fuwch farw yn cael ei llusgo y tu ôl i Bess, y gaseg. Os yw colli un o'r gwartheg yn cael y fath argraff barhaol, sut deimladau sydd gan y ffermwyr a wêl fuches gyfan yn diflannu oherwydd TB? Dylid gorfodi'r gwleidyddion sydd mor amharod i ddifetha moch daear a'r rhai sy'n eu cefnogi i fod yn llygad-dystion i'r gwae a'r gofid. Os difetha'r gwartheg, pam na chaiff y bywyd gwyllt yr un ffawd? A beth am farwolaeth boenus y mochyn daear o haint y darfodedigaeth?

Er mai gwas cyflog i'r ddau frawd Edwards oedd fy nhad, roedd gennym yr hawl i gadw nifer cyfyngedig o wartheg a lloi, a cheffyl gwaith. Isel iawn oedd y cyflog ariannol y dyddiau hynny. Tybiaf, er hynny, y disgwylid i'r bugail ymdynghedu i neilltuo'r cyfan neu ymron y cyfan o'i amser a'i egni i'r meistri, a'i bod felly'n ofynnol cadw a thalu gwas i ofalu am ein hanifeiliaid ni a chyflawni'r dyletswyddau angenrheidiol. Roedd y tŷ a'r caeau'n ddi-rent. Felly, yr unig ychwanegiad at gyflog fy nhad oedd ffrwyth gwerthiant y lloi o gwmpas y 18 mis oed. Rhys Jones o Abergwesyn oedd y porthmon teithiol a alwai ar yr adeg briodol i fargeinio. Cofiaf un achlysur pan brynodd anner ifanc a oedd, am ryw reswm, yn ffefryn gen i. Diwrnod trist oedd achlysur gwerthu honno. Wedi taro'r fargen dyma Rhys yn estyn darn chwecheiniog i fi gyda siars i ofalu am yr anner nes y byddai ef yn ei chasglu. A'm hateb cwrtais i? "Chi sydd piau hi nawr, gofalwch chi amdani", stori y bu cryn adrodd ac ailadrodd arni i gryfhau'r ddelwedd o grwt ffraeth (neu ddigywilydd!) a oedd, o droi ymhlith oedolion, wedi mabwysiadu eu dull hwy o siarad. Rwy'n siŵr i hyn eto ychwanegu at ofid fy rhieni o sylweddoli unwaith yn rhagor fod mynychu ysgol yn hanfodol ac na fyddai hynny'n brofiad pleserus i'r un ohonom.

Nid dyna'r unig enghraifft o siarad anaddas gan fachgen

pump neu chwech oed. Am y byddai gorfodaeth ar fy rhieni i godi a theithio'n blygeiniol i gyrraedd Nantyrhwch (fferm Dafydd Edwards) ar fore'r cneifio fe fyddwn i'n cysgu yng nghartref ei frawd yn Nantstalwyn y noson cynt yng nghanol llond gwlad o forynion a gweision ac ymwelwyr dros dro yn sgil y cneifio. Codwr bore oeddwn innau a chan i mi fethu â gweld yr un enaid byw o gwmpas, dyma floeddio ar ben y grisiau: "Codwch y diawled, mae'n ddiwrnod cneifo Dafydd Nantyrhwch!"

Ond roedd gwaeth i ddod. Rai wythnosau ynghynt roeddwn i wedi treulio wythnos gyda rhieni, brawd a dwy chwaer fy mam yn eu cartref, Brynhoewnant, Tregaron. Roedd fy ewyrth Ocky (James Octavius ar ei dystysgrif geni), yn berson carismataidd a llawn direidi yr oeddwn yn ei eilunaddoli. Er mawr ofid i'm rhieni, un o gastiau Ocky oedd bathu enwau anghonfensiynol, amharchus ar nifer o bethau bob dydd. Pan ofynnodd Mrs Edwards, Nantstalwyn, i fi y bore hwnnw beth hoffwn i frecwast, atebais fel ergyd o wn, "Sholyn twll tin iâr" (sef wy wedi ei ferwi). Stori arall i bwysleisio'r angen am fy ngwareiddio! Yr unig gysur, mae'n debyg, oedd nad oedd selsig ar y fwydlen gan fod gan fy ewyrth enw mwy lliwgar fyth ar y danteithion hynny.

O droi at achlysuron llawer mwy dyrchafol, rwy'n cofio clywed y Dr Martyn Lloyd-Jones yn pregethu yn yr awyr agored ar fin y pwll trochi defaid ar fuarth Nantstalwyn ar brynhawn Sul. Chofia i ddim o'r bregeth ond rwy'n dal i weld y bobl yn tyrru yno ar droed ac ar gefn ceffyl. Er na olygai'r enw fawr ddim ar y pryd yr oeddwn yn ymwybodol fod yr achlysur yn un pwysig a'r cennad yn ŵr enwog.

Fues i erioed mewn oedfa yng nghapel Soar y Mynydd bryd hynny, sef capel a gynlluniwyd gan weinidog Capel Bwlchgwynt, Tregaron. Yn ogystal â bod yn weinidog yr Efengyl, meddai'r Parchedig Ebeneser Richards ar ddawn bensaernïol ddefnyddiol iawn. Teulu Jones, Nantllwyd, a roddodd y tir i adeiladu'r capel. Cafwyd llain ddigonol o dir hefyd i greu cae diogel lle y medrai'r addolwyr a deithiai, o reidrwydd, gryn bellter, ollwng eu ceffylau'n rhydd gyda chyfle i bori tipyn yn ystod yr oedfaon. Cynhelid ysgol ddyddiol yno am flynyddoedd ond, yn anffodus, nid oedd o fewn cyrraedd i mi. Mae i Ebeneser Richards enwogrwydd arall hefyd: ef oedd tad Henry Richard, AS, Apostol Heddwch, y gwelir cofgolofn iddo mewn lle amlwg yn ei dref enedigol. Cynhelid oedfa'r bore yn Soar ar y Sul a gwasanaeth y prynhawn ar yr aelwyd oedd yn 'cadw'r mis', sef yn lletya'r pregethwr gwadd. Bûm mewn mwy nag un ohonynt, o'm hanfodd mae'n wir, a bu bron i mi lwyddo i ddarbwyllo fy rhieni unwaith i'r oedfa gael ei diddymu oherwydd salwch y cennad. Fy stori oedd i un o weision Nantstalwyn alw i ddweud hynny ond ymresymodd fy nhad a mam na fyddai'r gwas hwnnw wedi troi yn ôl heb ddod i'r tŷ am sgwrs a phaned. Fe feddwn ar fwy nag un ddawn amheus!

Gan ein bod yn byw mewn lle mor anghysbell prin oedd y cyfleoedd i gymdeithasu gyda chymdogion. Yn wir, dim ond ar noson olau leuad glir y medrem fentro dros y mynydd ac ar draws y corsydd i ymweld ag Esgair Garthen, o fewn golwg i Glaerwen. Cychwyn yn gynnar yn y prynhawn i dreulio rhai oriau gyda'r brawd a chwaer Evan a Jane Roberts. Yr oedd Jane yn barod a chynnes ei chroeso, ond gan ei bod yn arbennig o hoff o sgwrsio ac mai prin oedd y cyfleon iddi wneud hynny, yr oedd paratoi a gweini pryd o fwyd yn cymryd amser. Fe ddeuai Jane â chwpan neu blat o'r stafell arall i'r bwrdd, a thraethu'n huawdl-faith cyn cyrchu'r llwyth nesaf. Ni freuddwydiem am droi am adref cyn iddi dywyllu, a phan na fyddai'r lleuad ar ei gorau neu'r tywydd yn stormus, rhaid oedd dibynnu ar y lamp stabal.

(Lamp y plwyf y galwai fy nhad y lleuad.) Cofiaf yn dda am un noson stormus pan ddiffoddodd y lamp, a'r drafferth a gafwyd i'w hailgynnau.

Cyfaill ffyddlon Evan oedd y ceffyl gwyn a'i cludai'n ddiogel ar law a hindda, ddydd a nos. Cymaint yr ymddiried rhyngddynt ac mor gyfarwydd yr hen geffyl â'r llwybrau dros y mynydd, fel y cysgai Evan yn y cyfrwy gan wybod y byddai ei gyfaill yn ei ddwyn yn ddiogel i ddrws Esgair Garthen. Yno, byddai Jane yn barod i glywed pob hanesyn a ddaeth i glyw Evan ar ei daith. Trist cofnodi i mi weld Evan am y tro olaf ychydig cyn ei farw yn ei gartref ym Mhontrhydfendigaid. Pallodd y cof erbyn hynny ac ni wyddai pwy oeddwn.

Ysywaeth, dod i ben yn anorfod wnaeth y bywyd delfrydol hwn pan fu'n rhaid i minnau, yn chwech oed, wynebu caethiwed a disgyblaeth addysg ysgol. Adroddaf beth o drawma'r profiad hwnnw mewn pennod arall. Amddifadwyd fi o brofiadau arferol plentyn yn sgil tyfu mewn lle mor anghysbell heb yr un cysylltiad gyda phlant o unrhyw oed. Bywyd ynysig, ie, ond bywyd llawn a chyfoethog ar lawer ystyr. Gan na chefais brofiad o fagwraeth wahanol mae'n amhosibl barnu ai mantais ynteu anfantais a fu'r math yma o fagwraeth. Yr hyn a wn yw 'mod i'n gorfod gadael cartref am bythefnos gyfan, byw mewn llety, wynebu bywyd mwy disgybledig a chwbl newydd, a'm dadwreiddio o gefndir hapus, diofid, a bod hyn yn golygu bywyd cwbl wahanol. Credaf yn ddiysgog i'r amgylchedd, y bobl a'r profiadau cynnar fod yn ganmil cyfoethocach na phe bawn wedi fy magu mewn tre neu bentre. Rhaid derbyn ar yr un pryd mai newid er lles pawb oedd yr unig ateb. Ar 31 Mai, 1937 y newidiodd fy myd a minnau erbyn hynny o fewn pythefnos i fod yn chwech a hanner oed. Fel y gwelir, byr fu fy arhosiad yn fy academi gyntaf.

Llofrudd ar ffo

Dwn i ddim sawl tro yr erfyniais ar fy mam i adrodd ac ailadrodd sut y gallai'n hawdd, a hithau newydd gyrraedd ei deg oed, fod wedi dod wyneb yn wyneb â llofrudd. A sut y bu i'w chwaer, Mary, fod yn agosach fyth at wneud hynny.

Yng Ngorffennaf 1916, derbyniodd y Dr David Glyn Jones, Llansawel, Sir Gaerfyrddin, delegram yn gofyn iddo ymweld â Thomas Davies, Blaenrhysglog, Caio, ffermwr oedrannus yn dioddef o anhwylder difrifol ar ei galon. Cyrhaeddodd fuarth y fferm tua hanner dydd ar ddydd Sadwrn, 15 Gorffennaf. Funudau'n unig yn ddiweddarach, gorweddai'n farw gelain ar y buarth, wedi ei guro a'i saethu gan David Davies, mab y claf. Dihangodd y llofrudd gan arwain at chwilio dyfal amdano gan heddlu a chymdogion. Dychwelodd i Flaenrhysglog am chwech o'r gloch ar y bore Mercher canlynol ond ciliodd eilwaith o sylweddoli fod yr heddlu yn gwylio'i gartref yn ofalus.

Pa gymhelliad oedd i ŵr ifanc 33 oed derfynu einioes gŵr a ddaeth yn unswydd mewn ymgais i achub bywyd ei dad? Trwy drugaredd, hwyrach, bu Thomas Davies farw ychydig oriau'n ddiweddarach heb glywed am anfadwaith ei fab. Roedd y mab, Dai Davies, yn gyn-fyfyriwr o Adran Amaethyddiaeth Coleg Aberystwyth, ac yn ddyn ymddangosiadol cwbl normal. Am ba reswm bynnag, fe newidiodd ei gymeriad wedi iddo dreulio cyfnod gyda'r Pembroke Yeomanry a bu ar grwydr am ddeunaw mis cyn dychwelyd yr un mor ddisymwth ag y diflannodd. Eisteddai gan syllu ar y wal am hydoedd yn gwbl fud ac nid oedd am i'r un dieithryn ddod ar gyfyl y fferm gan y credai mai bwriad pawb oedd gwenwyno'i rieni a'u hanifeiliaid.

Tystiodd iddo ddweud wrth Dr Jones, cyn ei lofruddio, fod gormod o'i debyg ef yn crwydro'r wlad yn gwenwyno pobl. Datgelwyd yn y llys iddo rwystro Dr Rowlands o Lanbedr Pont Steffan rhag ymweld â'i dad ar y dydd Mawrth blaenorol. Cwynodd hwnnw, a bu cryn weld bai ar yr awdurdodau am beidio â gweithredu ar fyrder a thrwy wneud hynny rwystro'r drychineb hon. Cyd-ddigwyddiad trist oedd mai'r person cyntaf i glywed am y drychineb, a hynny o enau Mrs Davies, oedd ei chymydog, Thomas Williams, ac mai nai i Mr Williams oedd y John Williams a lofruddiwyd yn ei gartref, Brynambor, yn ardal Llanddewibrefi flynyddoedd lawer yn ddiweddarach. Bu llofrudd John ar ffo yn y mynyddoedd hefyd cyn cael ei ddal a'i garcharu.

Mae'n debyg fod D J Williams (Abergwaun) yn anfon adroddiadau i'r wasg Gymraeg ar y pryd ac yn naturiol yn awyddus i adrodd am ddigwyddiad mor anarferol o drist yn y Gymru wledig. Pan glywodd DJ am y drychineb fe deithiodd rhag blaen ar ei feic i Flaenrhysglog yn benderfynol o archwilio corff y diweddar Thomas Davies am olion saethu neu unrhyw archoll arall. Yn anffodus iddo fe, ond nid yn annisgwyl, safai plismon ar wyliadwriaeth a gorfu i'r cyw-newyddiadurwr aros yn amyneddgar nes i hwnnw gilio o'r neilltu i ateb galwad natur cyn y llwyddodd i sleifio i'r stafell wely i gael cip sydyn ar y corff.

Beth sydd a wnelo hyn oll â merch ddeg oed, sef Mam, yn ffermdy unig Llannerch yr Yrfa ar ymyl y ffordd o Abergwesyn i Dregaron? Digwyddodd y weithred erchyll ganol Gorffennaf yn anterth y tymor cneifio. Ac yntau'n fugail cyflogedig, byddai ei thad i ffwrdd o'r cartref yn ddyddiol yn cneifio ar wahanol ffermydd gan adael ei wraig a'i blant yn ddiamddiffyn heb yr un dyn o gwmpas y lle. Ar y diwrnod arbennig hwn, yr oedd Dad-cu yn cneifio yn Llannerch y Cawr, yr ochr arall i'r mynydd.

Tua chanol y bore cyrhaeddodd dau heddgeidwad gartref mam gan ddweud bod lle i gredu i Dai Davies (Dafydd Dafis i lawer) gyfeirio ei gamrau i'r cyfeiriad hwnnw gan rybuddio'r teulu i fod yn ofalus. Eu nod oedd chwilio amdano ar y mynydd cyfagos a gwneud eu ffordd i Gwm Elan gan ofyn i Mary, un o'r plant hynaf, i'w tywys i'r llwybr gorau at eu pwrpas. Hynny a wnaeth, a thoc wedi iddi droi am yn ôl, daeth y ddau chwiliwr o hyd i'r ffoadur o lofrudd yn cysgu yn un o'r pyllau mawn. Wedi peth ymrafael, a defnydd o gyllell, fe'i gosodwyd mewn gefynnau a'i dywys i gyfeiriad Cwm Elan gan alw yn Llannerch y Cawr lle'r oedd y cneifwyr yn mwynhau eu te prynhawn cyn ailgydio yn eu dyletswyddau. Pan gyrhaeddodd gartref y noson honno gallai fy nhad-cu dawelu meddwl ei deulu a'i sicrhau nad oedd y ffoadur o Gaio bellach yn crwydro'r mynyddoedd.

Pan ddaeth yr achos gerbron y Barnwr Lush ym Mrawdlys Caerfyrddin, fe gafwyd Dai Davies yn euog ond yn wallgof. Yn arwain yr amddiffyniad yr oedd un o fechgyn disglair Sir Gâr, sef y bargyfreithiwr, y gwleidydd a'r llenor, W Llewelyn Williams, AS.

Fel sydd orau, dyfalu yn unig y medrwn ei wneud am yr hyn a allai fod wedi digwydd ar yr aelwyd unig ar lannau afon Irfon petai'r mab ffarm a laddodd feddyg oherwydd ei wallgofrwydd wedi galw yno a darganfod mam a'i phlant yn unig heb ddyn ar gyfyl y lle. Petai Mam wedi dod wyneb yn wyneb â llofrudd, beth fyddai'r canlyniad?

Dyddiau ysgol

Gan na ellid gohirio'r anochel yn hwy, Ysgol y Bont (Pontrhydfendigaid) oedd y gyrchfan ym Mai 1937 a finne bellach o fewn llai na mis i fod yn chwech a hanner oed. Er fy mod yn hynod o wybodus am ddefaid, cŵn, merlod mynydd a llu o bethau eraill tra defnyddiol ni fedrwn dorri fy enw na darllen gair. Ystyfnigrwydd ar fy rhan i yn hytrach nag esgeulustod ar ran fy rhieni oedd i gyfrif am fy anllythrennedd.

Ar fore Llun, dyma gychwyn ar gefn Black ar y daith saith milltir gan groesi'r afon chwe gwaith. Ein cyrchfan oedd gwesty'r Red Lion lle y câi'r gaseg ymgeledd a Mam noson o lety yn hytrach na throi yn union am adref yn syth wedi iddi fy nghyflwyno i fywyd a bydoedd arswydus o newydd. Nid rhyddid i grwydro'n rhydd ar lan afon na chyfleon di-ri i ddilyn fy niddordebau bachgennaidd a throi ymysg oedolion oedd fy nyfodol bellach. Lletya yn nhŷ pobol ddierth – er bod yna berthynas waed, caredigrwydd a chysur ar aelwyd Islwyn yng nghwmni Anti Sara ac Wncwl Dai. Caethiwed a disgyblaeth ystafell ddosbarth ddydd ar ôl dydd a chyfle prin i dreulio pob yn ail benwythnos yn fy nghynefin. Nefoedd yn troi'n uffern ar fore Llun.

Ar ddechrau'r prynhawn y cychwynnodd fy ngyrfa addysgol. Gyrfa fer yn Ysgol y Bont, fel y digwyddodd, er na wyddwn hynny ar y pryd. Un o gydnabod fy nhad, a pherthynas o bell, Miss Mat Jones o Ffair Rhos oedd yr athrawes radlon a wnaeth ei gorau glas i'm gwneud i deimlo'n gartrefol. Iddi hi y perthyn y clod am i fi ymroi i ddysgu ysgrifennu a darllen yn gwbl ddidrafferth, ac yn bwysicach o lawer, fwynhau gwneud hynny. Caniatawyd i Mam gadw cwmni i fi trwy'r prynhawn hwnnw. O

ddarganfod yn ddiweddarach sut yr amddifadwyd hi o lawer
o gyfleusterau addysg pan oedd hi'n blentyn, gallaf
amgyffred ei hawydd ysol i'w mab fod yn fwy breintiedig.

Yr unig gof a feddaf o'r prynhawn cyntaf hwnnw oedd
cael chwarae â blociau a chreu ffald neu gorlan arferol i
ddefaid ac un lawer yn llai i gorlannu defaid strae. Methai'r
prifathro, J G Williams, gŵr chwyrn yr olwg ond a fu'n
garedig iawn tuag ataf fi, amgyffred pam nad oedd bwlch ar
gyfer clwyd ar y gorlan leiaf yn gyffelyb i'r un fawr. Fy ateb,
gan ddangos fy syndod at ei anwybodaeth a'm diffyg
amgyffred innau sut i siarad â phrifathro, oedd: "Bachan, i
chi ddim yn deall nad oes byth glwyd ar ffald defaid strae."
Buan iawn y lledodd yr hanesyn bach hwnnw ledled y Bont,
a synnwn i fawr nad y prifathro ei hun oedd yr heuwr.

Roedd gen i ddwy gyfnither a chefnder, Bet, Mari a Wil –
sy'n fwy adnabyddus bellach fel Bill Hughes y Ceidwadwr
a'r dyn busnes amlwg o Abertawe – ynghyd â pherthnasau
eraill megis Dic Gwarcaeau, Jac Tandisgwylfa, Jac Fagwyr
Wen a Wil Brynrhosog. Bu pob un ohonynt yn gefn ac yn
gymorth. Mwynheais y gwersi gan ddysgu'n gyflym ac
anghofio pob hiraeth. Ond fe ddychwelai hwnnw i'm llethu
amser chwarae ac amser cinio, gyda'r nos a'r penwythnos
pan na fyddwn yn dychwelyd i sŵn afon a bref dafad.

Yn ystod y cyfnod hwn gorfodwyd fy rhieni i newid
cynefin a ffordd o fyw trwy rentu fferm Blaenberllan ar
gyrion pentref Cilcennin a daeth fy nghyfnod anhapus yn
Ysgol y Bont i ben. Ni chofiaf glywed i'r awdurdodau fygwth
cyfraith ar fy rhieni am amddifadu plentyn o addysg tan ei
fod yn chwech a hanner oed ac yna am rai wythnosau cyn
ailgydio yn fy addysg yn Ysgol Gynradd Cilcennin. Yno,
fe'm bendithiwyd ag athrawes arall, Miss Davies o
Aberaeron, a roddodd bob gewyn ar waith i sicrhau fy mod
yn dal i fyny â'm cyd-ddisgyblion o'r un oed a oedd eisoes

wedi derbyn dwy flynedd yn hytrach na thri mis o hyfforddiant

Tirwedd gwahanol a ffermio o fath gwahanol a gafwyd yn yr ardal hon gyda mwy o dir gwaelod i gadw gwartheg a chodi cnydau yn ogystal â pheth tir mwy addas i ddefaid. Fferm felly oedd Blaenberllan, wedi ei lleolli filltir dda allan o'r pentre uwchlaw afon Aeron a'r rheilffordd hamddenol yn rhedeg yn gyson rhwng Aberaeron a Llanbedr Pont Steffan. Profiad cwbl newydd oedd bod yn rhan o gymdogaeth o ffermydd ac ambell dyddyn. Nid yn unig yr oedd gennym gymdogion ond roeddem hefyd wedi glanio mewn ardal gymdogol fel y daeth yn glir i ni ar adeg y cynhaeaf. Ni ddeallais erioed sut y ffurfiwyd perthynas rhyngom a John Jenkins, Bwlchydŵr, a'i deulu gan fod eu fferm hwy gryn filltir a hanner i ffwrdd y tu hwnt i'r pentref. Beth bynnag, dyma John gyda'i gert a'i geffyl yn ymddangos ar fuarth Blaenberllan yn gwbl annisgwyl i gynorthwyo gyda'r cynhaeaf gwair. Byddem ninnau yn ein tro yn ad-dalu'r gymwynas.

Cyfeillion eraill gwerthfawr a theyrngar oedd Mr a Mrs Griffiths, Siop y Bryn, a bu Evan, a oedd rhyw flwyddyn yn hŷn na fi, yn gyfaill agos am flynyddoedd. Evan – Ianto i'w gyfeillion – oedd fy nghwmni wrth gasglu calennig a gwn i'w bresenoldeb fod yn gyfrwng i chwyddo'r ysbail gan ei fod e a'i deulu'n rhan annatod o fywyd yr ardal. Fe'i cythruddwyd yn fawr unwaith pan wrthiodd un wraig swllt i'w law a cheiniog yn unig i'r casglwr arall, i'r cymaint graddau fel y rhannodd ei swllt â mi yn y man a'r lle. Ar ein hymweliad cyntaf â'r Bryn clywsom am drasiedi deuluol erchyll a ddigwyddodd yn ystod y flwyddyn cynt, sef i Dan, brawd Ianto, gael ei ladd mewn damwain beic ar ei ffordd i Ysgol Sir Aberaeron.

Llwm oedd bywyd y mwyafrif ohonom yn agos i fachludiad tridegau'r ganrif gyda chysgod yr Ail Ryfel Byd yn araf ymddangos. Er mai fferm yn hytrach na thyddyn oedd ein cartref bellach nid oedd yn fenter ddigon proffidiol i'n cynnal fel teulu heb i fy nhad geisio gwaith cyflogedig i ychwanegu at dderbyniadau'r fferm. Doedd dod o hyd i waith addas o fewn cyrraedd ddim bob amser yn bosibl, ond fe lwyddodd ar y cyfan. Golygai hyn ychwanegu at faich fy mam, a oedd, wrth gwrs, yn ddigon cyfarwydd â gwaith fferm – ac yn fwy hoff ohono nag o fod yn gaeth i'r tŷ ddydd ar ôl dydd.

Tipyn o ymgymeriad oedd trefnu symud dodrefn, offer fferm a'r anifeiliaid o le anghysbell fel Moelprysgau i lawr gwlad Cilcennin. Y gamfa gyntaf? Ni ellid dibynnu ar lorri i gyrraedd Moelprysgau a'r unig ffordd, diolch i gymwynas arall eto gan Mr a Mrs Arch, fferm y Fynachlog Fawr, Ystrad-fflur, oedd cludo'r cyfan gyda cheffyl a chert dros afon a ffyrdd geirwon fesul llwyth ymlaen llaw a'u cadw yn nhai allan y fferm. Oherwydd y pellter, a galwadau gwaith, un llwyth y dydd oedd yr unig darged posibl. Wedi casglu'r cyfan ynghyd, eu llwytho ar lorri cludo anifeiliaid J D James o Dregaron.

Wedyn, beth am y gwartheg, y cŵn a'r ceffyl a chert? Yn nhraddodiad gorau porthmyn Ceredigion, gyrrodd fy nhad a'i frawd, Sianco, y cyfan yr holl ffordd i Flaenberllan, Cilcennin, gan dorri'r siwrnai ac aros noson gyda theulu Mam yn ffermdy Bryncethin ar y ffordd o Dregaron i Benuwch. Cyrhaeddodd pawb yn ddiogel i flasu porfa newydd.

Profiad hollol wahanol i'r un blaenorol oedd fy niwrnod cyntaf yn Ysgol Cilcennin. Dim dagrau, dim hiraeth na threulio pythefnos gyfan oddi cartre. Cerdded milltir dda nos a bore gyda fy nghinio ar fy nghefn. Ambell dro ar fy mhen fy hun. Dro arall cawn fwynhau cwmni Robert, Carnau, am ran helaeth o'r daith. Bu Robert yn gyfaill da er ei fod rai blynyddoedd yn hŷn. Ar adegau o'r flwyddyn fe gerddwn rhwng perthi 'yn llawn o haf' a gweld ac adnabod blodau gwylltion a thyfiant na wyddwn am eu bodolaeth cynt.

Dod i adnabod cyfoedion newydd ac ymgyfarwyddo â geiriau ac ymadroddion newydd. Mwynhau mynychu'r Ysgol Sul a chael parti Nadolig. Ymweliad gan Santa i roi anrheg o'r goeden Nadolig – a gwledd i ddilyn. Parti yn yr ysgol dro arall a manteisio ar y cyfle cyntaf erioed i berfformio'n gyhoeddus mewn cyngerdd. Gwyn fy myd. Mae'r cof am y cyfnod hwn yn un arbennig o felys a'm cariad at yr ardal mor fyw ag y bu erioed.

Ond beth am y gwersi, a sut fedrwn i ymdopi mewn dosbarth o fechgyn a merched o'r un oed a oedd wedi derbyn mwy o addysg na fi? Doedd dim angen poeni gan fod yno athrawes hynaws a llawn cydymdeimlad yr oedd yn hawdd iawn ei haddoli. Rhannwn ddesg gyda Gerwyn o fferm y Dolau, un o dri brawd a gerddai, gydag eraill, gryn dipyn o ffordd yn ôl a blaen yn ddyddiol trwy bob tywydd.

Roeddwn, yn gwbl naturiol, mewn dosbarth o blant iau am gyfnod nes i Miss Davies benderfynu un bore – yn dilyn llwyddo i ateb dau neu dri chwestiwn 'anodd' – fy nyrchafu i ddosbarth yn fwy cydnaws â'm hoedran, beth bynnag am fy nghyraeddiadau ar y pryd. O edrych yn ôl, mae'n siŵr i'r weithred seml honno gynyddu fy hyder a'm hawydd i ddysgu. Roedd mwy o frys nag arfer i gyrraedd adre y prynhawn hwnnw i rannu'r newyddion da.

Atgof pleserus arall yw i fy rhieni ddychwelyd o Aberaeron un diwrnod gyda set radio (weierles bryd hynny) Peto Scott newydd fflam gyda batri gwlyb, batri sych a'r hyn a gofiaf i fel 'grid bias'. *Awr y Plant* oedd yr atyniad mwyaf i blentyn, a chael cyfle i wrando ar addasiad radio o nofel adnabyddus E Morgan Humphreys, *Dirgelwch Gallt y Ffrwd*, er bod ambell ddigwyddiad yn codi ofn a'm gyrru allan i'r beudy at fy nhad a mam ar amser godro yn hytrach na dal ati tan ddiwedd y bennod. Roedd Mr Aubrey yn ddewin o dditectif.

Aberaeron oedd y dref agosaf atom a'r fwyaf hygyrch wrth fanteisio ar fws William Jones, Tregaron, neu 'Wil Pendein' i Mam a'i chyfoedion. Yno y cefais fy mhrofiad cyntaf o syrcas gan na fu'r un syrcas, hyd y gwn i, ar ymweliad â blaenau afon Tywi, a choroni'r ymweliad wrth brynu tegan yn Siop Loyn. Crwydro'r caeau. Cneua, casglu eirin duon bach, dal cwningod a thaith ar y trên bach a redai'n gyson rhwng Aberaeron a Llanbedr Pont Steffan i Ffair Sulgwyn yn y dref honno. Rheilffordd anarferol o gartrefol oedd hon – gyda'r gyrrwr yn barod i godi teithwyr ymhell o'r orsaf cyn belled â bod y darpar-deithiwr yn arwyddo'n ddigon clir ei fod am esgyn i'r trên. Bu fy ewyrth Sianco yn gweithio ar y 'lein' ac adroddai fel y byddai'r gyrrwr ar fore braf o Fedi yn stopio'r trên a neidio i lawr i gasglu madarch mewn caeau cyfagos.

Cwningod. Cwningod. Cwningod. Dyna a welem ymhob twll a chornel – yn enwedig gyda'r hwyr yn dilyn cawod o law. Y drefn oedd gwahodd y trapwr lleol, Aldwyn, i ddal cynifer byth ag y medrai, eu gwerthu a rhannu'r ysbail rhyngom. Gan mor niferus y cyflenwad ar holl ffermydd yr ardal doedd yr un gwningen yn werth mwy nag ychydig hen geiniogau. Cesglid yr helfa gan wahanol fasnachwyr a byddai'r gystadleuaeth rhyngddynt yn ddigon milain ar adegau. Bryd arall, ni fyddai galw amdanynt a'r canlyniad fyddai taflu'r cyfan. Petaem wedi parhau i fyw yno dros yr Ail Ryfel Byd fe wnelem ein ffortiwn gyda'r dogni ar fwyd a'r galw am enllyn llesol. Lle gynt yr oedd cwningen yn werth ychydig geiniogau yr oedd bellach yn werth sylltau.

Ie, pla oedd y gwningen druan bryd hynny. Un peth oedd hau ceirch, mater arall oedd diogelu'r egin rhag cael ei fwyta dros nos. Ateb rhannol yn unig a gynigiai ei hun, sef gosod cynifer â phosibl o drapiau milain o gwmpas pob cae llafur am rai wythnosau. Erchyll oedd sgrechiadau'r trueiniaid pan gaeai'r dannedd dur am eu coesau. Mwy nag unwaith fe gofiaf rhan o goes yn unig mewn trap ben bore: byddai'r truan wedi ymdrechu mor egnïol nes llwyddo i ddianc gyda'i fywyd ond yn barhaol brin o hanner un goes.

Roedd newid mawr ar droed, gwaetha'r modd. Dau newid mewn gwirionedd a'r ddau fel ei gilydd yn rhwym o ailgyfeirio ein bywydau. Cymro Cymraeg â'i wreiddiau yn yr ardal ond a oedd wedi hen ymgartefu yn Llundain oedd perchennog y fferm. Fe'n hysbysodd o'i awydd ac, yn wir, ei fwriad i werthu'r eiddo. Petaem yn broffwydi, diau y byddem wedi rhag-weld y newid a oedd ar fin digwydd a hwyrach wedi ystyried o leiaf gynnig pris am Flaenberllan. Ar y llaw arall, nid dyn yn llawn menter oedd fy nhad a phwy a welai fai arno yn yr hinsawdd a fodolai ar y pryd hynny. Y newid arall ar fore'r Sul cyntaf o Fedi 1939 oedd darllediad Neville Chamberlain yn cyhoeddi rhyfel yn erbyn yr Almaen. Yn ffodus, ni freuddwydiai yr un ohonom ein bod yn wynebu chwe blynedd creulon o anrhaith a dinistr. Dyfodol ansicr am fwy nag un rheswm.

Chwilio am gartref newydd oedd yr unig ddewis. Fe'n cynghorwyd i chwilio am fferm llawr gwlad yng nghyffiniau Dyffryn Aeron ond roedd y dynfa at deulu a chydnabod yn amlwg yn rhy gryf. Canolbwyntiwyd ar ardal gyfarwydd yn ymestyn yn fras o Dregaron i Flaenplwyf ac o Bontrhydfendigaid i Bontrhydygroes, ac wedi siom neu ddwy cytunwyd i rentu Gistfaen, tyddyn o ryw ddeugain erw fil o droedfeddi uwchlaw lefel y môr a milltir neu fwy o bentrefi Ysbyty Ystwyth a Phontrhydygroes. Yno y bu cartref nes priodi yn 1957, a hon wrth gwrs yw'r ardal a'r cynefin a welodd blentyndod yn troi'n ieuenctid a'r ieuenctid yn ei dro yn datblygu i oed dyn. O Gistfaen yr euthum i Ysgol Gynradd Ysbyty Ystwyth, Ysgol Sir Tregaron, Coleg Prifysgol Aberystwyth, Ysbyty Tregaron ac i fyd gwaith a theulu newydd.

Yn Hydref 1939 yr oedd ar draws deg a thrigain o ddisgyblion rhwng pump a phedair ar ddeg oed yn Ysgol Ysbyty Ystwyth, yn dod o'r ddau bentref ac o ardal eang. Wynebai rhai o'r plant daith o dair milltir bob ffordd ar droed a hynny haf a gaeaf. Dim bws ysgol, dim car Mam a Dad na chymdogion yn rhannu'r 'school run'. Ofer fyddai gwingo yn erbyn y symbylau gan nad oedd ateb amgen. Milltir bob ffordd oedd hyd fy nhaith i. Eithriad oedd gweld y cerddwyr pell yn methu â chyrraedd yn brydlon.

Bu fy mhrofiad cyntaf yn yr academi hon ymron yr un mor gofiadwy â'r prynhawn cyntaf yn y Bont. Cyn dechrau gwersi'r prynhawn fe'm cornelwyd gan griw o fechgyn o bob oed a'm croesholi'n ddidrugaredd am y perthnasol a'r amherthnasol! Bachgen llai nag amryw o'r gweddill ac o bryd tywyll Iberaidd oedd yn tanio'r bwledi er mai un o'r bechyn hŷn oedd yn eu saernïo. Daeth y croesholwr direidus, Elwyn Pryse, yn gyfaill oes ac yn un o bregethwyr a gweinidogion y Methodistiaid Calfinaidd. Gan na feddwn ar 'track record' hir iawn yn y byd addysgol nid oedd y prifathro yn gwbl argyhoeddiedig fy mod yn teilyngu fy lle yn y dosbarth priodol i'm hoed nes i mi brofi fy haeddiant trwy ddarllen ar goedd o flaen y dosbarth.

Gŵr o Batagonia, ond yn Gymro Cymraeg, oedd y prifathro, D Rhys Jones, neu 'Jones Pat' yn ei gefn. Gŵr llym ei ffordd a'i edrychiad ac anwadal ei ymddygiad ar adegau – ond gŵr caredig yn y bôn. Yn ychwanegol at ei ddyletswyddau addysgol yr oedd hefyd yn ffermio ym Maesybeudy gyda'i wraig, Daisy. 'Ffermwr' mewn dyfynodau gan fod ei ddulliau o amaethu yn bur wahanol i bawb arall o'i gwmpas. Meddai ar ddwy goben las y byddai yn eu marchogaeth yn ddigyfrwy wrth ymarfer ei ddawn gyda'i ddolenraff (lasso). Honnir iddo unwaith raffddolennu dyn y glo a hwnnw'n drwm ei lwyth dan sach yn llawn glo. Tybiaf i'r llwyth fynd ar chwâl ac i'r iaith lasu'r awyr. Gwir ai peidio, mae'n stori ddigon credadwy i fod yn wir. Wedi ymddeol fe dreuliodd ddyddiau lawer yn twrio am gerrig anferth ar hyd y caeau a'u codi er mawr niwed i'w iechyd.

Yn y gyfrol *Atgofion Dau Grefftwr* mae fy nhad-yng-nghyfraith, W T Hughes, yn canmol yr addysgwr anghonfensiynol. Bu D Rhys Jones yn ei hyfforddi yntau mewn dosbarth nos. Cyfeiria ato fel brodor o'r Wladfa a ddaeth i Goleg Aberystwyth yn llanc ifanc heb fawr o grap ar y Saesneg. Llwyddodd, meddai, i ennill serch ei ddisgyblion. Un o'i gampau oedd dangos ar y maes chwarae sut y byddent yn dal ceffylau yn ei wlad enedigol gyda'r ddolenraff draddodiadol. Ac yntau'n adroddwr rhagorol, ei hoff ddarn yn yr iaith Saesneg oedd 'Mark Antony's Funeral Oration'. Mewn gwersi cerddorol gallai gyfeilio gyda'i ffliwt. Byddai bob amser yn canmol Mr Jones fel athro, a dyna oedd profiad fy mam-yng-nghyfraith hithau.

Flynyddoedd maith yn ddiweddarach ac yntau ar fin ymddeol, mae'n hawdd deall paham nad oedd 'Jones Pat' ar ei orau ym mlynyddoedd olaf ei yrfa – a ddaeth i ben yng Ngorffennaf 1941. Nid bod yn annheg yw cofnodi na chawson ni fawr, os dim, o wersi a fyddai yn ein paratoi at yr arholiad tyngedfennol a'n hwynebai maes o law, yn ystod ei flwyddyn olaf yn ei swydd. Yn wir, ychydig iawn o amser a dreuliai gyda ni yn yr ystafell ddosbarth o ddydd i ddydd. Pam? Dwn i ddim.

Wynebai nifer ohonom y 'scholarship', sef yr arholiad mynediad i Ysgol Sir Tregaron, gan mai o ganlyniad i Ddeddf Addysg 1944 y daeth addysg uwchradd yn fraint i bawb a phob gallu. Er ei bwysiced a'r pwyslais a roddid arno, nid oedd methu yn cau'r drws yn glep gan fod Ysgol y Central yn Llanbedr Pont Steffan yn darparu ar gyfer y disgyblion hyn. Diolch amdani er ei bod ymhellach oddi cartre i blant o'n hardal ni.

Buan iawn y darganfu Hywel Madoc Jones, olynydd y Jones arall, na ddaethai ei ragflaenydd o fewn lled cae eisteddfod i'n paratoi yn addas at y prawf mawr ymhen saith neu wyth mis yn ddiweddarach. Ei ddedfryd syfrdanol ac ysgytwol oedd na châi yr un ohonom geisio am le yn yr ysgol ramadeg. Afraid dweud i hyn fod yn siom i bwy bynnag o'r criw a freuddwydiodd am fod yn un o blant y 'cownti sgŵl'. Wedi caniatáu digon o amser i arwyddocâd ei benderfyniad dreiddio i'n hymwybyddiaeth, dyma ddedfryd amgen. "Rydw i yn barod i wneud ymdrech arbennig i'ch paratoi, ond dim ond os ydych chi'n addo gweithio yn eithriadol o galed heb rwgnach." Dehongliad Madoc Jones o 'weithio yn galed' oedd aros am dri chwarter awr yn hwyrach na gweddill y plant bob nos a gwneud pentwr o waith cartre i'w gyflwyno a'i farcio ar ôl oriau ysgol trannoeth. Felly y bu. Trwynau ar y maen rhwng naw a hanner awr wedi tri o'r gloch; tri chwarter awr ychwanegol o gaethiwed; awr neu ragor o waith cartref cyn clwydo. Bu'r cyfan yn werth yr ymdrech fel y profwyd pan gyhoeddwyd y canlyniadau ddechrau'r haf. Ef hefyd a sefydlodd Aelwyd yr Urdd yn yr ardal, Aelwyd a gyfrannodd gymaint i fywyd cymdeithasol ieuenctid y fro am gyfnod maith.

Ni allaf fesur fy nyled i Hywel Madoc Jones am agor pyrth addysg uwchradd i bedwar ohonom. Athro ymroddedig a lafuriodd mewn amser a thros amser i droi anobaith yn orfoledd. Tipyn o seiciatrydd hefyd! Un arall a lwyddodd oedd Elwyn Pryse, y croesholwr direidus a'm rhoddodd trwy'r felin ar y prynhawn cyntaf hwnnw. Elwyn a drefnodd i ni ein dau ymweld â'n cyn-brifathro mewn cartref preswyl yn Abergele ac yntau bellach yn 96 oed. Fe fynegasom ein diolch a'n gwerthfawrogiad a dwi'n meddwl i hynny ei blesio. Trist oedd clywed am ei farwolaeth flwyddyn neu ddwy yn ddiweddarach. Cyd-ddathlodd dwy o ferched ein dosbarth, Margaret Hawkins a Gwenda Llewelyn Jones, lwyddiant yn yr arholiad mynediad hwnnw rhyw brynhawn Gwener.

Ni ddiflannodd D Rhys Jones o'm golwg yn dilyn ei ymddeoliad a bu'n hynod garedig ar fwy nag un achlysur gyda'i anogaeth a chynnig benthyg neu rodd o nifer o lyfrau diddorol. Dyma ŵr sy'n haeddu cofiant ar sail ei gyfraniad yng Nghwmystwyth, Pontrhydygroes ac Ysbyty Ystwyth yn bennaf dros flynyddoedd maith. Cymeriad lliwgar, anghonfensiynol a gofiwn gyda gwên. Cyfoethogodd ein Saesneg hyd yn oed wedi iddo golli diddordeb yn y pynciau eraill ac fe'n difyrrodd ar aml brynhawn Gwener gyda hanesion am ei fywyd amrywiol ym Mhatagonia. Gallai hefyd fathu geiriau megis 'malwodeidd-dra' ac 'eliffanteiddiwch' i ddisgrifio arafwch neu letchwithdod. Oni fyddai pwt o gansen wrth law fe fyddai'n fwy na pharod i anfon y troseddwr allan i goed y Gelli i dorri un at wasanaeth y cosbwr.

Mae i Ysgol Ysbyty Ystwyth a Phontrhydygroes draddodiad hir o addysg yn ymestyn yn ôl i Ysgolion Cylchynol Griffith Jones, Llanddowror, yn y ddeunawfed ganrif. Gresyn o'r mwyaf yw i'r ysgol gynradd gael ei chau yn llythrennol dros nos gan Bwyllgor Addysg Ceredigion a'r rhieni. Yn wyrthiol ymron fe ddarparwyd cludiant i'r disgyblion i Ysgol Llanafan heb doriad ar addysg y plant. Er gwrando trafodaeth ar y digwyddiad ar Radio Cymru mae'r gwir reswm am benderfyniad mor sydyn yn parhau yn ddirgelwch i o leiaf un cyn-ddisgybl. Brwydro i gadw ysgolion lleol ar agor yw'r hanes mewn ardaloedd eraill.

Rwy'n ddyledus i'r diweddar Barchedig D Lewis Evans am lawer o'r ffeithiau hanesyddol trwy bori yn y llyfryn a gyhoeddwyd adeg y canmlwyddiant yn 1978. Yr ardal hon oedd yr ail ardal yn y sir i groesawu un o ysgolion Griffith Jones. Yn yr eglwys y cynhelid yr ysgol a'r llyfrau i'w hastudio oedd y Beibl a'r Catecism. Arhosiad o dri i bum mis oedd i ysgol mewn ardal. Bu pedwar ymweliad dros y blynyddoedd.

Yn 1834 prynwyd gwaith mwyn y Lisburne gan gwmni'r Taylors a oedd yn ddigon goleuedig i godi ysgol i addysgu plant y mwynwyr. Un o'r Ysgolion Prydeinig oedd hon ac fe'i gelwid yn Ysgol y Lefel Fawr. Fodd bynnag, ni phlesiwyd Henry Penry, un o ddirprwyon ac awduron yr adroddiad ar addysg a gyhoeddwyd yn 1847, gan safon yr addysg – y Llyfrau Gleision a effeithiodd gymaint ar Gymru a'i phobl. Daeth Ysgol Brydeinig y Lefel Fawr, felly, yn Ysgol y Bwrdd Addysg yn dilyn Deddf Addysg Forster yn 1870, a oedd yn caniatáu i'r Byrddau Ysgol ddefnyddio rhan o'r dreth leol. Gan fod adeilad Ysgol y Lefel ar y pryd ym Mhontrhydygroes yn rhy fach ar gyfer y nifer cynyddol o ddisgyblion, rhaid oedd adeiladu ysgol newydd a thŷ'r ysgol. Prynodd y Bwrdd hanner erw o dir o eiddo Francis Thomas Gibbs, Greenford, Middlesex, am £100 ar yr ail o Dachwedd, 1877. Adeiladwyd ysgol addas i 150 o blant oherwydd llewyrch y gwaith mwyn, ond buan y digwyddodd y trai pan symudodd nifer o deuluoedd i Sir Forgannwg a mannau eraill. Daeth deddf arall i rym i wneud addysg yn orfodol a daeth addysg elfennol yn fraint rhad ac am ddim i bawb yn 1891. Llosgwyd yr adeilad yn 1953 ond fe'i hadferwyd cyn gynted ag yr oedd modd gan Gyngor Sir Aberteifi, a'i chau yn ddirybudd yn 2011.

Dad-cu

Dim ond un o'm dau dad-cu yr wyf yn ei gofio: James Davies, tad Mam. Bu fy nhad-cu arall, William Hughes o Ffair Rhos, farw'n ifanc o effeithiau blynyddoedd o lafurio yn y gweithiau mwyn plwm, pan oeddwn i ond yn ddwyflwydd oed. Yn ôl pob hanes, yr oeddem ni ein dau yn dipyn o ffrindiau ar aelwyd Talfan cyn ei farw.

Ganwyd tad fy mam yn ffermdy Nantylles ar y ffordd o Dregaron i Flaencaron yn Ebrill 1878, yr ieuengaf o saith o blant James a Mary Davies. Ganwyd ei dad yntau yn Trebrisg, Tregaron, a'i fam ym Mhantycraf yng nghwm Blaencaron. Brodyr a chwiorydd Dad-cu oedd Bet, Ann, Dafydd, Mary, Martha (mam Kitchener Davies), a Daniel. Fues i erioed yn un am ymchwilio i'm hachau ac rwy'n ddiolchgar i eraill am yr ychydig wybodaeth a feddaf. Beth bynnag am hynny, chredais i erioed fod manylu am achau'r teulu mewn cyfrol fel hon o ddiddordeb ysol i'r darllenwyr. I mi, mae'n gyfystyr â chofio pwy yw pwy mewn nofelau amlgymeriadau.

Plentyn gordderch oedd fy mam-gu, Sarah Bonner, a anwyd yn y Gargoed, Ffair Rhos. Meddai hi ar nifer o hanner brodyr a chwiorydd gan i'w thad briodi merch arall. Gydag un eithriad, mae'n debyg, fe arddelodd y rhain Mam-gu fel chwaer gyflawn a bu'r berthynas rhyngddynt yn un agos a hapus. Priododd Mam-gu a Dad-cu ar 15 Tachwedd, 1899 pan oedd y ddau'n ddwy ar hugain oed. Mae peth ansicrwydd am nifer y plant a anwyd iddynt ond mae'n sicr i bedwar ar ddeg – deg merch a phedwar bachgen – oroesi. Ganwyd o leiaf ddau arall. Bu fy nwy fodryb hynaf, Lisi a Mary, farw cyn fy ngeni i. Goroesodd y gweddill, gyda'r olaf,

Hilda May, yn marw ddiwedd Mehefin 2000. Bûm yn angladd pob un ohonynt. Gan i'r plentyn cyntaf, Lisi, weld golau dydd yn Hydref 1900 ac i Hilda fyw tan 2000, yr oedd plant fy nhad-cu a mam-gu wedi cwmpasu canrif gyfan.

Yn ôl yr hanes, er na chefais gadarnhad, ceryddwyd James Davies gan ei gyflogwr yn ardal Abergwesyn am dadogi cynifer o blant, a hynny mor agos at ei gilydd. "Does dim sens mewn cael yr holl blant 'ma. Mae'r wraig a fi wedi bod yn briod lawer yn hwy na chi, a dim ond un plentyn sydd ar ein haelwyd ni." Ateb fy nhad-cu oedd: "Petai fy ngwraig i mor hyll â'ch un chi, un plentyn fyddai gyda ni hefyd." Hwyrach mai canlyniad naturiol ac anochel ateb mor herfeiddiol oedd i gyfrif am ddychweliad y teulu i ardal Tregaron!

Dengys llyfr lòg Ysgol Abergwesyn iddo gael ei wysio yn Ebrill 1911 i ymddangos gerbron Is-bwyllgor Ardal Llanfair-ym-Muallt oherwydd absenoldeb cyson tair o'i ferched (yn cynnwys fy mam), o'r ysgol. Ni chôfnodir canlyniad y cyfarfod. Mis Medi cynt fe welir cyfeiriad at ddiffyg presenoldeb y tair ohonynt ar 58 achlysur allan o 160. Wrth ddarllen y nodiadau hyn y gwawriodd arnaf paham y gresynai Mam mor aml na dderbyniodd fwy o gyfleusterau addysg a hithau'n awyddus i ddysgu. Ni allaf ond dyfalu'r rhesymau am sefyllfa mor alaethus o annheg. Gan fod babi newydd yn cyrraedd gyda chysondeb metronomaidd fe ddibynnai fy mam-gu ar y merched hŷn i ofalu am y rhai iau. Gwn hefyd y credai fy nhad-cu mewn gwneud i'r plant weithio'n reit galed. Honnai ei fod yn Dori! Fe'u hanfonai allan i ennill pres ar y cyfle cyntaf posibl. Eglurhad arall digon credadwy oedd y pellter rhwng y cartref a'r ysgol, a thywydd garw'r gaeaf yn ychwanegu'n ddirfawr at yr holl absenoldeb. A beth am gostau dilladu a diddosi traed cynifer o blant?

Ymddengys y cwynion am yr un diffyg dro ar ôl tro. "These children are the worst attendees and are continually being reported, with little result." Beth bynnag y rheswm, fe ddioddefodd y plant annhegwch er eu bod hwy'n ddi-fai, ac ni ddangosodd yr awdurdodau lawer o asgwrn cefn.

Gallaf ddychmygu mai gyda rhyddhad gorfoleddus yr ysgrifennodd y Pennaeth y canlynol yn y llyfr lòg: "Mr Davies, Llanerchyrfa, is leaving the district, the names of the four [erbyn hyn] children attending the school are removed from the register." Beiau neu beidio, canmol eu tad a wnâi Mam a'r mwyafrif o'i brodyr a chwiorydd. Adeg Cyfrifiad 1911 yr oedd Dad-cu a Mam-gu yn ddeuddeg ar hugain oed ac yn rhieni i saith plentyn yn amrywio o bum mis i ddeng mlwydd oed.

Cwyn gyson Quintus, yr ieuengaf o'r pedwar mab, yn erbyn ei dad oedd ei fod yn pregethu credoau Torïaidd, gan fynegi ei anghrediniaeth fod gŵr a fagodd bedwar ar ddeg o blant mewn cyfnod dirwasgedig yn cofleidio'r fath ideoleg wleidyddol. Doedd gan fy nhad-cu fawr o feddwl o'm gwleidyddiaeth innau a gwn y byddai ef a'i nai, Kitchener Davies, yn dadlau'n ffyrnig am wleidyddiaeth. Mwynheais oriau o'i gwmni cyn ei farw yn 1961 a'i gael bob amser yn gwmni ffraeth a difyr. Tynnai fy nghoes yn aml trwy ddarogan dyfodol ansicr iawn i ŵyr a goleddai syniadau mor gyfeiliornus. "Tramp neu drafaeliwr fyddi di, gei di weld." Bryd arall, "Yr unig job gei di fydd arwain cŵn dall mas i wneud eu busnes!" Yn fy nghefn, fodd bynnag, fe glywais ei fod dipyn caredicach. Fe ddaeth yn gwmni ar yr unig achlysur i mi ymarfer y gorchwyl cwbl hanfodol i unrhyw Gardi a chwenychai swydd gan Gyngor Sir neu Gyngor Dosbarth, sef ymweld â phob Cynghorydd, er y nodai hysbyseb y swydd: 'Canvassing will disqualify.' Peidio â chanfasio oedd y 'disqualification' gwirioneddol. Coronwyd ein hymdrechion â llwyddiant!

Gŵr hyddysg yn ei Feibl oedd James Davies, er mai Mam-gu a'r Ficer ac ambell un arall yn unig a'i galwai wrth ei enw bedydd. 'Jim' neu 'Shami' oedd e i'w gyfoedion. Ie, dyn hyddysg yn ei Feibl, ac er mai Eglwyswr oedd e o doriad ei fogel, anaml iawn y collai Ysgol Sul Capel y Rhiw, wrth ymyl y ffordd o Dregaron i Abergwesyn. Yn ystod fy mynych gyfnodau o wyliau haf ar aelwyd Brynhoewnant gyda Dad-cu a Mam-gu, fy ewyrth a dwy fodryb gan amlaf, deuthum yn gyfarwydd â gweld y Beibl a dau neu dri Esboniad ar fwrdd y gegin brynhawn a nos Sadwrn ac yntau'n paratoi at y Sul. Un o orchwylion cyntaf Mam-gu ar fore Llun fyddai brwsio ei ddillad a'u rhoi o'r neilltu tan y Sul canlynol. Gwisgai ddillad eraill ar ei fynych grwydradau yn ystod yr wythnos.

Os mai yn Ysgol Sul y Calfiniaid y treuliai ei brynhawn Sul, yn Eglwys Sant Caron, Tregaron, y gwnâi ei ymddangosiad cyhoeddus hir-ddisgwyliedig a dadleugar yn flynyddol, a hynny yn y Gymanfa Bwnc i eglwysi Anglicanaidd y cylch. Uchafbwynt y noson oedd i un o'r offeiriaid, a fyddai wedi dyfal astudio'r Maes Llafur Beiblaidd, 'holi'r pwnc'. Disgwylid, ac fe geid, ymateb gan y gynulleidfa i gwestiynau a gosodiadau pryfoclyd yr holwr. Ar sail profiad, fe gymerai hwnnw'n ganiataol y byddai James Davies yn corddi'r dyfroedd, a'i faglu heb drugaredd oni fyddai'n hyddysg yn ei bwnc. Tynnai Dad-cu yn groes i farn y clerigwyr fel mater o egwyddor. Ambell dro fe fyddai o ddifri calon; dro arall â'i dafod yn ei foch. Anhawster yr holwr a'r gynulleidfa fyddai penderfynu pryd i'w gredu a phryd i beidio â'i gymryd o ddifri. Petai'n gricedwr, dim ond y batiwr craffaf a fedrai adnabod y 'googly'.

Collodd un llygad trwy ddamwain a rhan isaf un fraich i ganser, ond ni chollodd ei afiaith direidus na'i bersonoliaeth gynnes. Yn ei dro bu'n fugail, yn ffermwr ac yn tywys march o gwmpas ffermydd i wasanaethu cesig y gwahanol ardaloedd. Bu'n ddibynnol ar eraill i gyflawni dyletswyddau dyddiol, personol oherwydd ei anabledd, a hynny am flynyddoedd. Rwy'n siŵr iddo fwynhau bywyd a bu'n ffodus i briodi merch mor arbennig â Mam-gu a magu nythaid o blant a fu'n gefn i'w rhieni. Clywais ddweud bod fforman da'n bwysicach na gweithiwr da. Ni ellir gwadu nad oedd 'Shami' yn fforman dihafal!

Mam-gu Tal-fan

Bu farw Tad-cu Tal-fan, William Hughes, yn rhy gynnar i mi ei gofio, gan adael gweddw a phedwar o oedolion o blant: Mary, David (Dai), Jenkin (Sianco) ac Edward (Ned), fy nhad. Eu cartref oedd tyddyn bychan, Tal-fan, yng ngolwg pentref Ffair Rhos, ond heb ffordd galed i gyrraedd ato. Croesi Cae Garw o'r pentref a wnâi pawb ar droed, ond tipyn mwy dyrys oedd y daith gyda cheffyl a chart.

Fe fues i'n ddigon ffodus i gael cryn lawer o gwmni Mam-gu, Mari Hughes, dros y blynyddoedd a mwynhau'r profiad yn fawr iawn. Yr oedd yn blaen, ac weithiau'n arw, ei thafod ond yn un bwndel o haelioni a charedigrwydd. Pan fyddwn yn aros yno, neu'n ymweld am y dydd, fe fyddai'n manteisio ar bob cyfle i estyn cildwrn, gyda'r siars, 'Paid â gweud gair wrth Mary.' Anti Mary oedd ceidwad y pwrs. Yn anffodus, ni etifeddodd hi ysbryd haelionus ei mam er ei bod yn groesawgar bob amser. Hawdd deall ei chyndynrwydd i fod yn rhy hael gan na chafodd hi erioed y cyfle, am wahanol resymau, i ennill ei bywoliaeth ei hun. Yr oedd yn berson darbodus mewn oes o brinder a thlodi am lawer blwyddyn.

Fel llawer teulu arall yn y Gymru wledig, dibynnent yn helaeth ar barodrwydd y siopwr lleol i lenwi'r bag siopa heb dderbyn yr arian cyn i'r cwsmer adael y siop. Bu'r 'llyfr siop' yn rhan o fywyd cynifer yn nauddegau a thridegau'r ugeinfed ganrif, a chyn hynny mae'n siŵr. Talu fesul tipyn oedd y drefn, gan obeithio am ddyddiau gwell pan ellid clirio'r llechen. Pwy all fesur cyfraniad siopau'r wlad i fwydo teuluoedd tlawd a niferus heb sicrwydd y gwelent y ddyled yn diflannu. Dyna fu hanes Teulu Tal-fan nes i gyflog gyson gyrraedd yr aelwyd. Siop Florida ym Mhontrhydfendigaid, siop Dick Rees i'r cwsmeriaid, oedd cyrchfan Mam-gu gan gyflwyno ei llyfr siop, a thâl yn ôl ei gallu, wythnos yn dilyn wythnos. Ond fe wawriodd achlysur sychu'r llechen yn lân, er mawr foddhad i Mari Tal-fan. Yn ôl pob hanes, fe ddywedodd wrth y siopwr mewn iaith fras, beth i'w wneud â'i nwyddau ac na thywyllai ddrws ei deyrnas o'r dydd hwnnw ymlaen.

Ond, yr oedd hi yno ymhen yr wythnos, mor ffraeth a thafodrydd ag erioed, gyda digon o arian yn ei phwrs i wneud y llyfr siop yn rhan o hunlle'r gorffennol.

Oherwydd i'w mab hynaf, Dai, farw yn Ysbyty Aberystwyth yn dilyn llawdriniaeth, ni freuddwydiai hi am fynd i'r lle hwnnw rhag ei chrogi. Felly, pan ymddangosodd dafaden wyllt ar ei gwefus, gwrthododd yn lân â mynd yno er gwaethaf pob cyngor. Y drefn oedd ei bod yn cyrraedd Gistfaen cyn iddi hi a Mam fynd i weld Doctor Anderson ym Mhontrhydygroes. Gan fod Saesneg Mam-gu yn brinnach hyd yn oed na thipyn Cymraeg cerrig calch y Sgotyn o Glasgow, gelwid am wasanaeth cyfieithu-ar-y-pryd fy mam. Cwestiwn cyntaf y meddyg bob tro oedd, "Faint yw oed ti, Mari?" Dioddefodd yr addfwynaf a'r caredicaf o hen werin Ffair Rhos gystudd hir a blin, a hynny heb fod o dan yr amgylchiadau mwyaf ffafriol.

Un o'i hedmygwyr teyrngar oedd un o feibion dawnus y fro, y prifardd W J Gruffydd (Elerydd), a cheir cyfeiriad at Tal-fan yn y bryddest 'Ffenestri' a enillodd iddo Goron Pwllheli yn 1955. Wrth gofio am yr Ysgol Sul yn Ysgoldy Caersalem, ac am 'ddyfal-donc y gŵr/ A gerddodd yma ddeunaw mlynedd faith/ Heb golli Sul, i abi-ecio'r plant', adrodda fel y dychmygai fod mannau yng Ngwlad yr Iesu yn debyg i ardal ei febyd:

'Gwelaf Iwdea bell yng nghae Tal-fan
A'r fuwch a'r gaseg goch ar awr y clêr
Yn ffoi i gysgod llychlyd y dâs fawn;
Hwynt-hwy oedd yr asynnod i ni'r plant.'

Dau gymeriad

'Gwell cymydog yn agos na brawd ymhell.' Dyna oedd un o hoff ddywediadau, ac yn wir, athroniaeth, John Oliver, cigydd, tyddynnwr a gweithiwr yn y goedwig ar un adeg. Tystiai fy nhad fod Joni'n dweud calon y gwir am agosrwydd cymydog. Parod ei wên a'i gymwynas bob amser. Does dim angen holi pwy oedd ein cymydog ni.

Cofiaf ei ffraethineb, ei dynnu coes a'i ddawn i fynegi barn ar bob pwnc dan haul er na chefais yr argraff erioed ei fod yn ddarllenwr mawr y tu allan i dudalennau'r *Welsh Gazette*. Allan o glyw fy rhieni fe gawn innau gynghorion buddiol ar sut i ddenu a phlesio merched!

Un o uchafbwyntiau ein bywyd ni fel teulu ar aelwyd Gistfaen ym misoedd y gaeaf oedd ei ymweliadau rheolaidd. Yn ôl pob tebyg fe fyddai wedi cyhoeddi ei fwriad ymlaen llaw trwy floeddio ar draws y caeau neu wedi anfon neges. Dro arall fe gyrhaeddai'n ddirybudd hollol. Fe welem oleuni'r lamp stabal yn symud, fel golau corff, o gyfeiriad Gwarhos trwy'r caeau, dros ffens y ffin cyn ymddangos eilwaith o gwm Nantybrews.

Wedi cyrraedd ac eistedd yn gyfforddus byddai'n ddieithriad yn bygwth na fyddai'n aros yn hir, a ninnau'n gwybod nad oedd berygl iddo gadw at ei air wedi i'r sgwrs felysu a'r holi a'r ateb wneud ticiadau'r cloc yn gwbl amherthnasol. Lawer yn ddiweddarach, ar ôl y swper arferol, byddai'r ddau gyfaill i'w gweld trwy gymylau o fwg, naill ai o sigaréts wedi eu rholio o faco A1 Light neu rhai parod. Arferai Joni gynnig Woodbine i fy nhad gan ofyn, "Wyt ti ise un o'r hoelion coffinau yma?" Nid syndod, efallai, mai'r canser a hawliodd fywydau'r ddau ohonynt yn rhy gynnar o lawer.

Byddai i rai o'r ymweliadau bwrpas arbennig, sef cael torri ei wallt. Gan mai yn Nhregaron, ddeng milltir i ffwrdd, y ceid y barbwr agosaf ac nad oedd dichon i weithwyr cyffredin gael yr amser rhydd i deithio yno, ar aelwydydd cyfeillion neu gymdogion y torrid gwalltiau. Hwyrach y gellid disgrifio fy nhad, ac amryw eraill, fel 'barbwr gwlad', er na chawsent hwy yr un clod ac amlygrwydd â'r beirdd gwlad. Rwy'n dadlau i'w cyfraniad hwy fod yr un mor glodwiw, a hwyrach yn bwysicach, na'r prydyddion parod.

Y symudiad cyntaf tuag at adael oedd i Joni godi ar ei draed, gwisgo'i gap a phwyso ar ffrâm y drws, cyn i un o'r cwmni godi pwnc at ddant yr ymwelydd. A dyna'r cleber a'r trafod yn cychwyn o'r newydd. Awr arall a hithau bellach yn beryglus o agos at hanner nos, fe benderfynai ei bod yn hwyr glas i gynnau'r lamp a mentro i'r tywyllwch. Ei eiriau olaf fyddai, "Mae'n amlwg nad ydych chi byth yn erlid neb o'r tŷ hwn." O fewn cyrraedd i'r Nadolig, y cwestiwn fyddai, "Beth sydd gyda chi i ŵydd eleni?" Prawf mai gŵydd oedd deryn traddodiadol y Nadolig er bod hwyaden neu dwrci'n bosibilrwydd.

Er hwyred yr awr, y drefn oedd i Nhad yntau gynnau ei lamp a hebrwng ei gyfaill hyd at y ffin am sgwrs bellach. Dyna fu patrwm bywyd am gyfnod sylweddol tan ei farw cynamserol yn Ysbyty Guys yn Llundain ym Mehefin 1951. Yr oedd hwnnw'n ddiwrnod du i'r ddau deulu fel ei gilydd. Fe gladdwyd clamp o gymeriad, cymydog da a chyfaill triw ym mynwent Eglwys Sant Ioan, Ysbyty Ystwyth, a'i oroesi gan ei wraig, Lil, a phedwar o blant ifanc.

Os oedd Joni'n hoff o'i fwgyn, roedd y cymeriad hoffus John Bwlchffin yn adnabyddus am ei syched annirwestol a'i atebion ffraeth a sydyn. Honnai mai unwaith yn ei fywyd y daeth yn ail mewn brwydr eiriol, a gallai fod yn hynod o gyfrwys a direidus.

Ei gartref ysbrydol oedd Gwesty'r Talbot, Tregaron, a phan ymbiliodd y perchennog arno i osod ei ddwylo ar gyflenwad o datws newydd at y Sul gan nad oedd y rhai a blannodd ei gweision hi yn barod i'w codi fe gytunodd, heb droi blewyn. Cyrhaeddodd John ar y nos Sadwrn yn wên i gyd gyda'r cyflenwad at y cinio Sul. Derbyniodd ddiolch a gwerthfawrogiad gwresog y perchennog ynghyd â dogn hael o 'gwrw'r achos'. Yr hyn na wyddai honno oedd mai o gae tatws Gwesty'r Talbot y codwyd y cinio Sul! Honnai'r hen gyfaill mai'r peint cwrw delfrydol fyddai un â'i waelod yn Llanddewibrefi, bedair milltir i ffwrdd.

Ei 'elyn' pennaf oedd y plisman lleol, y Sarjant Richards, a manteisiai ar bob cyfle i dynnu blewyn o drwyn y gŵr yn y wisg las. Wrth weld yr heddgeidwad yn torsythu ar gyrion y mart ar ddydd Mawrth, fe ofynnodd John iddo sut y cafodd y streips ar ei lawes. "Ddim trwy drin fy mhydru [sef bod yn ddiog], John." "Siŵr iawn, neu mi fyddech chi fel sebra erbyn hyn," medde John.

Dro arall, fe ofynnodd yr hen wàg i'r sarjant bostio llythyr drosto. "Beth wyt ti'n feddwl ydw i? Letter box?" "Diawl, sarjant, ichi'n ddigon mawr i wneud General Post Office." Go brin y byddai ceidwad yr Heddwch yn nhre'r Apostol yn cofleidio'r 'Sionyn' hwn a'i alw'n 'Afradlon, wirion, hoff'.

O'r ysgol i'r Coleg ger y Lli

Pan ymunais gyda'r ychydig dros ddau gant o fechgyn a merched rhwng un ar ddeg a deunaw oed yn Ysgol Sir Tregaron ar fore Mawrth yn gynnar ym Medi 1942, wyddwn i ddim oll am y cefndir hanesyddol, digon cythryblus ar brydiau, a ragflaenodd ei sefydlu yn 1897. Gwahaniaethau crefyddol oedd pwt y gynnen gan amlaf, a hynny'n ymestyn yn ôl o leiaf i Frad y Llyfrau Gleision, neu 'The Commission of Inquiry into the State of Education in Wales, 1846', i roddi iddo ei enw swyddogol. Tarddodd y cyfan o alwad William Williams, Aelod Seneddol dros ran o ddinas Coventry, ar Lywodraeth Gladstone i ymchwilio i gyflwr addysg yng Nghymru ac i fanylu ar y dulliau o ddysgu Saesneg i weithwyr cyffredin. Tri eglwyswr o Saeson yn amddifad o unrhyw wybodaeth am Gymru, na chydymdeimlad at ei hiaith na'i phobl, oedd y Comisiynwyr, a thri yn unig o'r deg a benodwyd i'w cynorthwyo oedd yn Anghydffurfwyr. Ymddiswyddodd y tri. Yn dilyn yr Adroddiad a'i gasgliadau, gwaethygu a wnaeth y chwerwedd enwadol.

Bu Deddf Addysg 1889 – 'An Act to Promote Intermediate Education in Wales', yn foddion i hybu a sefydlu addysg uwchradd yng Nghymru. Dywed y Rhagymadrodd beth oedd nod y Ddeddf: 'The purpose of this Act is to make further provision for the intermediate and technical education of the inhabitants of Wales and the county of Monmouth.'

Pan agorwyd yr ysgol ar 17 Mai, 1897 hi oedd yr olaf o'r pum ysgol uwchradd a sefydlwyd yn y sir o ganlyniad i Ddeddf 1889. Yn dilyn agor Coleg Prifysgol Aberystwyth yn

1872, fel y pwysleisiodd G Ceiriog Evans yng nghyfrol dathlu canmlwyddiant yr ysgol, sylweddolwyd yr angen am gyfrwng i bontio rhwng yr ysgolion elfennol a'r Coleg. O ble y deuai myfyrwyr i'r coleg oni ellid eu meithrin o fewn ffiniau Ceredigion? Mater arall oedd cytuno ar leoliad y pumed ysgol. Etholwyd pwyllgor o bump i wyntyllu'r mater, gan ymweld â'r trefi a fynegodd awydd neu ddymuniad i gael yr anrhydedd. Amheuir a oedd Tregaron yn bosibilrwydd cryf ar y cychwyn a chyda chryn anhawster y cafwyd cytundeb derbyniol. Ni lwyddwyd i ddod i gytundeb gydag Ysgol (waddoledig) Ystrad Meurig nac ag Ysgol Coleg Dewi Sant, Llanbedr Pont Steffan, gyda'u rheolwyr Anglicanaidd. Fel yn achos Ysgol Gynradd Cilcennin, y drwgdeimlad rhwng yr Eglwyswyr a'r Capelwyr oedd un o'r pennaf feini tramgwydd i gyrraedd cytgord ar leoliad. O'r diwedd, ym misoedd olaf 1983, cytunwyd i gynnwys y dref ar y rhestr fer. Bu galed y bygylu cyn i'r goelbren syrthio i gyfeiriad Tregaron yng ngwanwyn 1896, a hynny ar yr amod, fel y pwysleisia Ceiriog Evans, y codai'r ardal £1,000 a phrynu erw o dir i adeiladu ysgol i gant o fechgyn a merched. Llwyddwyd i gyfarfod â'r her.

Ar Fai 17, 1897, agorodd yr ysgol mewn ystafell dros-dro yn Neuadd y Dref, gydag 21 o fechgyn ac 16 o ferched – dau o bob tri ohonynt yn dod o Dregaron. G T Lewis, MA, gŵr 24 oed a raddiodd yn uchel iawn mewn Mathemateg, a benodwyd yn brifathro. Fe'i cynorthwyid gan Gwladys H Jones o Fôn, oedd â gradd mewn Ffrangeg, a phenodwyd dau athro arall yn hydref y flwyddyn honno. Cyfanswm cost y sefydliad newydd oedd £2,200, yn cynnwys yr holl ystafelloedd a chyfarpar angenrheidiol. Dyddiad agor yr adeilad newydd oedd 26 Mai, 1899. Gwelai'r Prifathro'r weithred o sefydlu'r ysgol fel modd "i agor priffordd o ddrws y bwthyn i deml yr athrofa".

Cwblhaodd Mr Lewis ddeugain mlynedd yn y brifathrawiaeth cyn ymddeol yn 1937 a chael ei olynu gan S M Powell a olynwyd, yn ei dro, gan D Lloyd Jenkins yn 1945. Y ddau olaf hyn a deyrnasai gydol fy nghyfnod i, a chan nad oedd S M Powell (Pow neu Sambuck yn ei gefn) yn dysgu'r dosbarthiadau isaf yn rheolaidd, prin iawn fu'r profiad o eistedd wrth ei draed. Yn achlysurol y deuwn ar ei draws fel athro, a hynny gan amlaf oherwydd absenoldeb aelod o staff. Roedd ei weld yn ddigon i godi arswyd ar y dewraf ohonom ac nid gormod dweud y gallai ei ymddygiad fod yn anwadal, a dweud y lleiaf. Cant neu ragor o linellau – 'lines' – oedd ei hoff gosb a'r rheiny'n amlach na pheidio yn wreiddiol-anarferol. Llinellau fel 'I am not a horse' i fachgen a welwyd yn neidio dros ben desg a 'Silly jokes are out of season', fel y profais am wenu yn ystod gwers. Dro arall, gwres ei law neu bwysau'r darn pren a ddigwyddai fod yn ei law ar y pryd fyddai tynged pechadur – neu bechadur honedig – a groesai ei lwybr. Cosb un truan o grwt y gwyddai, neu y tybiai Pow, ei fod yn rhegwr caboledig oedd ysgrifennu Efengyl gyfan dros y gwyliau. Rhwbiai eli yn y clwyf trwy luchio'r cosbau i'r fasged sbwriel heb hyd yn oed edrych arnynt.

Ar ddiwrnod da fe wenai'r haul a chaem sgwrs ddiddorol ar y buarth neu mewn coridor. Mewn un wers fe ofynnodd yn sydyn i un o'r bechgyn, yn Saesneg, pwy oedd yn rheoli yn Rwsia cyn y Chwyldro yn 1917. Am nad oedd yr ateb ar flaen tafod y sawl a holwyd fe geisiodd un o'i ffrindiau ei helpu trwy sibrwd 'Y Tsar' (heb seinio'r T). Cyfieithwyd yr ateb yn 'Carpenter, sir!'

Fy ngholled i a'm cyfoedion oedd i S M Powell ymddeol cyn i ni gyrraedd y dosbarthiadau uwch a chael manteisio ar ei ddawn chwedlonol i gyfleu gwybodaeth mewn dull cofiadwy a hawdd ei ddeall. Uchel fu canmoliaeth nifer o'i

ddisgyblion, gan gynnwys yr hanesydd adnabyddus E D
Evans, Pontrhydfendigaid a Chaerdydd. Sonia ED fel y
byddai'r athro hanes yn prynu llyfrau a'u benthyg i'w
ddisgyblion. Bu colli ei wraig yn ergyd drom iddo beth
amser cyn ei ymddeoliad. Fe'i holynwyd i fod yng ngofal
Hanes gan Eirlys W Williams o Drecastell a ddaeth atom yn
syth o Goleg Prifysgol Aberystwyth. Amheuthun iawn i ni
bryd hynny oedd cael ein dysgu gan athrawes ifanc
ddeniadol. Addefodd na dderbyniodd lawer iawn o addysg
mewn Hanes Cymru yn Aber. Ond fe ymaflodd yn ei thasg
yn ddiwyd a brwdfrydig. Hanes oedd un o'm hoff bynciau
innau, ochr yn ochr â'r Gymraeg, wrth reswm, ac ymserchais
fwy fyth yn y pwnc o dan arweiniad Eirlys Williams.
Ymestynnai'r maes llafur o gyfnod y Tuduriaid i droad yr
ugeinfed ganrif. Apeliai hanes Ewrop yn y bedwaredd ganrif
ar bymtheg a daeth pobl fel Garibaldi yn yr Eidal yn enwau
cyfarwydd. Manteisiwn ar bob llyfr perthnasol y gallwn osod
fy llaw arno yn llyfrgell bitw'r ysgol a Llyfrgell y Sir yn
Aberystwyth. Dibynnwn yn helaeth ar yr *Encyclopaedia
Britannica* a gedwid yn ddiogel yn stafell yr athrawon.

Olynwyd Powell gan D Lloyd Jenkins, brodor o
Landdewibrefi a oedd eisoes wedi rhoi blynyddoedd maith
o wasanaeth i'r ysgol fel athro brwdfrydig. Roedd hefyd yn
fab-yng-nghyfraith i G T Lewis, y pennaeth cyntaf. Cofnodir
ei benodiad yn athro dros-dro ym Medi 1923 ar gyflog
blynyddol o £200. Ac yntau'n ŵr gradd o Aberystwyth a
Rhydychen fe'i cydnabyddid fel athro a feddai ar y ddawn i
ysbrydoli a pharatoi'n drylwyr ar gyfer arholiadau'r Central
Welsh Board. Fel athro'r Saesneg y cofir amdano orau a
chafodd ein dosbarth ni'r pleser a'r budd o'i ddehongliadau
o ddwy o ddramâu mwyaf adnabyddus William Shakespeare
– *The Merchant of Venice* a *Macbeth*. Tystiodd eraill i'w allu i
fynd o dan groen Shylock, yr Iddew o fenthyciwr arian.

Rhaid fy mod i o gwmpas tair oed ym Moelprysgau, gyda chefnder a chyfnither i mi – y cefnder yw John, tad y dringwr Caradog Jones

Tua 1937 – eiddo fy ewyrth Sianco yw'r ffon fugail

Ysbyty Tregaron

Fy Nhad-cu a Mam-gu gyda thri ar ddeg o'u plant
– Mam yw'r ail o'r dde yn y rhes gefn

Pedwar 'strab' yn Ysgol Tregaron
O'r chwith: John Jenkins, fi, Dai Hughes Evans a Tudor Noakes

Y teulu ar ymweliad â Moelprysgau yn y tri degau

Ailymweld â man fy ngeni –
ffermdy Bryncethin

Yn Ysgol Cilcennin am y tro cyntaf ers blynyddoedd

Ysgol Cilcennin 1939
Y fi yw'r ail o'r chwith yn y rhes flaen

Dosbarth 6, Ysgol Sir Tregaron, 1947

Unwaith eto yn y Cwod yn Aber – Geraint Griffiths,
Ted Morgan, fi a Tudor Williams

Cynhaeaf gwair yn Gistfaen

Gyda 'Nhad a Mam yng Nghwm Elan

Cyfran o'r teulu mawr

Dad-cu ac wyth o'i 28 o wyrion a wyresau

Teulu a ffrindiau yn Gistfaen ar fore'r briodas

Priodas Margaret a minnau –
Eglwys Newydd, yr Hafod – 17 Awst, 1957

Fy rhieni ar fore ein priodas   *Rhieni balch gyda Robin
– a Mali'r gorgast*

Mam gyda Robin a Siôn

Gyda Rowland Lucas a Hywel Gealy Rees o'r BBC, Mai 1966

Cynhadledd Staff yr Urdd

Yn dilyn cyhoeddiad mai fi fyddai olynydd RE, 1972

Cinio ffarwél R E Griffith a Gwennant Davies

Cynhadledd yng Nghaerdydd i bwyso am sefydlu Cyngor yr Iaith Gymraeg, fel rhan o ymgyrch yr Urdd

Golygfa na welir mohoni byth eto:
chwalwyd Pencadlys yr Urdd i wneud lle i fflatiau

Ymweliad James Callaghan â Chanolfan Llangrannog

*Derbyn siec am £25,000 o law W Emrys Evans, ar ran Banc y Midland,
i ariannu Ffilm yr Urdd – Wil Aaron, y cynhyrchydd, yn y canol*

*Ymddeoliad dwy aelod ffyddlon o staff yr Urdd
– Elsi Williams (chwith) a Maud Farrow*

Robin, Siôn a fi yn dathlu pen-blwydd Mam yn 80 oed

Agor Canolfan yr Urdd, Caerdydd, 1973

Yn stafell is-deitlo S4C

Adolygu is-deitlau yn S4C

Llond côl o gyfrifoldeb!

Twm a Thad-cu yn gwylio tractor wrth ei waith

Mae rhywun mewn hwyliau da!

Mam-gu a Thad-cu gydag Ela a Twm

Rwy'n amau rywsut a fyddai'r portread Shylockaidd yn dderbyniol i'r genedl honno bellach.

Bu Lady Macbeth ystrywgar a Macbeth-dan-fawd o dan y chwyddwydr am ddwy flynedd academaidd. Dim syndod, felly, y medrai amryw ohonom adrodd darnau helaeth o'r ddrama air am air am rai blynyddoedd wedyn. Un dull o ennill marciau yn y papur llenyddiaeth Saesneg yn yr arholiad sydd yn cyfateb i TGAU ein dyddiau ni oedd prawf ar leoli ac egluro dyfyniadau allan o ddrama neu ddarn o farddoniaeth – 'context' oedd y gair allweddol a phriodol amdano. Fe wnâi D Lloyd Jenkins yn berffaith siŵr fod ei ddisgyblion yn fwy na chymwys yn y maes hwn.

Adroddai Nan Davies (Nan Davies y BBC)), fel y cyfarfu â Mr Jenkins ar Faes Eisteddfod Genedlaethol Llandybïe, 1944, a gofyn iddo ai gwir y si mai fe oedd Bardd y Gadair. Ei ateb oedd: "Mae'n anodd iawn mynd i Landybïe heb ddweud 'Ie'." Gwireddwyd y dyfalu pan gododd 'Pryderi' ar alwad y Corn Gwlad a'r Archdderwydd yn cyhoeddi mai'r bardd o Landdewibrefi, a ysgrifennodd ar y testun 'Ofn', oedd y gorau o'r deunaw ymgeisydd, a hynny mewn cystadleuaeth a ddisgrifiwyd gan un o'r beirniaid, yr Athro T H Parry Williams, fel un 'braidd yn ddilewyrch'. Y ddau dafolwr arall oedd Simon B Jones (un o Fois y Cilie), a Tom Parry. Cardi arall, J M Edwards, y Mynydd Bach a'r Barri, a wisgodd y Goron am ei bryddest i'r 'Aradr'.

Nid y darpar-brifathro oedd yr unig gyn-ddisgybl a fu'n amlwg yn y Brifwyl hon. Gwobrwywyd Evan Jenkins, Ffair Rhos, am ei hir-a-thoddaid a dyfarnodd Dr D Matthew Williams, Cellan, y wobr gyntaf am y ddrama un-act *Meini Gwagedd* i J Kitchener Davies. 'The boys done good!'

Cyfnod yr Ail Ryfel Byd oedd hwn, gydag athrawon ifanc yn aelodau o'r lluoedd arfog gan adael dynion hŷn megis E O Griffiths, Dai Williams a Frank Evans (a fu farw'n rhy ifanc o lawer) i ddysgu amrywiaeth o bynciau. Hawdd y gellid tybio nad oeddent wedi eu cymhwyso i ddysgu pob un ohonynt. Bu Gwilym Roberts, a benodwyd yn 1935 i ddysgu Bioleg ac Amaethyddiaeth, farw yn ifanc iawn yn 1943. Yn gymharol ddiweddar, safodd Margaret a finne ger ei fedd ar gyrion pentref Pantglas yn Sir Gaernarfon. O blith y merched, rhaid talu fy nheyrnged i ddwy Gymraes – y ddwy Mrs Roberts. Am gyfnod cymharol fyr y cawsom fanteisio ar ddawn Glenys Roberts, yn wreiddiol o Lwynpiod, cyn i Miss Mary Boden (Mrs Roberts yn ddiweddarach) ddod atom i ddysgu Cymraeg i'r chweched dosbarth. Agorodd ein llygaid i agweddau newydd ar waith Daniel Owen yn ei nofel *Enoc Huws*. Pleser pur oedd mynychu gwersi'r athrawes ifanc hon, a hawdd iawn oedd ateb cwestiynau Arholwr y Safon Uwch.

Ar ben pedair blynedd y drefn oedd eistedd arholiad yn cyfateb i TGAU gyda'r rhai llwyddiannus a oedd hefyd yn dymuno cwrs pellach o addysg, yn esgyn i uchelderau'r chweched dosbarth. Am resymau sydd y tu hwnt i bob dirnadaeth resymol, nid oedd llwyddo mewn pwnc – neu bynciau hyd yn oed – yn sicrwydd o lwyddiant a thystysgrif i brofi'r orchest. Rhaid oedd llwyddo mewn rhai pynciau penodol, megis Iaith Saesneg, Lladin neu Fathemateg, ynghyd ag un pwnc gwyddonol i ennill y 'Matric'. Ac er mwyn hawlio lle yn y chweched i baratoi am y Safon Uwch ac addysg uwch, yr oedd yn ofynnol ennill o leiaf hanner y marciau posibl. Gwelwyd enghreifftiau lawer o fechgyn a merched yn disgleirio mewn mwy nag un pwnc ond yn gadael yn waglaw am na feddent ar y cyfuniad cywir.

O dan amgylchiadau anarferol, onid unigryw yn wir, y cawsom ein canlyniadau'r flwyddyn honno. Fel arfer fe gyrhaeddai'r canlyniadau cyn diwedd gwyliau'r haf, ond nid y tro hwn. Dechrau tymor a blwyddyn ysgol newydd ar fore

Llun a ninnau'n cymryd yn ganiataol y byddent yno yn ein disgwyl hyd yn oed os na ddaethant i law yn ôl yr arfer. Siom. Yr un oedd y stori ddydd Mawrth a dydd Mercher. Cafwyd achlust ddydd Iau y datgelid y cyfrinachau oll fore trannoeth, dydd Gwener y trydydd ar ddeg o Fedi! Gwireddwyd y darogan. Yn dilyn y gwasanaeth boreol fe gorlannwyd yr ymgeiswyr gofidus mewn un ystafell ddosbarth lle deuai'r athrawon yn eu tro gyda darn bach o bapur i'r llwyddiannus, fel adar yn dychwelyd i'r nyth i fwydo'r cywion. Er mawr lawenydd, cyfeiriodd Gwilym Evans ei gamre tuag ataf tua hanner y ffordd trwy'r broses gan estyn i mi ddarn bychan iawn o bapur (sy'n parhau yn fy meddiant). Nid yn unig y byddai gennyf dystysgrif, ond yr oeddwn hefyd wedi taro'r targedau iawn i ennill y 'Matric', yr allwedd i bethau gwell. Agorodd y darn papur y drws i'r *Honours Room*, cysegrfan mawrion y chweched dosbarth. 'Yn awr, bûm innau byw', chwedl Cynan. Yn greulon o sydyn fe gyhoeddwyd fod llif y darnau papur amhrisiadwy wedi peidio ac nad oedd tystysgrif na llongyfarchion i'r ychydig weddill. Am greulondeb. A chofiaf weld un ferch, a 'fethodd' ennill y cyfuniad cywir am yr ail flwyddyn yn olynol, yn ei dagrau. Ni wn hyd y dydd heddiw paham yr oedwyd cyhyd cyn cyhoeddi'r canlyniadau. Un theori wallgof oedd mai ar long yn y sianel y gwnaed y marcio a bod y môr yn rhy arw i ganiatáu i neb gyrraedd glan!

Effeithiodd gaeaf stormus a chaled 1947 yn ddirfawr ar fy mlwyddyn gyntaf yn Nosbarth Chwech; collais wythnosau o ysgol. Ni chynhaliwyd yr uchafbwynt diwylliannol blynyddol, sef Eisteddfod Gŵyl Dewi gyda'r ymrafael ffyrnig rhwng y tri Thŷ – Aeron, Teifi ac Ystwyth; amharwyd ar wersi er mawr anfantais i'r rhai a wynebai'r arholiadau allanol yng Ngorffennaf. Anfantais arall oedd y prinder llyfrau hanfodol i'r meysydd llafur. Oherwydd y prinder hwnnw, ychydig iawn o sylw a roddwyd i ddisgyblion y Chweched Isaf a'r gwir oedd y byddem yn astudio'r gyfran helaethaf o'r maes llafur yn yr ail flwyddyn. Mae'n wir ei bod yn gyfnod llwm yn dilyn chwe blynedd yr Ail Ryfel Byd, ond rhaid gofyn a wnaeth yr ysgol bopeth o fewn ei gallu i sicrhau addysg gyflawn i ni.

Adferwyd y gymdeithas ddadlau, Cymdeithas Grug y Gors, o gwmpas y cyfnod hwnnw ac fe'i hystyriaf yn dipyn o fraint i'm cyd-ddisgyblion fy nyrchafu i'r Gadair yn ystod fy mlwyddyn olaf. Cynhaliwyd nifer o ddadleuon bywiog a phoeth ar bynciau gwleidyddol a chrefyddol a danlinellodd y gwahaniaeth barn ar bynciau llosg y dydd. Un cyfarfod gwahanol i'r patrwm arferol oedd gwrando ar wraig wadd (pwy a'i gwahoddodd?) yn siarad yn Saesneg am yr Ymerodraeth Brydeinig, sefydliad clodwiw a oedd yn dân ar groen y penboethyn o gadeirydd. Mae'n rhaid bod fy nghyflwyniad o'r wreigdda'n ddigon amwys-awgrymog i gymell y Prifathro, gyda gwên ar ei wyneb, i egluro fy nghredoau cenedlaetholgar gweriniaethol i'r siaradwraig.

Uchafbwynt diwylliannol y flwyddyn olaf un oedd bod yn gyd-arweinydd Tŷ Aeron gyda Mari Davies o Fwlchllan. Yn wahanol i ambell ysgol arall lle byddai'r disgyblion yn aelodau o'r un Tŷ gydol eu harhosiad byddem ni'n cael ein dewis o'r newydd yn flynyddol. Ymgasglai pawb ynghyd fel y gallai arweinyddion y tair carfan wneud eu dewis: marchnad caethion gan nad oedd hawl i wrthod y dewis. Nid yn unig yr oedd hyn yn diogelu rhag carfanu'n ormodol ond yr oedd hefyd yn lleihau'r perygl o'r un Tŷ yn ennill goruchafiaeth flwyddyn ar ôl blwyddyn. Does dim amheuaeth na ddewisodd Mari a fi yn ddoeth gan i Dŷ Aeron ennill y marciau uchaf yn yr Eisteddfod a'r Mabolgampau. Fe chwaraeais i fy rhan yn yr eisteddfod ac ennill nifer o farciau, ond nid felly yn y byd athletig. Eraill a lafuriasant!

Blwyddyn ysgol 1947–48 yn ddiau oedd blwyddyn fwyaf pleserus fy nyddiau ysgol a chyda chryn chwithdod y cefnais ar y gymdeithas Gymraeg gynnes a oedd yn ddrych perffaith o'r Geredigion wledig, amaethyddol. At ei gilydd roedd perthynas athro a disgybl yn un hapus a chyfeillgar o gofio mai cefndir cyffelyb i ni'r plant oedd gan rai o'r athrawon hwythau. Roeddwn i'n ymadael cyn i effeithiau'r rhyfel lwyr ddiflannu a chyn i'r hen ysgol dyfu a newid. Dwn i ddim i ba raddau y parhaodd yr agosatrwydd a'r ddealltwriaeth draddodiadol o dan y gyfundrefn newydd. Cofiaf gyfarfod â D Lloyd Jenkins ar drothwy symud i'r adeiladau newydd a chlywed ei bryderon gwirioneddol. Mae fy nyled i'r ysgol ramadeg, fechan, wledig hon yn ddifesur a gofid calon yw gorfod sylweddoli y gallai wynebu newid ei swyddogaeth a'i gorchwyl, a hwyrach ddiflannu, yn ystod y blynyddoedd nesaf hyn. Dyna fyddai colled anfesuradwy. Elwodd cenedlaethau lawer o fechgyn a merched o'r addysg yn nhref Henry Richard lle pwysleisid mai 'Mewn Llafur Mae Elw'.

1947

"A llach erwin lluwch eira" (Huw Meirion Edwards)

Oherwydd ansawdd y tir a'r ffaith mai ym mis Mai y byddem yn troi'r defaid i r mynydd, sef comin y Drawsallt, doedd dim gobaith i'r cnwd gwair fod yn barod i'w gynaeafu cyn canol Gorffennaf ar y gorau. Safai Gistfaen fil o droedfeddi uwchlaw lefel y môr. Yn ddyddyn o tua deugain cyfer, byddai'n cynnal diadell o hanner cant neu fwy o Ddefaid Mynydd Cymreig a nifer o wartheg. Y drefn oedd magu lloi a'u gwerthu'n flwydd a hanner oed. Yn ei dro fe fu fy nhad yn gweithio i wahanol gyflogwyr, a ffermio yn ystod gweddill yr oriau.

Hafau anwadal a ddaeth ar ein traws fwy nag unwaith gan effeithio ar hwylustod y cynaeafu ac ansawdd y gwair a'r llafur. Yr oedd yr ogor hon yn hanfodol i gynnal yr anifeiliaid dros fisoedd hir y gaeaf. Ein haf gwaethaf yn benddifaddau oedd un 1946 a bu'r cynhaeaf gwair yn un trychinebus. Fel arfer fe obeithiem gywain pob blewyn i glydwch y tai allan erbyn canol Awst, er ynghynt ambell dro. Yr haf siomedig hwn bu'r tywydd mor wlyb fel bod mis Medi wedi cerdded ymhell cyn i ni feddwl lladd y gwair heb sôn am ei ddiddosi o dan do. Am yr unig dro o fewn cof yr oeddem wedi cychwyn ar y cynhaeaf llafur cyn lladd yr ystod gyntaf o wair.

Gan fod Nhad yn gaeth i'w waith beunyddiol a'r tymor ysgol wedi hen gychwyn fe syrthiai baich trwm y trin a'r trafod ar ysgwyddau profiadol Mam. Nid gorliwio na defnyddio dychymyg yw dweud mai yng ngolau'r lamp stabal y cludwyd crynswth y cynhaeaf yn 1946 gyda'r tri ohonom yn chwarae ein rhan. Fe welem olau lamp ar gaeau un neu ddau o dyddynnod cyfagos yn brawf mai cyffelyb oedd profiad ein cymdogion. Roedd y rhigwm am 'John y Gwas a'i lafur mâs, a hithau'n nos Glangaea' yn bendant yn taro tant yn 1947.

Gydag ansawdd y cynhaeaf mor wael, y gobaith oedd am aeaf mwyn a gwanwyn cynnar gyda digon o borfa i'n galluogi i droi'r gwartheg allan yn fuan ac y byddai'r defaid yn gallu manteisio ar gaeau di-eira i hel blewyn o borfa. Drylliwyd pob breuddwyd a dyhead yn chwilfriw mân gan aeaf 1947 – un o aeafau mwyaf colledus y ganrif.

Gwelir y cyfeiriad cyntaf at eira yn y *Western Mail* ar y seithfed o Ionawr. Mor gynnar â hynny mynegwyd gofid y byddai'n rhwystro cludo glo, ac yn achosi toriadau yn y cyflenwad trydan – yng Nghaerdydd hyd yn oed. Ni welsom yr olaf o'r cnwd gwyn tan yn hwyr ym mis Mawrth. Newydd ddychwelyd o Ysbyty Gyffredinol Aberystwyth lle y bu yn derbyn triniaeth am glefyd y siwgr yr oedd fy nhad a heb eto ddechrau mentro allan o'r tŷ. Bu'n gaeth yno am rai wythnosau ond gofalai am glamp o frecwast i'w staff pan ddychwelai'r ddau ohonom i'r tŷ wedi bwydo'r anifeiliaid, yn ddefaid a gwartheg. Dydw i ddim yn cofio i mi erioed gael cymaint o flas ar gig moch, wyau a bara saim o flaen llond grât o dân. Ni pheidiai â rhewi'n gorn ddydd a nos.

Roedd angen cadw llygad ar y defaid sawl gwaith bob dydd, a bu'n rhaid twrio yn y lluwchfeydd am lawer un. Darganfuwyd un truan o ddafad yn fyw o dan drwch o eira ar ben perth. Mewn dim o dro fe fyddai'n amser unwaith eto i wisgo haen ar ben haen o ddillad cynnes a mentro allan i'r oerfel. Yn ddyddiol ymron fe syrthiai'r eira a'i chwythu i bob twll a chornel gan wynt a dreiddiai hyd at yr asgwrn. Gyda'r ffyrdd ynghau a Thregaron ddeng milltir i ffwrdd doedd dim angen ystyried mynd i'r ysgol – a hynny am rai wythnosau. Yr oedd fy angen gartref beth bynnag. Gorchwyl mawr y canol dydd oedd carthu'r beudy a bwydo'r gwartheg, er mai hanner y stori oedd hynny. Rhaid oedd eu dyfrhau hefyd, gyda dau ddewis – y naill cyn anodded â'r llall. Gallem gario dŵr mewn bwcedi o'r nant a redai drwy'r tir ym mhen pellaf y cae neu ryddhau'r gwartheg fesul un.

Pan luwchiai'r eira a ninnau'n prin fedru gweld o'n blaenau, yr unig ateb oedd cludo dŵr mewn bwcedi. Hyd y dydd heddiw, rhyfeddaf i ddau fod meidrol lwyddo o dan y fath amgylchiadau. Ar ddiwrnodau difwrw a diluwchio, y drefn oedd fy mod i'n sefyll ger y nant gyda gordd yn fy llaw i dorri'r rhew trwchus ac i Mam anfon y gwartheg allan bob yn un. Ni ellid mentro mwy nag un ar y tro rhag iddynt gynhyrfu a syrthio ar y rhew. Anodd credu fod y nant yn ailrewi tra dychwelai un fuwch i'r beudy ac yna un arall yn ymlwybro at y dŵr. Ond dyna oedd y sefyllfa, a byddai'n ofynnol torri'r rhew i bob buwch yn ei thro.

Gyda'r gwair yn brinnach na'r arfer ac o ansawdd annerbyniol fe ddibynnem i fwy graddau na'r arfer ar ddwysfwyd o siop Evan Jones ym mhentref Ysbyty Ystwyth filltir i ffwrdd. Cario hwnnw ar fy nghefn fesul 28 pwys trwy luwchfeydd o glawdd i glawdd fu raid. Ar gychwyn yr heth, ni ragwelodd yr un proffwyd y byddai'n parhau cyhyd a phan aeth ein cymdogion yn brin o lo tân roeddem yn fwy na hapus iddynt fenthyca'r hyn a fynnent. Gydag amser, wrth reswm, fe brinhaodd ein cyflenwad ninnau a doedd dim gobaith i Wil a Jim y Glo gyrraedd Gistfaen. Yr ateb eto fyth oedd dychmygu mai ceffyl oeddwn a chario llwyth ar ôl llwyth o lo ar fy nghefn o'r pentref gan y llwyddai'r ddau wron i gyrraedd cyn belled â hynny.

Gan nad oedd Mam bellach yn crasu bara fe ddibynnem ar y cyflenwad o Fronnant a Phontrhydfendigaid a gyrhaeddai siop y pentre ddwywaith yr wythnos. Nid ar chwarae bach y llwyddai gyrwyr y ddwy fan i gyrraedd pen eu taith. Gallai hyn olygu arhosiad o awr neu ddwy yn y siop i ddisgwyl am yr enllyn bywiol, cyn wynebu'r daith anodd tua thre, weithiau yn y tywyllwch gyda'r gwynt yn chwipio'r eira o bob cyfeiriad. Yn ychwanegol at y bara, byddai'r llwyth yn cynnwys nwyddau eraill, a'r bwgan mwyaf oedd y can paraffin yr oeddem yn gyfan gwbl ddibynnol arno i oleuo'r tŷ a chynnal y stôf goginio. Flwyddyn neu ddwy'n ddiweddarach y cawsom gysur nwy Calor a rhai blynyddoedd yn hwy cyn prynu peiriant cynhyrchu trydan. Yn hwyrach fyth y cyrhaeddodd y grid.

Cofier hefyd fod bwydydd megis menyn, caws a siwgr yn parhau i gael eu dogni a maint yr hyn a ganiateid yn ddarostyngedig i gyfyngiadau llym y llyfrau dogni – y *Ration Books*. Tri llyfr, felly, oedd gennym ni, un ohonynt yn y siop leol, a'r ddau arall, am resymau teuluol, ym Mhontrhydfendigaid, bedair milltir i ffwrdd. Ymhen hir a hwyr, ni ellid osgoi mentro ar y 'daith hirfaith' o wyth milltir (pedair bob ffordd) i gyrchu bwyd o'r Bont. Ymdrechai gweithwyr y Cyngor Sir, a dwylo ychwanegol, i gadw'r ffyrdd ar agor ond dro ar ôl tro fe syrthiai eira ffres a gwnâi'r gwynt ei waith i'w cau drachefn. Cerdded yn ôl a blaen oedd yr unig ateb, a dyna a wnaeth fy nau ewyrth, Teify a Quintus, a finne ar un diwrnod cymharol braf.

Gan uched y lluwchfeydd, doedd dim dichon ar adegau i wybod a oeddem yn dilyn y ffordd ai peidio ynteu'r cloddiau neu'r caeau. Golygfa ryfeddol wrth agosáu at ben y daith oedd gweld, o bell, nifer o bobl yn cerdded tuag atom, yna eu colli am sbel cyn iddynt ymddangos drachefn ar fynydd ugain troedfedd o eira caled. Yn ffodus i'r tri gwron, yr oedd gennym le i gael hoe a phryd o fwyd cyn codi ein llwythi ar ein cefnau a throi am adre. Cyrraedd y fangre honno'n flinedig ond yn hapus o wybod y byddai digonedd o fwyd ar y bwrdd am beth amser eto.

Ni phery gaeaf caled, mwy na dim byd arall, am byth er iddi ymddangos felly ar y pryd, a chofiaf yr arwydd cyntaf fod 'dyddiau gwell i ddod'. Ar un o'm mynych deithiau i lawr i'r pentre, gwelais arwydd pendant o niwl wrth edrych tua'r gorllewin i gyfeiriad yr arfordir a chofio am y dywediad, 'Niwl o'r môr, glaw ar ei ôl'. Gyda sicrwydd a hyder y cyhoeddais fod y tywydd ar newid. Felly y bu. Cyrhaeddodd y glaw cyntaf ers misoedd yn fuan ond fe gymerodd gryn amser i'r hyn a ymddangosai fel eira tryma'r ganrif lwyr ddiflannu.

Agorwyd y ffyrdd. Dychwelais i'r ysgol. Dim rhagor o gario glo i'r tân na bwyd i'r anifeiliaid. Teithio ar y bws i'r Bont i siopa a wnâi Mam, a mentrodd fy nhad allan o'r tŷ am y tro cyntaf. Cryfhaodd y defaid, er y bu rhai colledion, a phranciodd yr ŵyn. I goroni'r cyfan, bu haf 1947 yn un delfrydol. Diflannodd yr eira ond nid yr atgofion.

Wele rai o ddigwyddiadau rhannau eraill o wledydd Prydain: gwaharddwyd rasys milgwn ar 11 Chwefror; dilewyd pob rhaglen deledu gan y BBC; caewyd y Bathdy Brenhinol; cwtogwyd gwasanaethau bysiau a thramiau Llundain. Ar 12 Chwefror, dychwelodd pob papur dyddiol, wythnosol a'r Sul, yn ôl i'w maint adeg y rhyfel, sef pedair tudalen. 'Nation Placed on War Footing' oedd y pennawd ar 13 Chwefror. Arbed ynni a ysgogodd y mesurau brys ac fe ystyriwyd caniatáu cynyddu dogn bwyd y glowyr gan bwysiced eu gwaith yn cloddio'r glo i gynhyrchu gwres a golau (tybed a wyddai Mrs Thatcher y ffaith fach hon?), a defnyddiwyd awyrennau'r Awyrlu i ollwng bwyd i'r defaid ger Llyn Efyrnwy.

Tregaron – Tir y Gwrol

'Ein bod ni, drigolion Tregaron a'r cylch, yn gwrthwynebu yn unol y cynllun i ddefnyddio 27 acer o'n sir at ddibenion rhyfel, a galwn ar y Swyddfa Ryfel i dynnu'n ôl ei bwriad ar unwaith.'

Dyna union eiriad y cynnig a gymeradwywyd yn unfrydol gan dorf fawr o bobl yng nghysgod colofn Henry Richard ar Sgwâr Tregaron ar brynhawn Mawrth yn ystod hydref 1947. Dyna oedd uchafbwynt y cyfarfod cyhoeddus a drefnwyd gan gangen Coleg Aberystwyth o Blaid Cymru ac a gefnogwyd gan y gymdogaeth gyfan.

Rywbryd a rhywsut yn ystod y diwrnod cynt, fe gyrhaeddodd neges gan gadeirydd cangen y coleg, Gwilym Prys Davies, i ofyn i mi fod yn un o'r siaradwyr yn y cyfarfod. Gwahoddodd fi hefyd i ymuno â'r criw myfyrwyr banerog ym mhen uchaf Tregaron a chydorymdeithio trwy'r dre at droed cofgolofn yr Apostol Heddwch a anwyd yn Prospect House yn y dre yn 1812. Er meddu ar ychydig o brofiad – aflwyddiannus gan amlaf – ar y llwyfan eisteddfodol, cyngherddau lleol a chymdeithas ddadlau'r ysgol doeddwn i erioed wedi areithio'n gyhoeddus. Sylweddolais hefyd y byddwn yn rhannu 'llwyfan' gyda Gwilym Prys Davies a Gwynfor Evans – heb sôn am nifer o arweinwyr lleol a'r cyn-brifathro S M Powell.

Rhaid oedd derbyn, wrth gwrs, a threulio rhan helaeth o'r nos Lun honno'n crafu pen a rhaffu ystrydebau gan deimlo'n weddol hapus gyda ffrwyth yr ymdrech. Yn hytrach na fy rhyddhau o'r ysgol ar ddechrau'r prynhawn awgrymodd y Prifathro mai doethach fyddai peidio â dychwelyd ar ôl yr awr ginio. Wrth ymuno â'r criw myfyrwyr fe welais eu bod yn niferus. Yn eu plith yr oedd Huw Jones, a oedd yn adnabyddus fel un o griw disglair y *Noson Lawen* o Neuadd y Penrhyn, Bangor. Hawliodd y fintai liwgar a'u canu gwladgarol gryn dipyn o sylw wrth basio'r mart a'r siopau lle byddai'r ffermwyr a'u gwragedd yn gwneud eu siopa. Doedd Henry Richard ddim yn brin o gwmni erbyn i ni gyrraedd. Cadeiriwyd gan y Parchedig J Ellis Williams, Llanddewibrefi, a chyfrannwyd yn hyglyw gan y Parchedig J Melville Jones, E Lewis Evans, S M Powell a'r Parchedig A Heber Evans, yn ogystal â'r ddau o hoelion wyth y Blaid a enwyd eisoes, a'r prentis areithiwr.

Nid heb ychydig o bryder y dechreuais i ar fy mhwt gyda thanbeidrwydd a diffuantrwydd yr ifanc heb falio botwm corn fod Plaid Cymru'n mentro i un o gadarnleoedd Rhyddfrydiaeth Ceredigion. Pwysleisio peryglon parod gwasanaethu Duw a Mamon oedd fy thema ganolog, gan wybod yn iawn mai un o ddadleuon cefnogwyr anfadwaith y Swyddfa Ryfel fyddai'r manteision ariannol i ardal nad oedd, ac nad yw, ymhlith y cyfoethocaf yng Nghymru. Yn fyw yn fy nghof roedd y teimladau chwyrn a amlygwyd mewn ambell gyfarfod ym Mhwllheli yn erbyn gwrthwynebwyr yr ysgol fomio arfaethedig ychydig dros ddegawd ynghynt.

Apeliais hefyd am y gwrthwynebiad cryfaf posibl i gynllun na allai ond arwain at fagu cenhedlaeth o blant mewn awyrgylch filwrol. Yna'r 'berorasiwn'! "Gwell gan yr awdurdodau yn Llundain aberthu tir Cymru na difetha 'grouse moors' yr Alban, na rhyddhau morfa Dartmoor. Safwch yn unol, chwi ffermwyr yr ardal, ac fe saif pob gwir Gymro o'ch plaid."

Yna, fe gynigiwyd y cynnig y cyfeiriwyd ato ar y cychwyn gan Gwynfor Evans a'i eilio gan Ysgrifennydd Cyffredinol ymroddedig y Blaid, J E Jones. Gofynnwyd ymhellach i holl sefydliadau crefyddol a chymdeithasol y cylch i amlygu a chyflwyno eu gwrthwynebiad hwythau. Clywodd fy nhad am y 'début' areithyddol ar ei ffordd adref o'i waith y noson honno gan John Davies, Tynpompren un o genedlaetholwyr mwyaf pybyr Ysbyty Ystwyth. Gan fy mod i'n lletya yn Nhregaron gydol yr wythnos, darllenodd fy rhieni hanes y cyfarfod yn llawn yn y *Welsh Gazette* cyn i mi lanio gartre nos Wener.

Teg dweud nad pawb yn Nhregaron a goleddai yr un atgasedd yn erbyn y Swyddfa Ryfel. Cefais brofiad pendant iawn o'r rhaniad barn rai wythnosau'n ddiweddarach wrth ddanfon telegram yn cefnogi 'hawliau' pobl yr ardal, pan fynegodd y postfeistr fod arnynt 'ddyletswydd' hefyd.

Yn yr ysgol fe gawn bob cefnogaeth gan y mwyaf adnabyddus o'r athrawon, Dai Williams, a oedd yn enwog fel actor a digrifwr amryddawn. Hwyrach nad Dai oedd yr athro mwyaf poblogaidd yn y sefydliad, ond yr oedd y ddau ohonom ar yr un donfedd ar dynged a dyfodol Cymru. Fwy nag unwaith fe'm danfonodd i'w gartref i gyrchu gohebiaeth neu becyn a ddisgwyliai o bencadlys y Blaid yng Nghaerdydd, ac yn trafod ei gynnwys neu'r camau i'w cymryd.

Ni chyfyngais fy ymdrechion gwrth-filitaraidd i'r anerchiad awyr-agored, a gwneuthum y defnydd gorau posibl o'r wasg Gymraeg, yn enwedig *Baner ac Amserau Cymru*. Mewn un erthygl – a hawliodd amlygrwydd y tudalen flaen, cyfeiriais at ragrith Llywodraeth Llundain yn apelio at ffermwyr Cymru i gynhyrchu rhagor o fwyd tra ar yr un pryd yn amddifadu'r union ffermwyr hynny o'u tir a'u bywoliaeth. Pryderwn mai effaith hirdymor gwersyll hyfforddi Tregaron, pe gwireddid ein hofnau, fyddai anelu at galon Cymru a'i rhannu – gyda Chymry yn y de a'r gogledd ac estroniaid yn y canol. Honnwn ymhellach mai ein tynged fel cenedl fyddai gwersylloedd milwrol, diweithdra a gau-addewidion. Cyfeiriais at ormes tirfeddianwyr Torïaidd yn hanes Cymru gan ddadlau ein bod bellach yn wynebu landlordiaeth o fath newydd, ganwaith gwaeth. "Ein gwaredu o un landlordiaeth a'n gosod mewn un arall sydd ganwaith yn fwy dinistriol a damniol."

Mewn llythyr yn yr un papur mynegais yn groyw na feddai llywodraeth estron yr hawl i amddifadu Cymru o'i thir. Rheitiach gwaith i'r gyfundrefn honno oedd darparu amgenach cyfleoedd cyflogaeth yng Nghymru na gorfod dibynnu ar y Swyddfa Ryfel i wneud hynny. Taniwyd ergyd dros annibyniaeth hefyd. Onid yw'n drist drigain mlynedd a mwy'n ddiweddarach ein bod unwaith eto'n ddibynnol ar wersylloedd a sefydliadau milwrol i ddarparu gwaith i'n pobl? Mae'r hynafgwr hwn yn gadarn o'r un farn â'r bachgen ysgol dibrofiad a llawn delfrydau. Mae gwirionedd yn oesol.

Ymhlith y cyfarfodydd protest eraill yn gwrthwynebu bwriad y Swyddfa Ryfel yr oedd digwyddiad o dan nawdd Undeb Cymru Fydd yn Festri Capel Bwlchgwynt, Tregaron, gyda siaradwyr o galibr J Kitchener Davies, yr Aelod Seneddol E Roderic Bowen a'r Parchedig Wyre Lewis. Ymwregyswyd ymhellach mewn cyfarfodydd llai yn Ysgoldy Llanio, Capel Blaen Caron a Chapel y Berth. Calondid i bawb o wrthwynebwyr y cynllun oedd y ffaith i ardalwyr y Preselau ennill eu brwydr hwy beth amser ynghynt. Buddugoliaeth gyffelyb fu ein gwobr ninnau maes o law. 'Trech Gwlad nag Arglwydd' y tro hwn, beth bynnag.

Yn ddiweddarach fe ddaeth pryder arall i'n rhan ym mygythiad rheibus y Swyddfa Ryfel i osod eu bysedd budron ar diroedd Ysbyty Ystwyth. Siom ddybryd i ni'r ieuenctid oedd penderfyniad ein cyd-drigolion, mewn cyfarfod cyhoeddus, i ymwrthod â chodi llais yn erbyn y bwriad. Dim ond tri ohonom, William John Jones, Tynporth, Elwyn Pryse, Brynawel, a finne a wrthwynebodd. Buom unwaith eto'n llythyru – a chreu'r fath arswyd yng nghalonnau ein meistri yn Llundain nes eu gorfodi i ildio unwaith yn rhagor! Buan iawn y tawelodd sŵn y bygythiad i'n milltir sgwâr.

Dyddiau coleg

Wrth feddwl am haf 1948, daw dau ddigwyddiad i'r cof: tîm criced Morgannwg yn ennill pencampwriaeth y siroedd am y tro cyntaf yn hanes y clwb, a derbyn canlyniad yr arholiad Safon Uwch a fyddai'n agor y drws i astudio yn Adran y Gyfraith, Coleg Prifysgol Aberystwyth. Fel llawer eraill, go brin i un o'r teulu agos freuddwydio am addysg prifysgol heb sôn am anelu i'r cyfeiriad hwnnw. Mae'n wir i gyfnither a dau gefnder i Mam raddio mewn gwahanol bynciau a llwyddo yn eu gwahanol feysydd. Ond roedd hwn yn gam sylweddol ymlaen.

Yn ddirybudd ac annisgwyl un bore ddiwedd Awst y daeth y canlyniad trwy law cyfaill a ruthrodd i fyny o'r pentref, yn amlwg wedi derbyn neges o'r ysgol. Pan gefais y manylion llawn drannoeth fe ddaeth yn amlwg fy mod wedi cael tipyn o hwyl ar y papurau Cymraeg a Hanes ond i'r Saesneg brofi – yn wahanol i ddwy flynedd ynghynt – yn fwy o faen tramgwydd. Yn anochel, fe effeithiwyd ar gymhorthdal y Pwyllgor Addysg ond mynnodd fy rhieni nad oeddwn i ystyried oedi blwyddyn cyn mynd i Aber. Lleddfodd ennill Ysgoloriaeth y Dr John Davies rywfaint ar y baich ariannol.

Wedi cyrraedd fy llety yn Heol y Bont, Aberystwyth, ddechrau mis Hydref, 1948, fe gyfarfûm ag un o'r ddau fyfyriwr arall yn y tŷ: Tudor Williams o Abergele a oedd hefyd yn newydd-ddyfodiad i'r coleg; yn ddiweddarach yr un noson deuthum i adnabod Geraint Griffiths, a darganfod ei fod ef a Tudor yn hen ffrindiau – ac yn wrthwynebwyr ar y cae pêl-droed. Deil y tri ohonom mewn cysylltiad, a bu mwy nag un aduniad ger y lli. Yn ystod y tair blynedd y bu Tudor a fi yn cydletya fe ddaethom yn gyfeillion agos. Bu'r ffaith na feddai'r naill na'r llall ohonom yr un geiniog goch i'w hafradu ar ddiwedd wythnos ac nad oeddem yn llymeitwyr alcohol yn gyfrwng i'n closio.

Daearyddiaeth a Daeareg oedd pynciau fy nghyd-letywr tra oeddwn innau'n dilyn cwrs yn y Gyfraith, heb orfod astudio yr un pwnc y tu allan i'r maes hwnnw. Cenfigennai'r myfyrwyr eraill atom am nad oedd gennym 'niners', sef darlithiau am naw o'r gloch y bore. Gydag ambell eithriad ar ddiwedd tymor ni chynhelid yr un ddarlith yn y prynhawn. Y rheswm dros hyn oedd fod darlith gan amlaf yn golygu cryn dipyn o amser yn y llyfrgell yn darllen, a gwneud nodiadau pellach ar achosion llys oedd yn berthnasol i gynnwys darlithiau'r bore ac ati. Disgwylid i ni grynhoi ffeithiau'r achos a dethol rhannau o ddyfarniad y Barnwyr, gan y byddai'r farn, yn bur aml, yn gosod cynsail gyfreithiol i'w dilyn yn achosion y dyfodol. Wrth gwrs, fe ddigwyddai o dro i dro bod Barnwyr eraill, hwyrach yn y Llys Apêl neu Dŷ'r Arglwyddi, yn dileu'r hen ac yn gosod cyfraith newydd. Dibynnem hefyd ar ddeddfau Seneddol am ein gwybodaeth o gyfraith y wlad.

Yn Aberystwyth y lleolid unig Adran y Gyfraith o fewn Prifysgol Cymru yr adeg honno, a bu'n uchelgais ers rhai blynyddoedd i astudio yno. Yr unig elfen o amheuaeth ar adegau oedd fy niddordeb mewn Hanes fel pwnc; serch hynny, Cyfraith a orfu. Awgrymodd D Lloyd Jenkins wrthyf y gallwn ddychwelyd i'r ysgol am flwyddyn ychwanegol a cheisio am Ysgoloriaeth Hanes yn Rhydychen. Apeliai'r syniad o ysgoloriaeth yn fawr iawn, ond ni feddwn ar yr hyder na'r awydd i fentro.

Wrth ysgrifennu pwt o erthygl i'r *Radio Times* yn Ebrill 1971 yn rhinwedd fy swydd gyda'r BBC, daeth cyfle i dalu teyrnged i Bennaeth yr Adran, Yr Athro D J Llewelfryn Davies, adeg ei ymddeoliad. Wedi egluro i mi gyfarfod yr

Athro Llewelfryn am y tro cyntaf yn union wedi cyrraedd y coleg, dyma a ysgrifennais:

> Profiad pur arswydus i fyfyriwr ifanc oedd wynebu ar faes astudiaeth cwbl newydd mewn amgylchedd anghyfarwydd lle roedd mwyafrif ei gyd-fyfyrwyr yn gyn-filwyr aeddfed eu barn a pharod eu parabl. Ond diflannodd yr ofnau, yr ansicrwydd a'r chwithdod wrth sgwrsio â'r Athro hynaws am iaith a chefndir ac am rai o bynciau llosg y dydd. Roedd y wên groesawgar a'r agosatrwydd naturiol sydd mor nodweddiadol ohono, er hynny, yn cuddio meddwl craff a disgleirdeb academaidd o'r radd flaenaf.

Gyda graddau dosbarth cyntaf o Aberystwyth a Chaergrawnt a chyfnod pellach ym Mhrifysgol Columbia yn yr Unol Daleithiau, fe agorodd ei yrfa ddisglair o'i flaen. Yn ei dro, bu'n darlithio yn Aberystwyth, Llundain a Birmingham, cyn cael ei benodi i Gadair y Gyfraith yn Aberystwyth yn 1940 i olynu'r Athro T A Levi. Yno y treuliodd weddill ei yrfa. Dros gyfnod mor faith fe eisteddodd cannoedd lawer wrth ei draed, a llawer ohonynt yn esgyn i binacl eu proffesiwn, yn Nhŷ'r Cyfredin a Thŷ'r Arglwyddi yn ogystal ag mewn swyddi llywodraethol ar draws y byd. Ymhlith y darlithwyr roedd Mr J Unger, a adawodd wedyn i lenwi Cadair yn Birmingham a Charles Crespi a adeiladodd iddo'i hun yrfa lwyddiannus yn fargyfreithiwr troseddol yn Llundain. Yn fy mlwyddyn olaf, cefais y wir fraint o fynychu darlithiau Jurisprudence gan ŵr o Sri Lanka, R W M Dias. Trysoraf ei nodiadau cyflawn a draddodwyd mewn darlith yn dilyn darlith. Go brin fod angen agor yr un llyfr yn y llyfrgell gan iddo lwyddo i gyflwyno'r holl wybodaeth angenrheidiol. Y gamp oedd ysgrifennu'n ddigon cyflym rhag colli'r un perl o wybodaeth. Profiad rhyfedd braidd oedd cael ein cyfarch gan ddarlithydd arall ar fore Llun fel hyn: "Good morning, gentlemen. I have just returned from a dirty weekend." Anodd dychmygu athro yn Nhregaron yn gwneud y fath gyfaddefiad – heb sôn am gyflawni'r weithred.

Pwysleisia'r Athro R Gwynedd Parry yn ei gyfrol ddiddorol *Cymru'r Gyfraith* nad gwasanaethu anghenion hyfforddiant ymarferol fyddai swyddogaeth yr Adran hon a sefydlwyd yn 1901. Yn hytrach, 'cynnig addysg eang a rhyddfrydol ei naws, trwy ymwneud â'r gyfaith yn ei hagweddau athronyddol, gan drwytho myfyrwyr mewn syniadaeth gyfreithiol sylfaenol.' Gosododd yr Athro T A Levi ei stamp ei hun ar yr Adran hyd ei ymddeoliad yn 1940.

Dros dair blynedd y cwrs gradd fe agorwyd ein llygaid ni, fyfyrwyr, i ystod eang o wahanol agweddau ar gyfraith, yn amrywio o gyfraith droseddol i gyfraith ryngwladol ac o amrywiaeth a chymhlethdod cytundebau cyfreithiol i athroniaeth a hanes cyfraith. Yn ogystal ag ehangu ein gwybodaeth, yr oedd y cwrs yn ein dysgu i feithrin barn gytbwys trwy ddatrys achos cymhleth gam wrth gam. Rhagdybio canlyniad achos oedd y pechod gwaethaf posibl. Yr hyn na chawsom oedd profiad ymarferol ac anogaeth i fanteisio ar gyfleon i ymweld â llysoedd barn. Ni chlywodd neb am 'brofiad gwaith'.

Er mai Adran fechan gyda staff o bedwar oedd yn Aber ar y pryd, ymhlith fy nghyfoedion yr oedd bechgyn hynod o ddisglair a fyddai'n fawr eu cyfraniad ac uchel eu parch mewn cyfraith a gwleidyddiaeth yn bur fuan. Yno yr oedd Gwilym Prys Davies gyda'i feddwl chwim, dadansoddol a'i sêl dros Gymru a'r Gymraeg. Er iddo newid ei liw gwleidyddol a throi at y Blaid Lafur, ni fradychodd ei egwyddorion na lleihau ei gyfraniad. O Ysgol Ardwyn,

Aberystwyth, y daeth y John Morris ifanc, yn llawn hyder a bywiogrwydd. Felly hefyd Elystan Morgan gyda'i bresenoldeb llwyfan, ei areithio tanbaid a'r direidi y mae eisoes wedi ei gofnodi yn ei hunangofiant. Diddorol i'r tri ohonynt newid cyfeiriad gwleidyddol heb gefnu ar eu hathroniaeth sylfaenol o wasanaethu Cymru a'r Gymraeg. Yr un mor ddiddorol yw dyfalu sut y byddai ambell dro gwleidyddol gwahanol wedi newid cwrs eu bywydau a hanes gwleidyddol Cymru.

Digwyddiadau a apeliai'n fawr at fyfyrwyr y cyfnod oedd y cyfarfodydd gwleidyddol a oedd yn rhan annatod o bob Etholiad Cyffredinol. Diddordeb mewn gwleidyddiaeth, neu gyfle am dipyn o hwyl – neu gyfuniad o'r ddau oedd yn ein cymell. Yn Aberystwyth y llwyfennid y ralis mawr, a hynny yn Neuadd y Brenin. Y drefn oedd ein bod ni'r rapscaliwns yn meddiannu'r oriel, a'r bobl barchus, y mwyafrif ohonynt yn gefnogwyr plaid y noson, yn llenwi seddau'r llawr.

Buom yn ddigon ffodus i fwynhau hwyl Etholiad 1950 a chael cyfle i wrando ar y cawr o Gymro, James Griffiths, a wnaeth y fath gymwynas â Chymru pan ddaeth yn Ysgrifennydd cyntaf y Swyddfa Gymreig yn 1964. Ar brynhawn Sadwrn y cynhaliwyd y cyfarfod hwn ac fe ddigwyddai fod tîm rygbi Cymru'n chwarae ar yr un adeg. Manteisiodd Jim Griffiths yn llawn ar y cyfle i'n hatgoffa mai coch oedd lliw y Blaid Lafur hefyd. "Coch yw ei pholisi, hefyd", meddem ninnau ag un llais. Chawsom ni ddim mwy o lwyddiant ar heclo Aelod Seneddol Llanelli nag a gafodd yntau a'i blaid ar ddarbwyllo'r Cardis i gefnu ar eu Rhyddfrydiaeth draddodiadol. Yn wir, ac eithrio teyrnasiad wyth mlynedd Elystan Morgan yn San Steffan, cynaeafau digon llwm a gafodd ac a gaiff Llafur yng Ngheredigion.

Os llai na llwyddiannus fu ein hymdrechion i daflu Jim Griffiths oddi ar ei echel, nid felly rai nosweithiau'n ddiweddarach pan heidiodd degau o stiwdents swnllyd i Neuadd y Brenin i wrando ar y Torïaid. Ymddiriedwyd yr her o ledaenu'r efengyl las nes y cyrhaeddai'r ymgeisydd, Dr Little, i'r Arglwydd Long. Ni ddangosodd yr Arglwydd fymryn o ddawn dofi criw o fyfyrwyr afieithus, amharchus ac fe gawsom noson i'w chofio. Methodd dderbyn ein her, o gofio am y ddau gyfenw, "that a Little goes a Long way." I goroni'r cyfan, fe gododd un o'n plith, bachgen ysgol, yn dalog o'i sedd ac mewn acen Saesneg a haeddai ei lle ar feysydd Eton, nid Ardwyn, fe aeth at galon y mater gyda'i haeriad: "I put it to you that the Tory Party thinks no more of Wales than Wales thinks of the Tory Party." Erbyn hyn, fe ddawnsiai'r Arglwydd mewn cynddaredd a'r oriel gyfan am ei waed.

Er na fu gen i fawr o glem ar chwarae pêl-droed, yr oedd ac y mae gen i gryn dipyn o ddiléit yn y gêm. Deallais ar unwaith fod Tudor yn chwaraewr addawol iawn fel canolwr cefn a'i fod yn anelu at chwarae dros y coleg. Llwyddodd i gael ei ddewis i'r tîm cyntaf ar Sadwrn cynta'r tymor. Disgleiriodd Geraint Griffiths yntau, a bu'r ddau ohonynt yn chwarae'n gyson gydol eu cyfnod yn Aberystwyth yn ogystal â chynrychioli Prifysgol Cymru. Un arall o'r pêl-droedwyr disglair oedd Trefor Morgan o Lanuwchllyn a'r Bala, a oedd hefyd yn un o fyfyrwyr Adran y Gyfraith. Bu cysylltiad y ddau ohonom yn un clòs iawn dros y tair blynedd a pharhaodd y berthynas agos a chyfeillgar rhyngom hyd ei farw cyn-amserol rai blynyddoedd yn ôl bellach.

Dirwynodd y cyfan i ben i mi fel myfyriwr ar ben y tair blynedd gyda'r arholiadau terfynol, a ddilynwyd gan gyfnod o afiechyd cyn i mi allu dychwelyd i normalrwydd bywyd. Ni allaf gloi'r bennod hon heb gyfeiriad pellach at yr Athro Llewelfryn Davies. Profais fod fy argraff gyntaf a gefais ohono yn un berffaith gywir. Bu'n gyson ei ymweliadau ag Ysbyty Tregaron ac yn fodd i godi fy nghalon.

Shinwell

Yn fy meddiant y mae nifer o doriadau o bapurau newydd bore Mawrth, 15 Chwefror, 1949. Er eu bod wedi hen felynu erbyn hyn, y maent yn gyfrwng i ddwyn ar gof ddiwrnod a fu'n gyfuniad o bryder, hwyl a gwrthdystiad gwleidyddol.

Pryder, am fy mod i ac aelod arall o gangen Plaid Cymru yng Ngholeg Aberystwyth, Hywel Jones o Bonterwyd, wedi cytuno i deithio i gyffiniau Llanfarian, yn cario pot sylweddol o baent gwyn. Ein swyddogaeth ni ein dau oedd agor y tun a thaflu'r paent dros y car a fyddai'n dwyn y Gweinidog Rhyfel, Emanuel Shinwell, i Aberystwyth. Gallaf eich clywed yn mwmian, 'Cynllun gwallgof, a dau berson gwirion'.

Wrth lechu y tu ôl i glawdd cae rhwng Llanfarian a Blaenplwyf bu Hywel, a fu yn un o filwyr parasiwt yn ystod y rhyfel, yn fy sicrhau y byddwn yn rhwym o gael fy saethu ond na fyddwn yn teimlo poen! Ai Job oedd ei enw canol? Diolch i'r duwiau, ni chododd yr angen i agor y pot paent gan fod gwybodaeth y Blaid am gynlluniau'r Gweinidog yn ddiffygiol a dweud y lleiaf. Tra oeddem ni'n dau'n rhynnu a chrynu (dwn i ddim am Hywel, ond nid yr oerfel oedd yr unig achos dros i fi grynu!), y tu cefn i glawdd ar yr A487 roedd y Gweinidog Rhyfel yn gyfforddus ei fyd yng Ngwesty'r Queen's ar y prom yn mwynhau croeso cynnes a glasaid neu ddau neu dri o chwisgi yng nghwmni pwysigion bach a mawr. Wyddai e ddim bryd hynny y byddai rhagor o groeso cynnes iawn, ond o fath arall, yn ei aros pan fentrai allan o glydwch y Queen's.

Pwrpas yr ymweliad â ni oedd i hybu ymgyrch denu rhagor o fechgyn i ymuno â'r fyddin diriogaethol gan ymresymu mae'n siŵr – a hwyrach yn gwbl gywir – fod daear ffrwythlon i'w braenaru ymhlith cannoedd o gyn-aelodau'r lluoedd arfog ac eraill a wynebai gyfnod o wasanaeth milwrol ymhen dwy neu dair blynedd ar derfyn eu gyrfa academaidd.

Pan wawriodd ar y ddau ddarpar-baentiwr nad enillem nac anfarwoldeb na gwaradwydd y dwthwn hwnnw, dyma ddal y bws Crosville nesaf i Aber. Erbyn i ni gyrraedd cyffiniau Neuadd y Dref roedd popeth yn ferw gwyllt gyda degau lawer o fyfyrwyr yn gorymdeithio mewn gwisg ffansi a baneri'n amrywio yn eu neges o 'Join Fred Karno's Army' i 'Wales wants peace and prosperity', a 'Drop the atom bomb now'. Os credwn adroddiad y *Daily Telegraph* fore trannoeth, fe arfogwyd y gwrthdystwyr bywiog â choesau brwsys a chleddyfau pren. Pan geisiodd y Gweinidog osteg er mwyn annerch y dorf clywyd llais yn honni, "We don't care a tinker's cuss about you."

Teg dweud iddo ddewis adeg braidd yn anffodus i ddod i dre prifysgol a hithau o fewn ychydig ddyddiau i gychwyn yr Wythnos Rag flynyddol. Y trefniant oedd i'r gangen leol o'r Cadlanciau Morwrol ddarparu'r croeso milwrol arferol, ond tipyn o gawl potsh fu'r ymgais fach honno hefyd. Tra oedd y swyddog yn eu gofal yn bloeddio, "Left! Right! Left! Right!", cododd bloedd uwch o "Right! Left! Right! Left!" o gyfeiriad y myfyrwyr. Os ei heclo a gafodd Shinwell, nid felly Gwilym Prys Davies, a gyflwynwyd i'r dorf gan Gwyn Tudno Jones, a llwyddodd Gwilym i drosglwyddo'i neges yn groyw ac yn effeithiol.

Cofnododd y *Manchester Guardian* i'r orymdaith filwrol gael ei hatal am hanner awr tra ymdrechai'r heddlu lleol i dawelu a symud y myfyrwyr o'r ffordd. Camodd y Gweinidog i lawr o'r man lle bu'n cymryd y saliwt i annerch y dorf ar yr uchelseinydd. Mynnodd yn ddiweddarach iddo fwynhau ei ymweliad, ond ar y pryd fe adweithiai fel dyn mileinig o flin. "Mae myfyrwyr prifysgol i fod yn bobl ddeallus . . . mae'n siŵr i chi dybio eich bod yn creu cynnwrf, ond rydw i wedi gweld mwy o hwyl yn ystod gêm bêl-droed plant ysgol. Os ydy'r orymdaith filwrol a welsoch yn awr yn destun difyrrwch, rhag eich cywilydd. Os nad ydych chi'n ddisgybledig y funud hon, fe fyddwch felly pan gawn ni afael arnoch."

Nid un o'r haeriadau doethaf yng ngŵydd dynion a welodd, rai ohonynt, chwe blynedd o frwydro yn yr awyr ac ar dir a môr. Yr haeriad, yn gam neu'n gymwys, oedd na fu Emanuel Shinwell mewn brwydr na rhyfel. Aeth ymlaen yn ei ddull diplomataidd i'n sicrhau y byddem oll yn callio gydag aeddfedrwydd y blynyddoedd.

Pan ofynnodd y *Western Mail* i Lywydd y Myfyrwyr am ei adwaith i'r digwyddiadau fe eglurodd hwnnw fod myfyrwyr, er yn fywiog, yn draddodiadol gwrtais i ymwelwyr ond bod eu cyhuddo o fod yn anghyfrifol yn codi eu gwrychyn. Mae'n amlwg iawn i awdur erthygl olygyddol y papur ardderchog hwnnw gael halen ar ei uwd neu ffrae gyda'i wraig. O dan y pennawd, 'Howled Down' fe aeth ati'n ddiymdroi i glodfori'r ymgyrch ricriwtio i'r fyddin diriogaethol a phwysleisio ei phwysigrwydd. Heb y llu gwirfoddol ni fyddai dichon diogelu ein tiriogaeth rhag ellyllon y fall. Roedd y llu'n hanfodol i hybu diogelwch byd-eang. Pwy fyddai'n meddwl! Os caf faddeuant, nid wyf am gyfieithu rhan o'r rhethreg flodeuog a ddefnyddiwyd i'n rhoi ni 'eithafwyr' yn ein lle, rhag colli'r mymryn lleiaf o'i grym: "None but pacifist cranks and nationalist fanatics disputes [*sic*] the necessity for this campaign." Petawn wedi dod ar draws y sgriblwr haerllug, diau y buaswn wedi darganfod defnydd teilwng i'r pot paent wedi'r cyfan – a hynny heb y perygl lleiaf o gael fy saethu!

Darfu'r hwyl a'r miri ger Neuadd y Dref ac aeth Emanuel

Shinwell yn ddiogel a di-baent ar ei daith i Gaerfyrddin gan dystio iddo ei fwynhau ei hun. Ond nid dyna ddiwedd y stori yn y Coleg ger y Lli. Erbyn bore trannoeth haerwyd i ganghennau'r coleg o'r Blaid Gomiwnyddol a'r Blaid Genedlaethol gynllwynio ar y cyd (nid ffenomen newydd yw clymbleidio gwleidyddol!), i droi'r hyn a fwriadwyd yn ddim byd mwy na hwyl diniwed myfyrwyr ar drothwy Wythnos Rag yn brotest wleidyddol a niweidiodd ddelwedd y coleg. Cymhlethwyd y sefyllfa i ryw raddau gan y ffaith mai'r un person oedd Cadeirydd cangen y Comiwnyddion a Llywydd y Myfyrwyr. Rwy'n barod i dderbyn bod o leiaf elfen o wirionedd yn yr honiad am y cynllwyn gwleidyddol. Fe lwyddodd.

Y canlyniad fu galw a chynnal Cyfarfod Cyffredinol Arbennig yn agored i'r holl fyfyrwyr. Bu tipyn o siarad cryf ar y naill ochr a'r llall ond roedd canlyniad y bleidlais, sef condemniad ac ymddiheuriad, yn anorfod lai na thair blynedd wedi tanio ergyd olaf yr Ail Ryfel Byd. Adferwyd 'enw da' yr academi a synnwn i fochyn nad oedd ôl bysedd sefydliad llywodraethol y coleg yn drwm ar yr adladd i ddiwrnod arbennig o ddifyr a chofiadwy.

Ysbyty Tregaron

"He's got it, alright." Dyna'r geiriau ysgytwol a glywais o enau'r Dr Kenyon Davies, yr arbenigwr ar afiechydon yr ysgyfaint, a finne'n gorwedd yn ddiymadferth ar wastad fy nghefn yn un o wardiau cyhoeddus Ysbyty Cyffredinol Aberystwyth ym Mehefin 1951. Diwrnod cyhoeddi Eisteddfod Genedlaethol Aberystwyth at y flwyddyn ganlynol a chwta wythnos wedi fy arholiad gradd olaf un yng Ngholeg Aberystwyth. Fe lefarodd y geiriau wrth y radiograffydd Netta James a oedd yn dangos llun pelydr-X iddo.

A chyn i fi lawn sylweddoli ystyr y geiriau na'u harwyddocâd brawychus dyma fe'n dweud, "Dwi am i chi fynd i Ysbyty Tregaron y prynhawn yma ac fe'ch gwela i chi yno fory", cyn troi ar ei sawdl. Nid dyn i wastraffu geiriau na thorri newyddion drwg yn raddol ddiplomataidd oedd Dr Kenyon, ond gŵr nad yw'n hawdd mesur ei gyfraniad i'r frwydr yn erbyn y darfodedigaeth, yr haint a ysgubodd trwy gynifer o ardaloedd gwledig a threfol Cymru. Ugain oed oeddwn i ar y pryd, newydd orffen fy nghwrs coleg ac yn anelu at fod yn gyfreithiwr. Fel mewn llawer ardal arall yng Nghymru bryd hynny yr oedd yr ymadrodd TB neu'r dicáu yn codi arswyd a gwaetha'r modd yn arwain yn rhy aml o lawer at farwolaeth anochel. Y peth cyntaf a groesodd fy meddwl oedd mai marw oedd tynged holl gleifion y sanatoriwm yn Nhregaron a dyna'r tro olaf, hyd y cofiaf, i mi gael unrhyw deimlad negyddol. Yr ail beth i groesi fy meddwl oedd fy mod i am herio'r drefn honno trwy oroesi. Wyddwn i ddim bryd hynny am fodolaeth cyffur gwyrthiol ac mai hwnnw fyddai f'achubiaeth.

Cyn i'r ambiwlans gyrraedd i'm cludo i Dregaron fe alwodd fy nghefnder, Morlais, i'm gweld ac ef a gafodd y gorchwyl diflas o dorri'r newyddion drwg i'm rhieni. Bu'r diwrnod hwnnw eisoes yn ddiwrnod arbennig o ddigalon iddynt hwy gan iddynt weld claddu eu cymydog anwylaf a mwyaf teyrngar, John Oliver, yn gynharach yr un prynhawn. Dirgelwch o hyd yw pam na fyddwn i neu eraill o'm cwmpas wedi sylweddoli fy nghyflwr ynghynt. Heb fanylu, roedd yr arwyddion yn ddigon amlwg. Fy uchelgais oedd ennill gradd weddol barchus yn y Gyfraith er fy mod yn llawn ymwybodol nad oedd cyrraedd y dosbarth cyntaf o fewn fy nghyrraedd – a'r canlyniad fu esgeuluso pethau pwysicach.

Ddyddiau yn unig wedi'r arholiad olaf, gartref yn Gistfaen, y'm trawyd yn wael a'm cludo i Ysbyty Aberystwyth. Oddi yno i Dregaron a chychwyn ar gwrs tri mis o chwistrelliad dyddiol o *Streptomycin* ac yna driniaeth o bwmpio gwynt i gywasgu'r ysgyfaint o dan deyrnasiad (gair cwbl addas!) y Metron, Mrs Parry Williams. Roedd hi'n ymgnawdoliad o'r fetron draddodiadol yn credu mewn disgyblaeth lem i staff a chleifion fel ei gilydd. Cedwid y ffenestri mawr (*French windows*) yn agored ddydd a nos, beth bynnag y tywydd. Cofiaf ddeffro fwy nag unwaith i weld haenen denau o eira ar fy ngwely a phan gymerid ein gwres am chwech o'r gloch bob bore ni chyffroi'r thermomedr a byddem yn cellwair ein bod eisoes wedi ymadael â'r fuchedd hon. Y Metron wnaeth gyfleu canlyniadau f'arholiad i mi gan ychwanegu ar yr un gwynt am beidio â chynhyrfu'n ormodol a bod angen canolbwyntio ar bethau a oedd o fwy o dragwyddol bwys.

Hi oedd yn iawn, a gadawodd y mwyafrif o'i chleifion yn ddigon iach i fwynhau bywyd llawn. Rwy'n dal i gyfarfod ambell un ohonynt drigain mlynedd yn ddiweddarach. Un o'r rhai hynny yw Alun Lewis, Aber-arth bryd hynny, bachgen deunaw oed a oedd eisoes wedi colli ei ddau riant. Ymhlith y teulu a ddeuai i'w weld yn aml a chyson yr oedd ei gefnder, Hywel, disgybl yn Ysgol Uwchradd Aberaeron, a ddaeth yn adnabyddus i gynifer ohonom fel yr ysgolhaig, y darlithydd a'r siaradwr carlamus, Hywel Teifi. Trist, er hynny, oedd gweld gwacáu ambell wely'n ddisyfyd, a byr fu einioes un neu ddau er iddynt adael yr ysbyty'n fyw. Pymtheg mis fu f'arhosiad yn yr ysbyty ac ni ddychwelodd yr aflwydd i'm nychu hyd y dydd heddiw. Nid oedd y Metron, mwy na Dr Kenyon Davies, wedi codi ar lasiad y wawr ar y diwrnod y dosbarthwyd diplomyddiaeth i ddynolryw. Wrth erchwyn fy ngwely ar un achlysur dyma hi'n dweud wrth feddyg newydd i'r lle, "If you'd seen him when he came in you wouldn't have given threeha'pence his chances." Diau y byddai'r comedïwr Dick Emery wedi dweud wrthi, "You are awful, but I like you!" Nid mor ganmoliaethus un o'r nyrsys a redai trwy'r ward yn aml gan gyhoeddi, "Ma'r blydi fenyw 'na'n fy hela i lan y wal."

Croesodd llwybrau Mrs Parry Williams a fi am y tro olaf yn stondin yr Urdd ar faes Eisteddfod Genedlaethol Caernarfon 1979, pan oeddwn i'n brysur iawn yn gwerthu nwyddau Mistar Urdd. Yr un person oedd hi o hyd a does dim ond gobeithio fy mod wedi diolch yn deilwng iddi am ei gofal mamol. Roedd hi'n frenhinwraig o argyhoeddiad (tybiaf ei bod â chysylltiad agos iawn â'r *Royal Borough*), ac yn synhwyro mae'n siŵr na rannai pob un o'i chleifion ei heilunaddoliaeth. Ei geiriau cyntaf wrth gerdded trwy'r ward ar 6 Chwefror, 1952 oedd, "The king is dead, what terrible news." Roedd gan ei gwrandawyr ystyriaethau amgenach ar eu meddyliau wrth feddwl am fywyd a marwolaeth.

Er ei bod yn ddechrau'r pumdegau erbyn hynny roedd effeithiau'r Ail Ryfel Byd yn parhau i'w hamlygu eu hunain.

Ymhlith y gweithlu fe welid nifer o ffoaduriaid rhyfel o ddwyrain Ewrop. Yn eu plith yr oedd Ozi o'r Wcráin nad oedd yn awyddus i'r Rwsiaid wybod am ei hynt a'i helynt. Claf arall oedd Tom, Methodsyn o'r iawn ryw o ardal Llangwyryfon a oedd hanner y ffordd trwy ddarllen ei Feibl am yr ail dro. Honnai Ozi ei fod e ar fin cwblhau'r trydydd darlleniad, a'i gwestiwn dyddiol oedd, "How's Bible, Tom?" gan ei atgoffa ar yr un gwynt ei fod e un darlleniad ar y blaen. Ateb Tom oedd, "But you're not a Christian, you are a Catholic." Brysiaf i ddweud mai mewn ysbryd chwareus y byddai'r herio.

Un arall o'm cyd-gleifion oedd Bill Spence, cyn-gapten llong a gollodd ddwy long i longau tanfor yr Almaenwyr, a llwyddodd awyrennau yr un gelyn i ddifrodi ei gartre yn Abertawe. Nid rhyfedd felly nad oedd y berthynas rhyngddo fe ac Ursula, Almaenes gadarn o nyrs, yn un hapus iawn. Pan ganfyddai Ursula Bill, yn boenus o gyson, yn ysmygu y tu allan i'r oriau prin a ganiateid, dyma oedd i'w glywed: "Put that ziigaret out, Spence," a'r ateb, "Shut up, Hitler." Nid oedd unrhyw ysgafnder yn yr herio hwn.

Nid yw'n syndod i'm harhosiad yn yr ysbyty brofi i fod yn dipyn o dreth ar fy rhieni – yn enwedig felly fy mam. Ac yntau'n dyddynnwr, doedd gan fy nhad yr un dewis ond gweithio'n llawn amser, yn bennaf fel un o weithwyr y ffordd neu 'fois yr hewl'. O ganlyniad fe ddisgynnai baich trwm o waith y fferm ar ysgwyddau Mam. Felly, ddwywaith yr wythnos gan amlaf ac yn sicr felly yn ystod y misoedd cyntaf, disgwylid iddi gyflawni dyletswyddau anorfod megis carthu'r beudy, bwydo a dyfrhau'r anifeiliaid a gorchwylion bach eraill cyn rhuthro filltir dda i gyfarfod â'r bws. Cyrraedd yr ysbyty erbyn dau o'r gloch, eistedd mewn ward oer gyda ffenestri agored am yn agos i ddwyawr cyn galw i weld ei chwaer am rywbeth i'w fwyta a dal y bws yn ôl i

Bontrhydfendigaid. Lladd amser yno gyda chwaer arall cyn dal y bws i Ysbyty Ystwyth a cherdded adref, eto i wynebu ei dyletswyddau. Hynny i gyd heb rwgnach na thynnu sylw at ei champ na hefru am hawliau. Ymwelai aelodau eraill o'r teulu hefyd, ynghyd â chyfeillion a chydnabod wrth gwrs, a da oedd eu gweld bob amser. Bu un gymdoges yn ffiaidd o greulon wrth fy rhieni'r adeg hon, ond dydy'r hen gythrel honno ddim gwerth ei henwi na'i thrin a'i thrafod; hi yw'r unig berson yn f'adnabyddiaeth na allwn faddau iddi. Yn yr ysbyty y dethlais, os dyna'r gair, fy mhen blwydd yn 21 oed.

Cyfeiriais at y cyffur gwrthfacteria *Streptomycin*, a fu'n gyfrwng i achub bywydau rif gwlith y wawr. Ar 19 Tachwedd, 1943 yr ynyswyd y cyffur gan fyfyriwr ymchwil, Albert Schatz, yn labordy Selman Abraham Waksman ym Mhrifysgol Rutgers. Ond roedd yn 1946/47 cyn y profwyd ei effeithiolrwydd yn erbyn y darfodedigaeth, y clefyd gwyn a ysgubodd trwy'r gwledydd cyhyd.

Daw terfyn ar y da a'r drwg rywbryd neu'i gilydd. Dyna ddigwyddodd i minnau, a chefais fy rhyddhau o'r caethiwed a'r gofal ar fore Sadwrn cyntaf Hydref 1952, cwta bymtheg mis wedi'r daith ambiwlans o Aberystwyth ar brynhawn cyhoeddi'r Eisteddfod Genedlaethol.

2

Y trefwr

Dringo ysgol brofiad

Fe'm rhyddhawyd, felly, o Ysbyty Tregaron ddechrau mis Hydref 1952, yn dilyn pymtheg mis o driniaeth a oedd yn gyfuniad o'r cyffur *Streptomycin*, a phwmpio awyr i gywasgu'r ysgyfaint. Hynny, a dogn helaeth iawn, iawn o awyr iach y ffenestri Ffrengig agored ar law a hindda, eira a rhew, haul a gwynt. Yn ystod yr wythnosau cyntaf o ryddid yr oedd yn naturiol i mi deimlo'n ofnus. Dal annwyd, gwlychu neu oeri oedd y pryderon pennaf. Ond buan iawn y diflannodd y pryderon a daeth bywyd yn normal unwaith eto. Fe gofiaf tra byddaf am y bore Llun cyntaf wedi cyrraedd adre ar y Sadwrn cynt, a'r wefr o gerdded i gyfarfod y bws i Aberystwyth – yn gyntaf i ymweld â'r clinic yn yr ysbyty ac wedyn i gyfarfod Tudor, fy nghyd-letywr a ffrind agos am dair blynedd, a ffrindiau eraill. Ail-fyw'r profiad o fwyta cinio mewn caffi a chael te yn fy hen lety. Rhyddid yn wir!

Cyfnod o ymgyfarwyddo a chryfhau wedyn, a dyna pryd y cydiodd y diddordeb gwirioneddol mewn amaethu. Yn ystod y blynyddoedd cynt, rhywbeth a ddigwyddai yn bennaf yn ystod gwyliau ysgol a choleg oedd ymwneud ag anifeiliaid a thrin y tir. Bellach, dyna a wnawn yn ddyddiol heb boeni am ddarlith na thraethawd nac arholiad. A allai neb wrth well therapi? Ar ôl cyfnod gweddol faith o fod unwaith eto'n rhan o fywyd a chymdeithas bro, yn aelod o'r Aelwyd leol a phwyllgor y neuadd arfaethedig roedd y meddygon yn hapus i mi gychwyn chwilio am swydd. Nid ar unwaith nac ar chwarae bach y llwyddais a bu mwy nag un siom. Y profiad rhyfeddaf yn ddiau oedd teithio'r holl ffordd i Guildford yn Surrey, a threulio dwy noson yn Llundain, am gyfweliad gyda'r NFU. Llond stafell o ddynion, i bob ymddangosiad yn ffermwyr cefnog. Daeth yn amlwg ar sail nifer o'r cwestiynau nad pob un ohonynt a drafferthodd i ddarllen fy ffurflen gais a gwyddwn ym mêr fy esgyrn mai siwrnai seithug oedd hon. Cywir bu fy mhroffwydoliaeth a'r llythyr gwrthod wedi fy rhagflaenu yn ôl i Ysbyty Ystwyth drannoeth.

Ym Mawrth 1964 fe ddaeth gwahoddiad i gyfweliad yn Aberystwyth am un o ddwy swydd dros-dro o dan nawdd y WAOS, y gymdeithas a gydlynai ac a gynghorai'r cymdeithasau cydweithredol amaethyddol – y 'co-operatives' – ledled Cymru. Gwyddwn y byddai'r swydd hon yn plesio. Nid yn unig yr oedd y gyflog yn un barchus a'r costau teithio'n dra hael ond byddai hefyd yn cynnig cyfle i ymweld â ffermydd a siarad â ffermwyr yn siroedd Brycheiniog, Ceredigion a Maesyfed. Cynigiai'r Weinyddiaeth Amaeth grantiau hael i wella tiroedd ac adeiladau ffermydd mynydd o dan ddeddf a ddaeth i rym yn 1956. Siomwyd y Weinyddiaeth, serch hynny, gan arafwch cwblhau'r gwaith a hawlio'r grantiau gan nifer, ond nid pawb, o'r ffermwyr.

Mewn byr o dro wedi terfynu'r holi a'r stilio fe alwyd dau ohonom, Geraint Edwards, Llanuwchllyn, a fi yn ôl i'r stafell gyfweld i glywed y newyddion da mai ni oedd y dewis rai. A ninnau'n gyfoedion dyddiau coleg, fe wyddwn yn dda am allu a ffraethineb Geraint ac am ei sêl wleidyddol. Gyda dychryn y clywais am ei farwolaeth annhymig rai blynyddoedd wedi'r diwrnod hapus a chofiadwy hwnnw yn Aberystwyth.

Fe'm cynghorwyd, fel y llanc chwedlonol hwnnw a dderbyniodd gyngor ble i gychwyn casglu cerrig, i ddechrau wrth fy nhraed, sef yn fy sir enedigol. Wedi derbyn y rhestrau a'r ffurflenni priodol a chael diwrnod o gyngor a gwybodaeth gefndirol fuddiol gan y swyddog perthnasol yn swyddfeydd y Weinyddiaeth yn Llanbedr Pont Steffan,

Dathlu Priodas Aur, 2007

Cinio dathlu pen-blwydd yn 80 oed

Haul Ionawr yn Aberystwyth

Gydag Ela a Twm yn Aberystwyth

Mynyddoedd Gleision, Awstralia

Ger Uluru (Ayers Rock) yn Awstralia

Yn Perth, Awstralia, gyda Ray, perthynas i Margaret

Treulio penwythnos yn hen gartref Margaret
ar Stad Hafod Uchtryd

Bob sydd agosaf at y camera!

Siôn, Ela, Twm – a Martha
– ar wyliau

Margaret a fi yn cyrraedd Cadeirlan Tyddewi ar ein pererindod

Yng nghwmni Jane Hutt a chyd-swyddogion
Mudiad Meithrin yn Llangefni

Hywel Jones, Prif Weithredwr Mudiad Meithrin,
yn cyflwyno rhodd wrth imi ymddeol o fod yn
Ysgrifennydd Ariannol ac Ymddiriedolwr am 25 mlynedd

Lleufer dyn . . .   *Castell Dolforwyn*

*Gyda Charles Arch
ym Moelprysgau*

Edmygu Pont y Golden Gate yn San Francisco

Braf oedd ymweld â'm hen gartref ger Cilcennin yn ddiweddar

Bonws ychwanegol oedd cyfarfod cefnder i Mam yn Nhregaron:
yr enwog John Nantllwyd

mentrais arni. Y drefn oedd cysylltu trwy lythyr â phob ffermwr i nodi dyddiad fy ymweliad arfaethedig. Mantais amlwg wrth deimlo gwres y dŵr oedd fy ngwybodaeth leol a'm hadnabyddiaeth bersonol o rai o'r bobl y byddwn yn mynd ar eu traws. Derbyniais groeso traddodiadol y Cardis, Cymry Cymraeg yn ddieithriad, a gwahoddiad i fwynhau cwpanaid o de. Nid unwaith na dwywaith y profodd y 'cwpaned' yn ginio hanner dydd traddodiadol yr amaethwyr. Beth bynnag fyddai'r croeso a pha mor ardderchog y bwyd ni ellid osgoi'r holi a'r croesholi nes cyrraedd at wraidd y rheswm neu resymau dros arafwch cwblhau'r cynllun a gymeradwywyd. Dylwn egluro i'r Weinyddiaeth ddewis rhai achosion o lwyddiant fel y medrent gymharu methiant a llwyddiant.

Amrywiai'r rhesymau dros hirhoedledd o ddiffyg llif arian i arafwch contractwyr, ac o dywydd anffafriol i bwysau gwaith. Amheuwn o dro i dro i ddifaterwch, neu'r brwdfrydedd yn pylu, fod yn ystyriaeth. At ei gilydd yr oedd y rhesymau a roddwyd yn gwbl ddilys, a chyda balchder y cymhellai'r perchennog fi i ddod i weld a gwerthfawrogi'r gwelliannau a wnaed eisoes. Teg yw dweud mai'r Weinyddiaeth neu ei gweision oedd y meini tramgwydd mewn mwy nag un achos. Ar un achlysur yng Ngheredigion mynnai'r amaethwr balch fy mod yn ei yrru yn fy nghar am dair milltir i weld y gwelliant i'r tir pori drosof fy hun. Er nad oedd hyn yn orfodol nac yn arferol, fe gydsyniais, a gweld ei fod cystal â'i ymffrost. Ar y ffordd yn ôl y gwawriodd y gwir reswm dros y gwahoddiad taer pan awgrymodd yr hen gadno y byddai'n fwy na hapus i dalu am lasaid bach i'r sioffer yn y dafarn gyfleus ger yr A44. Cafodd arbed cerdded at y ffynnon, a hynny heb i'w wraig fod fymryn callach! Pwysleisiaf mai un ddiod yn unig a gawsom ac mai hon oedd y fferm olaf ar fy rhestr am y dydd.

Nid mewn tafarn ond yn hytrach mewn cegin y cynigid diod alcoholaidd yn Sir Faesyfed, ond anaml iawn y cefais gynnig diod o unrhyw fath gan drigolion y sir honno; yn sicr ddigon ni ddaeth yr un cinio i'm rhan. Golygai 'cup of tea' hynny a dim mwy, felly hefyd 'tea and a biscuit'. Seidr oedd y ddiod pan gynigid rhywbeth.

Pan symudais ymlaen i Sir Frycheiniog darganfûm fod y rhannau mwy Cymraeg a Chymreig yn debycach i Geredigion o ran croeso a derbyniad. Roedd y ffaith fod dau berthynas i fi'n uchel eu parch yng ngolwg y gymuned amaethyddol-fynyddig o fantais amlwg. Gallwn ddeall amharodrwydd ffermwyr i ddatgelu ffeithiau cyfrinachol i ryw swyddog bach o bell mewn Morris 8, a bu'r cysylltiadau teuluol yn fodd i felysu llawer sgwrs dros baned neu bryd mwy sylweddol. Gan fy mod yn lletya gydol yr wythnos gyda fy ewyrth Ocky a modryb Jane a'u plant Arwyn a Glenys, ac Ocky yntau'n Swyddog Cymhorthdal Defaid ym Mrycheiniog, byddwn yn derbyn pob gwybodaeth ymlaen llaw am y rhai yr ymwelwn â nhw. A chael awgrym neu ddau ar sut i'w plesio.

Daeth y swydd bleserus i ben yn rhy fuan o'r hanner a'r cyfan a oedd yn weddill i'w wneud oedd cyflwyno pob ffurflen i'r swyddfa yn Aberystwyth, i'w dadansoddi yno a chostrelu eu cynnwys i adroddiad cynhwysfawr i'r Weinyddiaeth Amaeth.

Elfennau rhywbeth yn debyg oedd i'r swydd nesaf a ddaeth i'm rhan, sef crwydro o dŷ i dŷ, er nad oedd y gorchwylion yr un mor ddymunol y tro hwn. Cyngor Dosbarth Tregaron oedd y cyflogwr, a'r dasg oedd ymweld â thai annedd i archwilio eu cyflwr, mesur eu maint a throsglwyddo'r wybodaeth i'r Swyddog Iechyd. A siarad o gof, credaf fod yr arolwg yn rhan o baratoi adroddiad cyfansawdd ar gyflwr tai yn gyffredinol. Er y disgwylid diwrnod llawn o waith, ni hoffwn y syniad o fynd ar draws pobl am naw o'r gloch y bore i ofyn (ni fedrwn hawlio), am weld pob twll a chornel yn eu tai a disgwyl iddynt ateb cwestiynau personol. Cofiaf fod mewn un tŷ lle y mynnodd cymdoges fusneslyd lynu at ei sedd yn hytrach na chilio tra gofynnwn fy nghwestiynau – a mynnu gwneud sylwadau, a mynegi syndod at rai o atebion gwraig y tŷ. Dangosodd un gŵr mewn ardal wledig ei feddwl uchel ohonof tra mesurwn un o ffenestri'r llofft: "I hope you fall out through the window and break your bloody neck!" Os mêts, mêts! Mynnodd ei wraig gael dweud ei dweud hefyd trwy fy hysbysu'n glir a chroyw fod ei gŵr graslon wedi colli pob diddordeb ynddi hi a'i fod yn troedio llwybrau eraill. Eglurais nad oedd gweithredu fel cynghorwr priodas yn rhan o'r swydd-ddisgrifiad gan ei sicrhau ymhellach na fwriadwn syrthio trwy ffenestr y llofft, er gwaethaf ei chyflwr enbydus.

Megis ci yn dychwelyd at ei chwydfa, cefais swydd eilwaith gan Gymdeithas Trefnu Gwledig Cymru: y tro hwn fel un o dri threfnydd rhanbarthol dros ganolbarth Cymru, ardal yn ymestyn o'r Gelli Gandryll i Lansanffraid ym Mechain. Swydd a ariannwyd gan y Comisiwn Coedwigaeth oedd hi, a'i hanfod oedd cynghori a chynorthwyo cymdeithasau coedwigo cydweithredol yn siroedd Brycheiniog, Caerfyrddin, Fflint a Maldwyn. Ar ben hyn fe osodwyd ar f'ysgwyddau y cyfrifoldeb am y cymdeithasau cydweithredol cyffredin. Mynychwn bwyllgorau rheoli gan weinyddu rhai ohonynt a bod wrth law i estyn cymorth ymarferol yn ôl yr angen. Nid hon oedd un o benodau hapusaf fy ngyrfa gan na theimlais fod y cymorth a gynigiwn o wir werth. Ar ben hynny, fe wyddwn am y teimlad cryf mai aneffeithiol oedd rhannau o'r cymorth a gynigid gan y WAOS. Dylwn egluro fod fy nghyd-weithwyr yn ddynion egnïol a chydwybodol a chanddynt gyfoeth o brofiad.

Gormod oedd disgwyl fy mod yn meddu nac ar y wybodaeth na'r cefndir i wneud y swydd yn un werthfawr. Ni chynigiwyd hyfforddiant mewn swydd gan y cyflogwyr a dibynnwn yn helaeth ar gefnogaeth a gwybodaeth fy nau gyd-drefnydd, H Gwyn Jones ac Alun Thomas. Yn unol â'r disgwyl, ni theimlai'r Comisiwn Coedwigaeth ei fod yn derbyn gwerth am arian a diflannu wnaeth fy swydd innau pan beidiodd y cymhorthdal.

Toc wedi f'ymadawiad, cynhaliwyd ymchwiliad i weinyddiaeth y sefydliad a bu newid sylfaenol ar y brig. Profiad i'w fawrygu oedd cyfarfod a chydweithio â phobl o gefndir gwledig y teimlwn yn gwbl gyfforddus yn eu cwmni ac y medrwn uniaethu â'u dyheadau. Yr unig eithriad oedd pwyllgor y gymdeithas goedwigo gydweithredol yn Sir y Fflint. Criw o ddynion o gefndir breintiedig, y mwyafrif yn gyn-swyddogion yn y lluoedd arfog, 'oeddynt bron bob un'. Yr oedd agwedd y cadeirydd yn drewi o snobyddiaeth yr uchel ach. Synhwyraf fy mod i'n eu melltithio hwy i'r un graddau ag yr oeddent hwy yn fy nirmygu i.

Magu plu

Mae'n fore braf o Fehefin yn Aberystwyth, a finne'n eistedd yn benisel braidd wrth fy nesg yn swyddfa Cymdeithas Trefnu Gwledig Cymru (WAOS) yn ymwybodol iawn y byddai fy swydd fel trefnydd canolbarth Cymru yn dod i ben ddiwedd Gorffennaf, nid oherwydd camwedd nac aneffeithioldeb ond am y rheswm syml na fwriadai'r Comisiwn Coedwigaeth barhau i ariannu'r swydd o fis Awst ymlaen.

Mewn gwaed oer, cystal cyfaddef na thybiwn fod gwasanaeth y WAOS o'r radd flaenaf yn y cyfnod hwnnw er gwaethaf ymroddiad mwyafrif fy nghyd-weithwyr. Rai misoedd wedi i fi ymadael bu cryn gythrwfl, ymchwiliad swyddogol a newid pennaeth. Roedd y gwaith ei hun yn ddigon diddorol er fy mod yn ymwybodol na dderbyniais y cyfarwyddyd a'm galluogai i fod o wir gymorth i staff a phwyllgorau'r cymdeithasau cydweithredol a fu mor allweddol eu gwasanaeth i amaethwyr ac amaethyddiaeth Cymru. At ei gilydd yr oedd y bobl y deliwn â hwy yn gynnes a chyfeillgar er mai hunllef fisol oedd gorfod ymweld â phwyllgor y gymdeithas goedwigaeth yn Sir y Fflint.

Yn ôl at y bore braf o Fehefin. Ar ganol fy myfyrdod – neu hel almanacs, ar lafar gwlad – fe ganodd y ffôn i dderbyn galwad gan R E Griffith, Prif Drefnydd Urdd Gobaith Cymru. Flwyddyn neu ddwy ynghynt cefais fy nghyf-weld yn un o ddau am swydd Cynorthwywr i'r Prif Drefnydd, ond teimlwyd ar y pryd na feddai'r naill na'r llall ohonom ar y profiad i gyfarfod â'r gofynion. Hawdd derbyn hynny gan mai swydd oedd hon a grëwyd i ysgafnhau cryn dipyn ar faich gwaith y Prif Drefnydd. Gwn hefyd mai gyda chryn betruster y cytunodd RE i rannu ei ddyletswyddau gyda pherson ifanc llai profiadol.

Fel y gall caniad ffôn newid cyfeiriad bywyd rhywun! Pwrpas yr alwad arbennig hon oedd darganfod a oedd fy niddordeb yn yr un swydd yn parhau, ac estyn gwahoddiad i daro draw i Swyddfa'r Urdd am sgwrs o fewn yr awr neu ddwy nesaf. O wybod ers peth amser mai ansicr ar y gorau yr ymddangosai fy ngobeithion yn fy swydd bresennol yr oeddwn, yn naturiol ddigon, wedi cynnig am fwy nag un gyflogaeth arall. Ond yr oedd apêl hon yn wahanol iawn. Gydag argyhoeddiad y chwenychais hon! Yr Aelwyd leol oedd canolbwynt fy mywyd cymdeithasol ers ailgydio mewn bywyd normal wedi f'arhosiad mewn ysbyty. Am y tro cyntaf ers dyddiau ysgol, roeddwn unwaith eto'n rhan o fywyd y gymdogaeth. Cysylltiad arall oedd fy mod yn aelod o gyfarfod cyntaf Senedd yr Ifanc ym Mhantyfedwen o dan arweiniad Iolo Francis Roberts ac Elinor Williams (Davies bellach). Tarddodd y syniad o sefydlu'r Senedd o'r ymwybyddiaeth fod cynifer o ffyddloniaid Cyngor yr Urdd a'r gwahanol bwyllgorau'n heneiddio. Tyfu a wnâi'r gagendor rhwng y cenedlaethau. Ymgasglodd 35 o ieuenctid rhwng 17 a 25 oed o bob cwr o Gymru a bu cryn arddeliad ar y trin a'r trafod o nos Wener hyd brynhawn Sul.

Canlyniad y sgwrs annisgwyl yn Swyddfa'r Urdd oedd cael cynnig y swydd heb wynebu cyfweliad pellach a chychwyn ym Medi 1956. Cyfeiriodd R E Griffith at y penodiad yn y gyntaf o'i dair cyfrol swmpus yn cofnodi, gyda'r manylder a'i nodweddai, holl droeon yr yrfa o sefydlu'r mudiad yn 1922 hyd at ddathliadau'r hanner canmlwyddiant yn 1972. Eglura i Syr Ifan ab Owen Edwards ei ddarbwyllo nad oedd modd bellach iddo beidio â dirprwyo cyfran o'i waith, 'trystio rhywun arall weithiau'! Cyfaddefa mai ei broblem fwyaf oedd gwybod sut i ddadlwytho peth o'r baich ar y gwas newydd heb ei lwyr ddigalonni.

Ni orddadlwythwyd ac ni ddigalonnwyd. Dechreuais ar fy mhrentisiaeth gyda chyfrifoldeb trefnydd cynorthwyol Eisteddfod Genedlaethol yr Urdd trwy fynychu Pwyllgorau Gwaith y gwyliau a oedd eisoes ar y gweill: Rhydaman (1957), Yr Wyddgrug (1958), a Llanbedr Pont Steffan (1959) yng nghwmni R E Griffith a Dafydd Jones. Fe rannai Dafydd ei amser rhwng bod yn Drefnydd siroedd Dinbych a Fflint, gweinyddu cystadleuaeth Cwpan Pantyfedwen a threulio tri mis yn rhedeg Swyddfa'r Eisteddfod yn y gwahanol drefi lle'i cynhelid. Caf eto sôn am yr arian byw hwn o gydweithiwr brwdfrydig gyda'i iaith gyhyrog a phriod-ddulliau cyfoethog Dyffryn Conwy yn byrlymu oddi ar ei wefusau. Ni allaf ond dychmygu agwedd Dafydd at yr iaith lwydaidd a chyfyng ei geirfa a glywn gan gynifer o blant ysgol a darlledwyr proffesiynol y dyddiau hyn.

Dyletswydd arall a ddaeth i'm rhan oedd bod yn bennaf cyfrifol am yr Ŵyl Sir flynyddol a symudai, fel yr Eisteddfod, o le i le. Yn 1953 y gwelwyd cychwyn y fenter yng Nghastellnewydd Emlyn. Yn Abergwaun, Sir Benfro, bedair blynedd yn ddiweddarach y derbyniais i fy medydd tân, gan fanteisio'n llawn ar y profiad hwnnw i drefnu achlysuron cyffelyb yng Nghastell-nedd, Dinbych, Llangefni, Llanfyllin, Caernarfon, Corwen a Llandysul. Er mai'r un patrwm, fwy neu lai, oedd i bob un fel ei gilydd, fe adlewyrchid cryfderau a nodweddion lleol ynddynt oll. Amrywient o gannoedd lawer o aelodau Morgannwg a Mynwy mewn cymanfa ganu yn un o gapeli eang Castell-nedd i berfformiad awyr agored ar ddiwrnod crasboeth o anterliwt *Tri Chryfion Byd* (Twm o'r Nant) gan gwmni disgybledig a dawnus y Dr Kate Roberts ar gae Ysgol Caledfryn, Dinbych. Yn ogystal â chreu bwrlwm o weithgarwch a bod yn gyfrwng cymdeithasu, roedd i'r gwyliau nod a phwrpas arall, sef llenwi rhywfaint ar goffrau llai na llawn yr Urdd.

Yr ymwneud â'r Dr Kate Roberts oedd un o brofiadau difyrraf f'ymweliadau â thref Thomas Gee, ynghyd â'r mynych gyfleoedd i seiadu yn Swyddfa'r *Faner* gyda'r ddau Gymro gwlatgar, Gwilym R Jones a Mathonwy Hughes. Llwyfannodd Kate Roberts a'i chwmni'r union anterliwt yn Eisteddfod Genedlaethol Dinbych o fewn ychydig wythnosau i gychwyn yr Ail Ryfel Byd. Yn wyrthiol ymron, roedd holl aelodau'r cwmni gwreiddiol hwnnw'n dal ar dir y byw ac yn abl i ail-fyw profiad 1939. Digon naturiol, felly, oedd i aelodau pwyllgor yr ŵyl daro ar y syniad o lwyfannu *Tri Chryfion Byd* unwaith eto, ond o dan amgylchiadau cryn dipyn yn hapusach ugain mlynedd yn ddiweddarach. Ennill cydsyniad a chefnogaeth y cynhyrchydd oedd y cam nesaf. Am ba reswm bynnag, fe welodd y pwyllgor yn ddoeth i osod y cyfrifoldeb hwnnw ar f'ysgwyddau i – er hwyrach i gyfeillion lleol megis Gwilym R a Mathonwy hwyluso fy ffordd yn y dirgel.

Doeddwn i ddim nemor enw, os hynny, i Dr Kate, ond bu ei hymateb yn un parod a chydweithredol a'i chroeso'n arbennig o gynnes. Nid trefniant i alw yn y Cilgwyn am drafodaeth ffurfiol oedd y drefn ond yn hytrach wahoddiad i de Cymreig a sgyrsiau cyfeillgar. Pan ddarllenaf a chlywaf am y nofelydd fel person anodd a llym, tystiaf â'm llaw ar fy nghalon na welais i erioed mo'r ochr honno i'w chymeriad. Bu'r perfformiad yn Ninbych o dan amodau delfrydol yn llwyddiant diamheuol. Flwyddyn yn ddiweddarach fe euthum ar ei gofyn unwaith eto, y tro hwn i ddod â'i chwmni i Eisteddfod yr Urdd yn Nolgellau i gryfhau noson wan o ddramâu. Yr un fu'r parodrwydd a'r cydweithrediad y tro hwn hefyd. Rwy'n falch o'r cyfle hwn i gofnodi fy nheyrnged fach i un yr ystyriaf ei bod yn fraint fy mod wedi cael ei hadnabod. Os oedd gen i ofid o gwbl wrth ymweld â'r Cilgwyn, pryder am gyflwr fy migyrnau a gwaelodion fy nhrowsus oedd hwnnw gan fod y diarhebol 'Bob' yn anelu'n syth i'r cyfeiriad hwnnw gyda'i ddannedd miniog. Brwydr ar y trothwy a thangnefedd oddi mewn! Mewn llythyr rai blynyddoedd yn ddiweddarach, a hithau bellach yn 80 oed, dyma a ddywed: "Cofiaf yn dda amdanoch yn dyfod yma yn 1959 a'r hwyl a gawsom yn perfformio'r anterliwt. Yr oedd perfformiad 1959 yn digwydd ar ddiwrnod poethaf y flwyddyn, a'r actorion yn rhedeg i'r adeilad wrth gefn y lorri i yfed pop."

Person arall y deuthum i'w adnabod o ganlyniad i'm mynych deithiau i Ddyffryn Clwyd oedd gŵr yn wreiddiol o Aberystwyth, sef Charles Charman, Rheolwr Gwasg Gee. Bûm yn ymwneud ag ef dros lawer blwyddyn gan mai Gwasg Gee oedd yn argraffu holl gyhoeddiadau Eisteddfod yr Urdd. O reidrwydd, byddai elfen o frys yn achos ambell un ohonynt, megis cyfrol y cyfansoddiadau buddugol gyda chyfrinachedd y prif gystadlaethau llenyddol yn allweddol. Nid dyn i wenieithio na gwneud gwag-addewidion oedd Charles. Os medrwn i gyflwyno'r copi gwreiddiol yn unol â'i amserlen ef gallwn ddibynnu ar brydlondeb a safon y gwaith gorffenedig. Oni chadwn at y trefniant fe ddeuai galwad ffôn chwyrn ond boneddigaidd yn ei dweud hi'n o hallt. Gan amlaf fe lwyddwn i dawelu'r storm trwy addo fod y cyfan, fel ambell siec, yn y post neu y byddwn yn ei swyddfa yn ddiweddarach y diwrnod hwnnw neu'n gynnar fore trannoeth. Yn ystod fy nghyfnod fel Cyfarwyddwr y bu'r unig anghaffael pan fethodd cyd-weithiwr gyflwyno ei gopi'n brydlon. Nid oedd Rhestr Testunau Prifwyl y Rhyl ar gael ddiwrnod y seremoni gyhoeddi. Ni restrai Mr Charman brydyddion yn uchel iawn ar restr o'i hoffterau. I'r gwrthwyneb! Ei hoff ddisgrifiad oedd 'blydi beirdd'.

Daeth nifer o bobl ddiddorol at ei gilydd flwyddyn yn ddiweddarach i hwyluso trefniadau Gŵyl Sir Fôn yn Llangefni, yn enwedig y criw o ddynion a wahoddwyd i drafod rhai o gyfarfodydd a digwyddiadau'r prynhawn Sadwrn i gydredeg â'r ffair a gynhelid mewn clamp o babell. Difyr odiaeth fyddai'r cyfarfodydd trefnu fisoedd ymlaen llaw gyda chymeriadau fel Gwynfryn Evans, Ifan Gruffydd, y gŵr o Baradwys, ac un o sêr y *Noson Lawen* – T C Simpson. Yn swyddfeydd Cyngor Sir Môn, gyda'r nos, y byddem yn cyfarfod. Golygfa gyfarwydd wrth y brif fynedfa oedd gweld y porthor, Ifan Gruffydd, yn cyflawni ei briod waith, ac yna, toc wedi cychwyn y cyfarfod fe ymunai'r un Ifan â ni fel un o wirfoddolwyr yr Urdd. Pe digwyddwn awgrymu gweithgarwch neu ddigwyddiad arbennig i ychwanegu at hwyl yr ŵyl byddai un o'r aelodau, na chofiaf ei enw bellach, yn cynnig bod 'Cecil Hughes' yn ymgymryd â'r trefnu. Buan iawn y dysgodd 'Cecil' i gau ei geg!

Un o uchafbwyntiau'r prynhawn Sadwrn yn Llangefni oedd carnifal traddodiadol, a chefais sicrwydd gant y cant ei bod yn ddoeth a diogel i ymddiried y trefniant yn ei gyfanrwydd i bwyllgor o garnifalwyr profiadol. Felly y bu, ond dyma ysgytwad cwbl annisgwyl o sylweddoli mai Saesneg oedd iaith carnifalau prif dref y Fam Ynys. Bu'n rhaid ymyrryd, wrth gwrs, a thrwy hynny o bosibl gythruddo a siomi criw o bobl a ddilynodd y drefn arferol heb synhwyro mai arall oedd arferiad yr Urdd. Cefais brofiad cyffelyb gyda charnifal un o Aelwydydd Dyfed.

Coronwyd gŵyl lwyddiannus gyda noson lawen gofiadwy a drefnwyd gan Griff Ephraim. Roedd neuadd Ysgol Gyfun Llangefni yn llawn dop a galw am fwy a mwy o gadeiriau i'r cyhoedd eiddgar. Cawsom y pleser o weld a chlywed rhai o sêr disgleiriaf gogledd Cymru gyda'r dewin Charles Williams ar ei orau ysgubol wrth godi hwyl a llywio'r cyfan. Rwy'n dal i gofio ac ailadrodd nifer o storïau a dywediadau Charles y dwthwn hwnnw – megis dweud wrth gantores gysurus yr olwg, "Da iawn, ardderchog, digon o lais a faint a fynner o le i'w gadw!" Brenin y noson yn ddigamsyniol oedd Meredydd Evans a oedd newydd ddychwelyd i Gymru wedi wyth mlynedd yn Unol Daleithiau'r America. Gyda'i ddawn perswâd fe lwyddodd Griff Ephraim i gael Mered, Cledwyn Jones a Robin Williams i ailffurfio Triawd y Coleg am y noson a rhoi i'r gynulleidfa orfoleddus berfformiadau caboledig o'r hen ffefrynnau. Hon, heb yr un gronyn o amheuaeth, yw'r noson lawen orau i mi ei mwynhau erioed.

Gwelodd 1964 gynnal yr Eisteddfod a'r Ŵyl hapusaf eu trefniadau a chyfeillgar eu pobl y gellid eu dychmygu a'u dymuno. Ym Mhorthmadog y lleolwyd yr Eisteddfod, tra ymrwymodd y Cardis, gyda chymorth parod ambell un o dros y ffin yn Sir Gâr, i gynnal Gŵyl Glannau Teifi. Ddwy flynedd ynghynt roeddem yn wynebu tipyn o argyfwng eisteddfodol am nad oedd yr un ardal yn siroedd y gogledd wedi mynegi bwriad na dymuniad i gynnig cartref i eisteddfodwyr 1964. Yn dilyn crafu pen a phwyso a mesur cytunodd y Cyfarwyddwr a finne i drio'n lwc ym Mhorthmadog. Ein prif gysylltiad yn y dref oedd un o'r prifathrawon lleol, R D Jones, ac ato ef yr aethom ein dau i gychwyn y gaseg eira. Gyda'i gymorth parod ef fe lwyddasom i ennyn cefnogaeth gan nifer o bobl allweddol a dylanwadol. Gwthiwyd y cwch i'r dŵr mewn cyfarfod cyhoeddus ac ni bu edrych yn ôl o'r funud honno. Profiad dymunol fu cael chwarae rhan yn y fenter o'i chychwyn hyd y diwedd.

Wedi wyth mlynedd o brofiad gwerthfawr o gydweithio gyda chyd-aelodau o'r staff a degau lawer, onid cannoedd, o wirfoddolwyr a gweithwyr diarbed o un pen i Gymru i'r llall daeth yn amser i feddwl o ddifri am ledu adenydd, magu profiad amgen ac ennill mwy o gyflog. Nid dyma'r tro cyntaf i Margaret a fi, a Robin yntau'n ddwyflwydd oed erbyn hyn, ystyried newid porfa. Bûm o fewn y dim i ymuno â staff Undeb Amaethwyr Cymru a methu o drwch blewyn i olynu Ernest Roberts yn Gofrestrydd y Coleg Normal. Y tro hwn, penderfynu newid byd pe dôi'r cyfle.

Ac fe ddaeth, yn 1964. Bu Marion Griffith Williams (y nofelydd Marion Eames), am gyfnod byr yn un o olygyddion cylchgronau'r Urdd, cyn ei phenodi'n Swyddog Hysbysrwydd Cynorthwyol y BBC yng Nghaerdydd. Yn dilyn ei dyrchafiad yn gynhyrchydd radio fe hysbysebwyd ei swydd flaenorol. Ceisiais amdani ac fe'i cefais yn dilyn cyfweliad digon diddorol nad oedd yn codi gormod o ddychryn.

Y Gorfforaeth

Gwanwyn 1964 oedd hi, felly, pan welais yr ail hysbyseb gan y BBC yng Nghaerdydd am swydd 'Swyddog Hysbysrwydd Cynorthwyol'. Gwyddwn mai dyma'r ail ymgais i lenwi'r bwlch ac nad oedd fawr i'w golli o roi cynnig arni. Beth amser ynghynt yr oeddwn wedi dangos diddordeb mewn swydd arall a darganfod yn hwyrach na fyddwn ar gael ddyddiad y cyfweliad. Yn hytrach na chael fy niystyru, fel y disgwyliwn, fe ddaeth gwahoddiad i drafod y swydd gyda neb llai na'r Rheolwr, Alun Oldfield Davies, ac Aneirin Talfan Davies, y Pennaeth Rhaglenni Cynorthwyol. Ni ddeilliodd dim byd o'r drafodaeth anffurfiol honno.

Taith hamddenol ar y trên o Aberystwyth i Gaerdydd ar fore heulog a'r profiad newydd sbon o siwrnai mewn tacsi o Orsaf Caerdydd i Park Place gan fod yr amser yn gyfyng. Enw'r gŵr mewn gwisg swyddogol ger y dderbynfa oedd Mr Haines, y deuthum i'w adnabod yn well dros y pedair blynedd nesaf, a rhoddodd air o gyngor tadol wrth fy hebrwng i gyfeiriad stafell y cyfweliad. "They're very clever men in there, so don't try pulling the wool over their eyes." Bwriadai'n dda, wrth gwrs, ond nid oedd amser yn caniatáu i egluro nad oeddwn yn gwbl ddi-glem a dibrofiad ym myd y cyfweliadau.

Gwir y gair eu bod yn bobl ddeallus. Eu brenin oedd Hywel Davies, y Pennaeth Rhaglenni, a oedd wedi disgleirio fwy nag unwaith yn cyflwyno rhaglenni dogfen ar y teledu. Wrth ei ochr eisteddai Rowland Lucas, Pennaeth yr Adran Hysbysrwydd. Gŵr o gefndir di-Gymraeg a oedd, fel Bobi Jones a Tedi Millward, yn dystiolaeth wiw i allu W C Elvet Thomas i ddysgu Cymraeg cywir ei gramadeg i fechgyn yn

Ysgol Cathays, Caerdydd. (O am ddwsinau, onid cannoedd, o athrawon fel Elvet Thomas yn ein dyddiau ni!) Ond dim ond pan fo raid y clywais Rowland yn siarad Cymraeg ac roedd ei agwedd at y bobl a'r traddodiadau a barchwn i'n fy ngwylltio'n aml. Ni feddai ar gynhysgaeth o Gymreictod. Ar y llaw arall, fe'i parchwn am ei afael sicr ar deithi gramadegol y Gymraeg. Ildiwn i'w farn yn y maes hwn bob tro. Dau o weithwyr y Gorfforaeth yn Llundain oedd y ddau aelod arall o'r panel, un ohonynt oedd Douglas Muggeridge a'r llall oedd Cadeirydd y panel penodi, Sais ifanc o Lundain a oedd, i'm golwg i beth bynnag, yn ymgnawdoliad o gynnyrch Ysgol Fonedd a chefndir breintiedig. Go brin fod gan y naill na'r llall wybodaeth drylwyr am Gymru. Er mawr foddhad personol, fe lwyddais i ychwanegu at wybodaeth Hywel Davies a Rowland Lucas am rai agweddau o'r wasg Gymraeg.

Bu'n bythefnos o leiaf cyn cadarnhau fy mhenodiad trwy gyfuniad o fiwrocratiaeth y Gorfforaeth gyda'r gweinyddu'n digwydd yn Llundain, a streic gan weithwyr y Llythyrdy. Deallais yn ddiweddarach fod o leiaf un person â chysylltiad â'r Urdd yn gwybod am benderfyniad y panel cyn i mi ddal y trên yn ôl am Aber.

Felly, codi'r gwreiddiau o'r 'wlad lle bu fy nhadau' ac anelu am Gaerdydd i gychwyn gwaith a bywyd newydd mewn amgylchedd cyfan gwbl newydd ar y cyntaf o Dachwedd, 1964.

Gorchwyl pwysicaf fy more cyntaf yn Park Place oedd arwyddo'r Ddeddf Cyfrinachau Swyddogol er mwyn, dybia i, gallu fy nhaflu yn bendramwnwgl i gelloedd carchar Caerdydd pe mentrwn ddatgelu sawl pensil a ddefnyddiem mewn wythnos, neu ailadrodd rhai o'r straeon carlamus a glywn yn rhinwedd fy swydd! Wedyn, cyfarfod fy nghyd-swyddog cyhoeddusrwydd, Hywel Gealy Rees, mab i'r Parchedig a Mrs W M Rees, Llangyndeyrn. Gwyddwn cyn hynny am W M Rees ac am ei safiad dewr a'i arweiniad cadarn i drigolion Cwm Gwendraeth i rwystro Cyngor Abertawe rhag adeiladu cronfa ddŵr yn ardal Llangyndeyrn. Datblygodd cyfeillgarwch rhyngom a bu'r cydweithio'n gyfeillgar a chynnes. Yn annisgwyl rhyw ddiwrnod fe gefais anrheg o gopi o'r *Ci Defaid ac Englynion Eraill* (Thomas Richards) gyda chyflwyniad i gynhesu calon! "I'm cyfaill CH am un rheswm un unig – am fod copi arall gen i." Haelioni!

Roedd dwy agwedd bwysig i'r swydd, sef paratoi datganiadau a bwletinau i'r wasg yn wythnosol gan gyfeirio at raglenni radio a theledu neu ddigwyddiad o bwys yng nghalendr y Gorfforaeth, ac ysgrifennu erthyglau, byr ar y cyfan, i argraffiad Cymru o'r *Radio Times* yn gefndir i'r gwahanol raglenni. Gallai'r gwaith hwn fod yn rhwystredig ar brydiau oherwydd amharodrwydd neu arafwch cynhyrchwyr wrth ddarparu'r wybodaeth i ni – gydag adran olygyddol y cylchgrawn yn Llundain yn pwyso ar ein gwynt am y deunydd. 'Deadline' oedd y gair hunllefus. Byddem yn canmol cynhyrchwyr fel John Ormond am brydlondeb a swmp y wybodaeth a gaem tra byddem yn feirniadol o eraill am ddiffyg cydweithrediad. Nid sefyllfa ddu a gwyn a fodolai, fodd bynnag, gan ein bod ni a'r *Radio Times* yn hawlio manylion o leiaf dair wythnos cyn y dyddiad darlledu, cyn i'r truan o gynhyrchydd benderfynu'n derfynol ar gynnwys ei raglen. Ambell dro, doedd dim amdani ond defnyddio cryn dipyn ar ein dychymyg wrth ddisgrifio'r wledd arfaethedig a hynny'n gwylltio'r cynhyrchydd am gamarwain y gwrandawyr neu'r gwylwyr. Digwyddodd yn hollol i'r gwrthwyneb ar un achlysur pan ddiolchodd un cynhyrchydd i mi'n wresog iawn am roi syniadau iddo am gynnwys ei raglen!

Gan amlaf fe fyddai deunydd yr adran gynhyrchu yn gymorth cwbl hanfodol. Bryd arall yn ddiffygiol. Gorliwio neu fynd dros ben llestri a wnâi ambell un a chofiaf yr hwyl a gawsom am un o ymdrechion yr Adran Gerddoriaeth wrth egluro i arweinydd cerddorfa gychwyn ei yrfa yn organydd. "He is another example of someone who has reached the conductor's rostrum via the organ loft." Bedyddiwyd y math yma o rethreg yn 'organ loftery'.

Canai'r ffôn yn gyson ar ddydd Mercher, sef y diwrnod y rhoddid y *Radio Times* yn ei wely. Cais am gwtogi neu ailwampio rhywfaint o'r hyn a ysgrifennwyd neu gais taer am hyn a hyn o eiriau ychwanegol i lanw twll. Nid oedd cais am erthygl gwbl newydd, hyd at ddau gant a hanner o eiriau, yn anarferol. Nid yn unig yr oedd pwysau i gasglu gwybodaeth a chyfansoddi o fewn byr amser ond gwyddem mai'r pen draw fyddai arddweud y cyfan fesul llythyren dros y ffôn gan nad oedd yr un cwrcyn yn yr argraffdy a fedrai'r Gymraeg. 'A for apple' a 'C for Charlie' amdani a dim cyfle i weld proflen; dim peiriant ffacs na chyfrifiadur yn y dyddiau pell hynny.

Soniais am gyngor Mr Haines ar fy ffordd i'r cyfweliad. Dyma hanesyn arall. Canol y chwedegau oedd y cyfnod, a Cassius Clay yn fyd-enwog ond heb eto newid ei grefydd na'i enw. Digwyddwn fod yn agos i ddesg Mr H un prynhawn pan gerddodd Cassie Davies i mewn a gofyn am weld Marion Griffith Williams, a rhoi ei henw iddo. Dyma a glywodd Cassie a finne yn neges y porthor i Marion: "Miss Cassius Davies is here to see you." Nid amhriodol yr enw. Yn ei maes ei hun yr oedd Cassie Davies gystal bob tamaid â'r paffiwr croenddu siaradus am ymladd ei chornel.

Soniais hefyd am Hywel Davies a fu farw o dan neu yn dilyn llawdriniaeth ar ei galon. Nid oedd yn un am oddef ffyliaid a gallai fod yn brin ei amynedd. Gwae'r neb a'i tramgwyddai trwy barcio'i gar mewn lle a rwystrai Hywel rhag llamu i'r Jag a gyrru i ffwrdd ar garlam. Dyma union drosedd Jake, un o staff yr adran weinyddol, un diwrnod. Ac yntau'n ŵr o argyhoeddiad crefyddol cadarn, roedd ganddo sticer ar ei gar yn cyhoeddi, 'I am the truth, the way and the light.' Pan gyrhaeddodd â'i wynt yn ei ddwrn i symud ei gerbyd, y croeso a gafodd gan y Pennaeth Rhaglenni diamynedd oedd, "You may be the truth and the light, Jake, but you're in my bloody way." Hywel Davies oedd y sawl a sylweddolodd fod gan y diweddar Cliff Morgan ddawn arbennig fel darlledwr, a dringodd Cliff yn uchel yn y rhengoedd yng Nghaerdydd a Llundain.

Pan ganodd y ffôn yn Stafell Newyddion y BBC yn Stacey Road, Caerdydd, am bum munud wedi deg ar fore Gwener, 21 Hydref, 1966, ni freuddwydiodd neb fod y neges hon yn mynd i arwain at un o'r ymgymeriadau darlledu mwyaf dirdynnol a chymhleth erioed yn hanes y Gorfforaeth. Byrdwn y neges oedd bod ysgol wedi ei llwyr ddifrodi yn Aberfan. Pan oedd y cyfan drosodd o safbwynt y darlledwyr, fe ofynnwyd i mi baratoi adroddiad llawn a manwl ar bob agwedd o'r ymgymeriad gydag awdurdod i holi'r sawl a fynnwn. Dyna a wneuthum.

Am ddyddiau lawer fe fûm yn holi cynhyrchwyr, gohebwyr, peirianwyr, gwŷr camera a'r rheolwraig arlwyo hyd yn oed, gyda chyfraniad pob un yr un mor hanfodol â'i gilydd. Ar y cyfan, fe groesawyd presenoldeb y Gorfforaeth, a wynebai gyflawni ei dyletswyddau heb dramgwyddo pobl mewn galar na allai neb o'r tu allan ei amgyffred. Amrywiodd yr ymateb lleol o agor eu tai i ddarparu lluniaeth a thoiledau i fygwth gwŷr camera â rhofiau yn ystod y cloddio a'r clirio ar y dydd Gwener. Cyflawnwyd gwrhydri ar bob llaw, gyda'r newyddiadurwr, Arfon Roberts, yn amcangyfrif iddo wneud o leiaf 130 o ddarllediadau dros y dyddiau cyntaf heb y nesaf peth i ddim o gwsg na gorffwys.

Darlledwyd apeliadau gan y BBC am waed, arbenigwyr achub, a dillad a blancedi. Gwirfoddolodd mwy na digon o

achubwyr o fewn ugain munud i'r darllediad a derbyniodd y
Groes Goch gyflenwad digonol o ddillad o fewn ychydig
oriau. Wrth holi gweithwyr y Gorfforaeth a dreuliodd oriau
a dyddiau'n cyflawni eu dyletswyddau proffesiynol mewn
amgylchiadau'n ymylu ar yr amhosibl, fe allwn synhwyro'r
effaith arnynt hwythau hefyd.

Daeth fy nghyfnod o bedair blynedd i ben pan
ddychwelais at yr Urdd i swydd Dirprwy Gyfarwyddwr ar
Ddydd Calan 1969. Bu'n gyfnod difyr hyd yn oed os nad
oedd yn un arbennig o gyffrous. Does dim dwywaith na fu'r
profiad yn un tra gwerthfawr a buddiol o safbwynt gweddill
fy ngyrfa. Elwais i a'r Urdd yn fawr iawn ar f'adnabyddiaeth
o gynifer o newyddiadurwyr a chael cipolwg gwerthfawr ar
beirianwaith cymhleth y darlledwr.

Syrcas wleidyddol

Fe hawlia'r cyntaf o Orffennaf, 1969 ei le yng nghalendr hanes Cymru fel y dyddiad a welodd lwyfannu'r ŵyl neu'r sbloet a lwyddodd, yn well na'r un arall, i greu rhwyg ac anghydfod yn ein plith ni'r Cymry. Y tristwch yw i ni syrthio i'r fagl a osodwyd, yn fy marn i beth bynnag, gan wleidyddion yn Llundain a Chymru. Ar y dyddiad hwnnw yr arwisgwyd y Tywysog Charles yn Dywysog Cymru. Rhaid derbyn mai o blaid y digwyddiad yr oedd y mwyafrif ond derbyn ar yr un pryd fod yna wrthwynebiad ffyrnig o amryw gyfeiriadau.

Yn dilyn llwyddiant Gwynfor Evans yng Nghaerfyrddin ac ymchwydd o blaid Vic Davies yn y Rhondda a Phil Williams yng Nghaerffili, yr oedd yn ddisgwyliedig i'r Blaid Lafur dybio y gallai'r duedd hon barhau i'r fath raddau ag i danseilio ei goruchafiaeth draddodiadol yn ne Cymru. Nid yw'n gyfrinach chwaith mai George Thomas, yr Ysgrifennydd Gwladol, oedd colbiwr ffyrnicaf cenedlaetholdeb Cymreig. Roedd digwyddiad Brenhinol a Phrydeinig mor amlwg yn ateb i weddi, er derbyn y byddai Arwisgiad yn digwydd hwyr neu hwyrach. Mater o ddyfalu yw a fyddid wedi torri ar draws addysg y Tywysog o dan amgylchiadau eraill.

Nid y mudiad gwleidyddol cenedlaethol yn unig a effeithiwyd gan yr achlysur. Cafodd yr Urdd ei hun yng nghanol y berw heb ddymuno na chroesawu'r profiad diflas. Pan ddaeth yr adeg i wynebu penderfyniadau anodd, nid oedd y Cyfarwyddwr, R E Griffith, yn ei sedd arferol ond yn wynebu llawdriniaeth yn Lerpwl. A fyddai ei bresenoldeb ef gydol y dadlau wedi gwella neu waethygu'r sefyllfa? Pwy a ŵyr? Gosododd hyn faich ychwanegol ar ysgwyddau prysur Gwennant Davies, ac fe fu hi'n ddoeth a chadarn yn ei hymwneud â'r penderfynu er gwaethaf teimladau personol cryf.

Pan amlygwyd dwy farn bendant ymhlith aelodau Pwyllgor Gwaith y mudiad, yr unig ateb oedd galw cyfarfod arbennig o'r Cyngor Cenedlaethol gan mai'r corff hwnnw a feddai'r gair olaf. Nid yn gwbl annisgwyl, o gofio sefyllfa'r Urdd, penderfynwyd derbyn y gwahoddiad disgwyliedig i anfon cynrychiolaeth i Gastell Caernarfon ar Galan Gorffennaf, o 31 pleidlais i 21, gyda dau'n ymatal. Bu'r ymateb, yn enwedig o blith yr ifanc, yn ffyrnig a bygythiwyd ymddiswyddiadau ar bob llaw – gan gynnwys pedwar aelod ifanc o'r staff. Yr oedd eraill ohonynt yn wirioneddol anhapus.

Yr unig ateb oedd galw ail gyfarfod o'r Cyngor, a bleidleisiodd o blaid gwrthod y gwahoddiad, o 45 i 14. Y tro hwn, gofynnwyd i'r Pwyllgorau Sir drafod a phenderfynu ar eu safiad ymlaen llaw a rhoi mandad i'w cynrychiolwyr. Llefarodd y mudiad yn ddemocrataidd a chroyw.

Bu'r wasg Gymraeg, yn gyffredinol, yn ddigon graslon i gydnabod i'r Urdd gael ei gosod mewn sefyllfa'n ymylu ar yr amhosibl. Ar y naill law fe ddibynnai ar gydnabyddiaeth swyddogol gan lywodraeth ganolog a lleol ac roedd eisoes, yn 1960, wedi derbyn y Wobr Frenhinol yn brif dlws yr Eisteddfod Genedlaethol. Roedd y Sylfaenydd wedi'i urddo'n Farchog a derbyniasai'r Cyfarwyddwr yr OBE. A ellid fod yn fwy 'sefydliadol'? Ar y llaw arall yr oedd cyfran helaeth, ond nid pawb, o'r arweinyddion a'r aelodau'n ymateb yn gwbl wahanol gan ymwrthod yn llwyr â pharchusrwydd ceidwadol a Phrydeinig y frenhiniaeth. Pan ailymunais i â'r Urdd fel Dirprwy Gyfarwyddwr yn Ionawr 1969 roedd y pair yn dal i ferwi. Un peth oedd anwybyddu'r Arwisgo, ond roedd y Cyngor, ar yr un pryd, wedi cytuno i wahodd Charles i Brifwyl yr Urdd yn Aberystwyth ac i wersyll Glan-llyn drannoeth yr Arwisgo.

Tystia R E Griffith iddo ymweld â sawl swyddfa llywodraeth leol a chanolog o ganlyniad i'r ail bleidlais rhag i'r Urdd golli cefnogaeth a ystyrid mor allweddol. Tystia ymhellach fod ei safiad ef fel Cyfarwyddwr o blaid mynd i Gaernarfon wedi hwyluso'r dasg honno. Ni synhwyrais i yr un feirniadaeth o'r mudiad mewn cylchoedd swyddogol, ond ni chollwyd yr un cyfle i brofi'n ddiamod mai mudiad ieuenctid gwladgarol oedd Urdd Gobaith Cymru. Fe'i purwyd yn y tân wedi iddo, ar yr ail gynnig, wneud y penderfyniad a oedd yn gyson â'i ddelfrydau.

Wedi'r Arwisgo

Ni wadai'r undyn byw y ffaith drist i holl firi'r Arwisgo ysgwyd yr Urdd i'w seiliau a chreu aml i rwyg, dros dro, beth bynnag, ymhlith y gweithwyr cyflogedig, y gwirfoddolwyr a'r aelodau fel ei gilydd. Pwysleisiodd y Cyfarwyddwr, R E Griffith, mewn memorandwm maith a chytbwys i'w ystyried gan y Swyddogion Cenedlaethol cyn y cyfarfod o'r Cyngor lle y trafodwyd ac y penderfynwyd yr holl gwestiwn am y tro cyntaf, mor anodd oedd y sefyllfa, a ymylai ar fod yn amhosibl, i'r Urdd. O dderbyn gwahoddiad i fynd i Gaernarfon, fe siomid rhai o garedigion y mudiad a'r Gymraeg ac fe roddid tragwyddol heol i fudiadau mwy protestgar godi eu llais a lluchio llaid. O beidio â mynd, ar y llaw arall, yr oedd gwir berygl tramgwyddo'r asiantaethau swyddogol, dylanwadol na fyddent yn deall nac yn amgyffred y safbwynt. Ychwanegwyd at sefyllfa ddyrys gan salwch y Cyfarwyddwr a'i caethiwodd mewn ysbyty a chartref ar adeg anodd.

Erbyn yr haf yr oedd y cyfan yn rhan o hanes, er na ellid dirnad dyfnder y clwyfau a achoswyd. Trwy hap, neu gynllunio gofalus, roedd gennym y cyfle i edrych ymlaen a throi tudalen newydd. Dair blynedd ynghynt fe sefydlwyd comisiwn i edrych ar fywyd a gwaith yr Urdd yn ei wahanol agweddau. Ym Medi fe fyddai Cyngor y mudiad yn trafod yr adroddiad cynhwysfawr a weinyddwyd yn gampus a thrylwyr, yn ôl ei harfer, gan Gwennant Davies, a fu farw ym mis Gorffennaf 2013 yn 102 oed. Er bod i'r Adroddiad bedair adran, yr hyn sy'n bwysig yn y cyswllt hwn yw'r adran a fu'n ystyried yr Addewid a osodai'r holl sylfaen i fudiad a garlamai at ei hanner cant oed.

Ar ddiwedd y trafodaethau yng Ngwesty Pantyfedwen, cyhoeddwyd mai 'Mudiad ieuenctid gwladgarol yw Urdd Gobaith Cymru wedi ei seilio ar y ddelfryd o wasanaeth i Gymru, i gyd-ddyn ac i Grist.' Mynegwyd ymhellach y bwriad i ysbrydoli ieuenctid Cymru: 'i ymfalchïo yn eu hetifeddiaeth, i hyrwyddo'r iaith Gymraeg a bywyd y genedl Gymreig, i wasanaethu eu cyd-ddyn ym mhob rhan o'r byd – ac i wneud y cyfan mewn ysbryd Cristnogol.'

Yr her wedyn, yn arbennig i fi, oedd cyhoeddi'r newyddion da i'r byd a'r betws yn y dulliau mwyaf effeithiol posibl. Gan i'r Cyngor roddi cryn bwyslais ar y gwir angen am gyhoeddusrwydd a chysylltiadau cyhoeddus effeithiol, yr oedd fy llwybr yn glir. Daeth y cyfle cyntaf ar amrantiad ymron a gwnaethom yn fawr o'r achlysur i fynegi'n groyw ei bod yn hen bryd i Gymru gystadlu fel gwlad yn yr 'Eurovision Song Contest'. Y sbardun oedd i Mary Hopkin, y gantores ifanc o Bontardawe, gael ei dewis i gynrychioli gwledydd Prydain. Yn arferol, go brin y llwyddai sbloet o'r fath i gynhyrfu dyfroedd yr Urdd.

Cyfle arall y manteisiwyd arno oedd tynnu blewyn o drwyn y Swyddfa Gymreig adeg newid trosodd i arian degol. Dosbarthwyd taflenni Saesneg i egluro'r drefn cyn bod sôn am y fersiwn Gymraeg. Codasom helynt, a chynnig dosbarthu'r fersiwn Gymraeg. Gwnaed hynny'n gyhoeddus a llwyddiannus. Daeth yn amlwg i'r ymgyrchu milwriaethus gan fudiad ieuenctid swyddogol greu cynnwrf yng nghoridorau grym yng Nghaerdydd – fel y profodd y galwadau ffôn yn llawn 'methu â deall'.

Gwrthodwyd ein cais am stamp swyddogol i nodi hanner canmlwyddiant y mudiad yn 1972, gan greu embaras yn y cylchoedd swyddogol gan na feddyliodd neb ohonynt am y priodoldeb nes ei bod yn rhy hwyr. Ymddiheurwyd yn y sachliain a'r lludw traddodiadol a gwahoddwyd y

Cyfarwyddwr a finne am drafodaeth a chinio blasus ar draul y Swyddfa Gymreig. I rwbio digon o halen yn y briw fe benderfynwyd argraffu ein stamp answyddogol ein hunain i'w osod ar amlenni. Cydiodd y syniad fel tân gwyllt ac fe ddosbarthwyd miloedd lawer ohonynt. Gwn fel ffaith i lythyrau gyrraedd pen eu taith mewn mwy nag un achos gyda stamp yr Urdd yn unig wedi eu glynu arnynt.

Unwaith eto, fe lwyddwyd i fanteisio ar ddiffyg crebwyll a gwelediad mewn cylchoedd swyddogol i droi llifeiriant o ddŵr i'n melin ein hunain. Y gwir yw fod llawer ohonom yn hapusach o'r hanner o beidio â chael stamp swyddogol rhag y canfyddiad mewn rhai cylchoedd ein bod yn rhan annatod o ryw sefydliad parchus. Ond gwenodd yr haul, a chynaeafwyd y gwair. Dilyniant naturiol i'r 'adfywiad' oedd ymgyrchoedd megis Urdd 74 a dyfodiad Mistar Urdd ddwy flynedd yn ddiweddarach.

Rwy'n argyhoeddedig i'r Arwisgo, yn y pen draw, wneud byd o les i Urdd Gobaith Cymru a gwneud y mudiad yn rym ym mywyd Cymru. Os oedd gwaseidd-dra a chyffwrdd pig cap cynt, fe ddiflannodd yn 1969. Os oedd yr Urdd wedi llithro'n araf tuag at y Sefydliad parchus, fe symudodd yn ôl at ei wreiddiau. Os bwriad y gwleidyddion Llundeinig ac ambell gynffonnwr o Gymro oedd drygu achos cenedlaethol Cymru trwy syrcas yr Arwisgiad, fe wnaethant glamp o gamgymeriad.

Pryder am y ceir

Diwrnod o wyliau o'r swyddfa ond nid cyfle i segura oedd y bwriad gan fod swmp o waith peintio ac addurno yn f'aros yn y tŷ. Nid bod tywyllwch mis Rhagfyr 1970, rhagor unrhyw Ragfyr arall, yn cynnig yr amodau mwyaf ffafriol i gyflawni dyletswydd mor ddiflas. Ond os diflas a digynnwrf y gorchwyl arfaethedig, nid digynnwrf y newyddion gofidus a gyrhaeddodd yn ystod y bore.

Y newyddion oedd bod dau dditectif ar eu ffordd i drafod problem yn gysylltiedig â nifer o gerbydau modur yr Urdd a ddefnyddid yn bennaf gan y Swyddogion Datblygu allan yn y maes. Ceir Volkswagen oedd y rhain a gyflenwyd gan werthwr ceir lleol, David Gallimore. Eglurodd y ddau dditectif, un ohonynt yn gyn-ddisgybl i Margaret, fy ngwraig, yn Ysgol Abermâd, eu bod nhw, y *Crime Squad*, yn cydweithio ag Interpol i ymchwilio i dorcyfraith posibl gan ddosbarthwyr y VWs.

Yn y fantol yr oedd dilysrwydd perchenogaeth un ar ddeg Volkswagen ac un Audi a brynwyd dros dair neu bedair blynedd. Amheuid yn gryf fod nifer o foduron o wneuthuriad Almaenaidd a werthwyd yng Nghymru naill ai wedi cael eu dwyn ar y cyfandir neu wedi eu mewnforio i wledydd Prydain yn anghyfreithlon. I ychwanegu at ein gofidiau, datgelwyd fod yr heddlu'n ymchwilio i sefyllfa gyfreithiol nifer cynyddol o gerbydau VW, BMW a Mercedes.

Dychmyger sefyllfa mudiad gwirfoddol fel yr Urdd a oedd o reidrwydd yn byw o'r llaw i'r genau'n ariannol. Yr oedd perygl gwirioneddol i ni golli deuddeg o gerbydau dros nos ymron, a'r rheiny'n adnoddau hanfodol i gyflawni'r ystod eang o weithgareddau drwy Gymru benbaladr. Ni fyddai'r posibilrwydd lleiaf y gallem fforddio llenwi'r deuddeg bwlch. Diflannai swyddi cyn gyflymed â'r ceir. Cawsom ar ddeall fod yr awdurdodau yn barod wedi meddiannu ceir a oedd, am ba reswm bynnag, yn anghyfreithlon.

Gorchymyn yr heddlu oedd ein bod yn casglu'r holl gerbydau o dan amheuaeth ynghyd yn Swyddfa'r Urdd ar ddyddiad arbennig i'w harchwilio'n briodol gan arbenigwyr. Ar y bore penodedig ymddangosai maes parcio Swyddfa'r Urdd yn debycach i fuarth gwerthwyr ceir VW ail-law nag i bencadlys mudiad ieuenctid. Cyrhaeddodd yr arbenigwyr gan graffu ar y rhifau ar beiriannau a chyrff pob un cerbyd o'r Almaen gyda phawb ohonom yn dal ein gwynt ac yn ofni'r gwaethaf wrth i ni obeithio am y gorau. Wedi'r pryder, ochenaid o ryddhad pan gyhoeddwyd fod y dwsin defnyddiol yn lân eu buchedd ac yn eiddo cyfreithlon a dilys i'r Urdd.

Bu'n ymchwiliad eang a thrylwyr gan gynnwys archwilio cychod pleser yn harbwr Aberystwyth ac archwilio ceir mewn sawl ardal yng Nghymru. Carcharwyd o leiaf un person o'r cylch er iddo fod yn onest yn ei ymwneud â ni. Eglurodd llefarydd ar ran Mercedes-Benz y gallai'r dreth bwrcas a fodolai ar y pryd, ynghyd â'r dreth fewnforio, fod yn cyfateb i bris modur tramor yng nghanol Ewrop, ac mai dyna'r cymhelliad i smyglo ceir i wledydd Prydain.

R E

Roedd Prys Edwards a fi mewn cyfarfod ym mhencadlys y Farchnad Gyffredin (yr Undeb Ewropeaidd bellach) yn swyddfa Aneurin Rhys Hughes ac un neu ddau arall ym Mrwsel. Fe gyrhaeddodd galwad ffôn gan Gwilym Charles Williams o Swyddfa'r Urdd yn torri'r newydd syfrdanol fod R E Griffith wedi marw'n sydyn yn Ysbyty Bronglais. Dwy flynedd o hamdden a ddaeth i'w ran ar ôl oes o wasanaeth ymroddedig i Urdd Gobaith Cymru ac aml i sefydliad arall, megis i Undeb Cyhoeddwyr a Llyfrwerthwyr Cymru. Taith ddigon trist a gafodd y ddau ohonom o Frwsel i Birmingham ac yn ôl i Aberystwyth. Ein gorchwyl cyntaf oedd galw yn y Gelli i gydymdeimlo â'i wraig, Olwen, a'i fab, Emyr.

Er iddo gilio i raddau o brif ffrwd gweithgarwch y mudiad dros ei bedair blynedd olaf yn Gyfarwyddwr, i ganolbwyntio ar y dasg anferth o gofnodi hanes yr Urdd mewn tair cyfrol swmpus, codi cronfa sylweddol a threfnu cyfoeth o ddathliadau i ddathlu hanner canrif bodolaeth yr Urdd, ef oedd â'r gair olaf hyd ddydd ei ymddeoliad.

Gwyddwn yn dda amdano oherwydd fy nghysylltiad ag Aelwyd Ysbyty Ystwyth a Phontrhydygroes ond ni chofiaf ei gyfarfod tan noson fy nghyfweliad am y swydd o fod yn gynorthwywr iddo. Ni phlesiodd yr un o'r ddau ymgeisydd y noson honno, a'r tro nesaf i'n llwybrau groesi oedd yn y cyfarfod cyntaf un o Senedd yr Ifanc ym Mhantyfedwen. Bu effaith ein cyfarfod nesaf yn bellgyrhaeddol gan mai hwnnw a'm gwnaeth yn un o'r gweithwyr cyflogedig.

Oherwydd ei afael sicr ar bob agwedd o lywodraeth a gweithgareddau'r mudiad yr oedd ef ei hun, gydag Ifan ab Owen Edwards, wedi ei adeiladu, ei ddatblygu a'i sefydlogî, synhwyrais nad oedd yr awydd i ddirprwyo yn ail natur iddo. Deallais toc nad ar chwarae bach y cytunodd i rannu ei faich gyda pherson arall. Ond nid amharodd hyn yr un mymryn ar ein perthynas, a'i argymhelliad a'i ymddiriedaeth ef a sicrhaodd yr olyniaeth i'r cynorthwywr ifanc cynt.

Syrthiodd dau ddyletswydd i'm rhan yn syth, sef Eisteddfod Genedlaethol yr Urdd yn Rhydaman a Gŵyl Sir Benfro, y ddwy i'w cynnal y flwyddyn ganlynol. Dyma ddau faich yr oedd RE am eu dirprwyo ond roedd yn rhaid wrth gyfnod o brentisiaeth o dan ofal a llygad y meistr. Profiad amhrisiadwy oedd astudio ei ddulliau o weithio a oedd yn gyfuniad perffaith o arweiniad sicr a chyfrwystra cynhenid a hogwyd gan hir brofiad. Deuthum i ddeall yn gynnar iawn fod yn rhaid wrth ddawn naturiol a dealltwriaeth o'r natur ddynol os am feithrin perthynas dda a chael y gorau allan o weithwyr gwirfoddol. Mantais gyfleus arall oedd ein bod wedi cyd-deithio cannoedd lawer o filltiroedd i gyfarfodydd yn Abergwaun, Rhydaman, yr Wyddgrug, Dolgellau a Llanbedr Pont Steffan dros gyfnod o flwyddyn. Adeiladodd cwmnïaeth y mynych deithiau ac anffurfioldeb y sgwrsio berthynas agos a chyfeillgar rhyngom ac ni chofiaf yr un anghydfod o bwys gydol y blynyddoedd. Dysgais lawer am yr Urdd a'r bobl a lafuriai yn y winllan wirfoddol ar y siwrneiau hyn.

Yr oedd ei synnwyr digrifwch a'i hoffter o dynnu coes yn heintus a'i ddefnydd o eiriau mwys yn gynneddf naturiol. Ar ein ffordd adref o gyfarfodydd y byddem yn tynnu llinyn mesur dros bawb a phopeth gyda'r sylwadau'n amrywio o'r canmoliaethus i'r crafog ac o'r difri i'r digri. Creodd iddo'i hun y cyfrwng perffaith i fynegi barn ar bynciau a phobl y dydd o dan yr enw 'Tomos Bifan', siopwr dychmygol o Ynys Môn yn *Yr Aelwyd*, y cylchgrawn misol a gofnodai hynt a helynt y mudiad cyfan. Bydd rhai o'r darllenwyr yn cofio'r adeg pan gynhelid pleidlais bob saith mlynedd i benderfynu pa un ai i agor y tafarndai ar y Sul ai peidio, a'r teimladau cryfion ar ddwy ochr y ddadl. Er syndod i lawer, ac nid i eraill, ymunodd Archesgob llai na phoblogaidd Cymru ar y pryd, Y Parchedicaf Edwin Morris, â charfan y llymeitwyr Sabothol. Fe'i bedyddiwyd gan Tomos Bifan yn 'Archbishop of Ales'.

Dro arall fe ymhyfrydai'r siopwr diniwed o Fôn iddo weld car gyda'r llythrennau 'BFF' ar ei blât cofrestru a thybio mai ystyr y llythrennau oedd *Blodau'r Ffair*, un arall o greadigaethau R E Griffith. Dyma achos i gyfaill Tomos, sef Robin, edliw i'r siopwr mai ef oedd y 'BFF'. Tomos 'Ddim yn dallt yn tôl'; anelai Tomos B at ragrith ac anghysondeb mewn dull sy'n deilwng o newyddiadurwyr o galibr Hugh Muir yn y *Guardian Diary* ein dyddiau ni. Roeddwn yn awyddus iawn iddo, yn ei ymddeoliad, ddewis pigion o ddyddiaduron Tomos Bifan mewn llyfryn ac roeddwn eisoes wedi trefnu cyfarfod i drafod y posibiliadau. Yn anhygoel o drist, ar yr union awr o'r union dydd y bwriadem seiadu, yr oeddwn yn ei angladd yng Nghapel Salem, Aberystwyth.

Gan nad oedd gennyf lawer o waith i'w gyflawni yn y cyfarfodydd ar y cychwyn cyntaf fe fanteisiais ar y cyfle i astudio dulliau'r Cyfarwyddwr o gael ei faen i'r wal. Amrywiai'r rheiny o achos i achos neu o sefyllfa i sefyllfa. Cyflwynai ei argymhellion yn drefnus a phwyllog gan symud ymlaen o bwynt i bwynt i gryfhau ei ddadl. Gan amlaf, fe dderbynnid ei gyngor er gwaethaf dadl boeth o dro i dro yn sgil gwahaniaeth rhwng polisi canolog yr Urdd a'r dymuniad lleol. Y canolog fyddai debycaf o gario'r dydd. Bryd arall, byddai'r llygaid yn tanio a'r pwffian cyflym ar y sigarét yn deilwng o drên stêm. Taw oedd piau hi bryd hynny.

Y cynllun, neu gynllwyn, a apeliai fwyaf ataf fi oedd ei

ddull o eistedd yn ôl gan adael i'r pwyllgorwyr drin a thrafod, troi yn eu hunfan a mynd yn beryglus o agos at ymyl dibyn methiant, cyn taro ei big i mewn. Yn ddieithriad, fe fyddai ganddo ateb i'r broblem o'r cychwyn ond gwyddai ei bod yn haws cael ei ffordd wedi i bawb arall fethu. Ar un achlysur o'r fath pan gynigiodd yr hen lwynog gyfaddawd bloeddiodd un Cynghorydd lleol, "Rhagor o ysbryd Glyndŵr sydd ei angen, Harri [sic] Griffith."

Sefydlwyd Pwyllgor Cenedlaethol yn cynnwys pobl sylweddol iawn i drefnu canmlwyddiant geni O M Edwards. Ymysg y cynlluniau uchelgeisiol yr oedd codi cofeb yn Llanuwchllyn, cyhoeddi cofiant, ailgyhoeddi rhai o'i weithiau a chomisiynu nifer o erthyglau coffa – a chodi cronfa i ariannu'r holl ddathliadau. Arfaethwyd penodi Trefnydd Cenedlaethol a sefydlu peirianwaith gweinyddol. Ymhen y rhawg fe ddaeth yn amlwg na ellid gwireddu'r penodiad na'r peirianwaith, a suddodd y gwŷr glew yn ddyfnach ac yn ddyfnach i rwystredigaeth ac anobaith. Dylid egluro mai Cyfarwyddwr yr Urdd oedd ysgrifennydd y fenter, a gwelodd ei gyfle.

Yn ystod sgwrs yn ei stafell dyma fe'n adrodd am y picil, a dweud. "Mae gen i ateb, ac fe fydda i'n cynnig i'r aelodau, gan eu bod nhw ar goll yn y niwl, fod yr Urdd yn ymgymryd â'r trefniadau. Ond fe fydd un amod a honno'n amod gadarn, sef bod unrhyw arian sy'n weddill ar derfyn y dathlu yn dod i goffrau'r Urdd. Mae Huw Cedwyn Jones yn barod i fod yn ysgrifennydd Is-bwyllgor y Gofeb ac fe hoffwn i chi weithredu yn yr un modd â'r Is-bwyllgor Cyhoeddusrwydd." Afraid dweud i'r Pwyllgor Cenedlaethol lyncu'r abwyd achubol, a chydag un eithriad amlwg fe wireddwyd pob breuddwyd ac elwodd yr Urdd yn ariannol. Yr un eithriad yw na welodd y cofiant olau dydd, ond stori arall yw honno.

Braint yn wir oedd cydweithio gydag RE dros gyfnod

sylweddol a dysgu llawer am beth i'w wneud a pha bethau i'w hosgoi. Bu'n gyfaill yn ogystal ag yn bennaeth. Ei gryfder, a oedd hefyd yn wendid ar adegau, oedd mai lles a llwyddiant y mudiad y rhoddodd ddeugain mlynedd o wasanaeth ffyddlon iddo, oedd yr Alpha a'r Omega. Ni ddaw ei debyg eto. Ni ellir gwadu nad oedd deuoliaeth ac anghysonderau: roedd yn Gymro cadarn ond hefyd yn un a ofleidiodd y Sefydliad Prydeinig. Derbyniodd yr OBE, ar yr ail gynnig mae'n wir. Credai'n ddiffuant mai'r peth iawn i'r Urdd ei wneud oedd anfon cynrychiolaeth i'r Arwisgo, a derbyniodd swydd Dirprwy Lefftenant gan y Frenhines yn ei flynyddoedd olaf. Mae gennym bob hawl i anghytuno â'i ddaliadau, ond nid i amau ei ddiffuantrwydd. Sut, tybed, yr edrychai'r dychanwr Tomos Bifan ar ei greawdwr? Ni allwn ond dyfalu.

Cyfrifoldeb a Chyfrifiad

Wrth ddeffro ar fore Llun, y cyntaf o Hydref, 1973, gwyddwn y byddai'n ddiwrnod arbennig ac anarferol am ddau reswm: am naw o'r gloch byddwn yn eistedd yng nghadair Cyfarwyddwr Urdd Gobaith Cymru am y tro cyntaf. Ac yn ystod y dydd fe gyhoeddid ffigurau Cyfrifiad 1971. Fel y dywedodd y *Western Mail* o dan lun o'r gwas newydd, "What a day to take over."

Erbyn hynny fe allwn dynnu ar wyth mlynedd o brofiad o fod yn gynorthwywr i'r Cyfarwyddwr a chwta bum mlynedd yn Ddirprwy Gyfarwyddwr a Darpar Gyfarwyddwr. O'i gartref y gweithiai'r Cyfarwyddwr, R E Griffith, am y pum mlynedd hynny'n ymchwilio ac ysgrifennu tair cyfrol fanwl a swmpus o hanes y mudiad; yn trefnu dathliadau hanner canmlwyddiant yr Urdd yn 1972 ac yn codi cronfa i ariannu'r amryfal achlysuron a chwyddo'r coffrau'n gyffredinol. Yn ymarferol, roeddwn i wedi ysgwyddo cyfran helaeth o ddyletswyddau'r brif swydd o 1969 ymlaen, ond roedd RE ar gael ac yn barod ei gyngor yn ôl yr angen. Ond o hyn ymlaen ni fyddai'r un cyfle i gnoi cil dros baned ar aelwyd y Gelli lle'r oedd Olwen mor siriol ei chroeso. Yn y pen eithaf, wrth gwrs, fe allwn droi at y swyddogion mygedol er bod y rheiny gan amlaf yn bobl brysur mewn gwahanol feysydd.

Amharwyd rhywfaint ar wefr yr achlysur pan ddatgelwyd niferoedd y siaradwyr Cymraeg. Cyfartaledd y personau a siaradai Gymraeg a Saesneg yng Nghymru oedd 19.6 y cant o'i gymharu â 35 y cant yn 1911 a 25 y cant yn 1961. Yng Ngheredigion, gyda phoblogaeth o 52,900, roedd 1,960 na fedrent siarad Saesneg, 32,610 yn darllen Cymraeg a 31,010 yn ysgrifennu'r iaith. Ni ellid osgoi na gwadu'r her a oedd mor blaen â haul ar bared i fudiad fel yr Urdd a phawb arall o garedigion yr iaith. Wrth gyfeirio at fy swydd, tynnodd gohebydd y *Western Mail* sylw at y ffaith fod Margaret yn Arweinydd ymroddedig Cylch Meithrin Aberystwyth gan fynnu, "And it is in the nursery schools that the future of the Welsh language will be decided – not in national committees." Ni allwn lai na chytuno.

Pwysleisiai'r un papur y gostyngiad o 20 y cant yn nifer y siaradwyr Cymraeg er 1961, er y dylid nodi nad yw'r niferoedd yn y papur yn cyfateb yn union i'r rhai a gyhoeddwyd yn y llyfryn swyddogol, *Cyfrifiad 1971: Adroddiad ar yr Iaith Gymraeg yng Nghymru*. Mae'n amlwg i'r gohebydd geisio barn yr Urdd, a dyfynnir y Cyfarwyddwr newydd yn cydnabod ei siom ond yn gobeithio er hynny y byddai'r wybodaeth yn ysgwyd llawer o'i gyd-Gymry allan o'u trwmgwsg a'u difaterwch yn ogystal â sobreiddio rhai o elynion cibddall ein hiaith genedlaethol. Ceisiodd ganfod llygedyn o oleuni gan dybio hwyrach i amryw a feddai grap ar yr iaith amau a ddylent gofnodi eu hunain fel Cymry dwyieithog. Gwelwyd gostyngiad ymhob sir ac eithrio Ynys Môn.

Cysurwyd Dr Phil Williams, Cadeirydd Plaid Cymru, gan y ffaith fod 17 y cant o blant 10–14 oed yn medru'r Gymraeg tra mai 13 y cant o'r plant hynny, sef y rhai a oedd o dan bump oed yn 1961, a fedrai'r iaith. Naill ai yr oedd y ddau ohonom yn orhyderus neu'n amharod i wynebu ffeithiau caled.

O sôn am ein 'papur cenedlaethol', mae'n ddiddorol cipio trwy dudalennau rhifyn 1 Hydref, 1973. I godi calon pawb ohonom fe'n sicrhawyd fod Prydain yn wynebu gaeaf oer a chaled a bod y comedïwr Marty Feldman wedi ei wahardd o holl glybiau'r BBC am ymddygiad amhriodol.

Bu'r Sadwrn cynt yn un trychinebus i glybiau pêl-droed Abertawe, Caerdydd a Wrecsam – ond bu'n ddiwrnod gwell o lawer i dîm rygbi Llangennech! Cynigiwyd abwyd o £7,500 i'r sawl a lwyddai i osod ei groes ar leoliad y bêl yn 'Cross the Ball' (£50 fu fy nghynhaeaf gorau i). Bu farw'r bardd W H Auden yn 66 oed, ac mewn llythyr gwirioneddol ddirdynnol cwynodd D V Thomas o Los Altos, Califfornia, am na chynrychiolid Cymru ar faner Jac yr Undeb. Hunllef yn wir fyddai ceisio egluro'r rheswm am y camwri i'w blant. Deall yn iawn, Mr Thomas, bach. Collais innau oriau o gwsg yn ceisio dyfalu sut i dorri'r newydd alaethus i Robin a Siôn heb iddynt ddigio wrth ddynoliaeth a gwareiddiad am byth!

Rhodd werthfawr a phroblem astrus

Nid annisgwyl oedd ymbiliau taer gan garedigion y Gymraeg a Chymreictod am i fudiad yr Urdd brynu neu rentu canolfan a oedd yn wag neu ar y farchnad agored rhag iddi syrthio i ddwylo estroniaid neu berchenogion a ddymunai newid ei swyddogaeth. Er cydymdeimlo â chais o'r fath, egluro oedd raid na feddem ar y cyllid na'r adnoddau dynol i droi'r fenter yn llwyddiant. Gallem ddisgwyl anghymeradwyaeth y Swyddfa Gymreig a'r Comisiwn Elusennau am fentro i ddyfroedd dyfnion o ganlyniad i lwytho gormod ar ein plât o safbwynt ymgymeriad ariannol.

Digwyddiad canmil llai arferol, ac eithrio ambell ewyllys, oedd cael cynnig fferm gwerth ar draws £70,000 yn hollol annisgwyl gan Saesnes na wyddem am ei bodolaeth cynt. Ond dyna a ddigwyddodd. Fferm Pentre Ifan, Felindre Farchog, Sir Benfro, oedd hi, a'r rhoddwraig hael oedd Mrs Peggy Hemming, un o gyn-economegwyr y Llywodraeth a oedd bryd hynny â chysylltiad â'r cylchgrawn *Resurgence*. Mudiad yn hybu ac yn credu mewn hunangynhaliaeth o ran bwyd a chynnyrch fferm, a symudodd o Lundain i Felindre Farchog, oedd *Resurgence*. Y bwriad gwreiddiol oedd sefydlu ymddiriedolaeth i weinyddu'r cylchgrawn dwyieithog gyda Mrs Hemming, Satish Kumar (Golygydd), John Seymour (lladmerydd hunangynhaliaeth), a Gwynfor Evans, AS, yn ymddiriedolwyr. Fodd bynnag, ni sefydlwyd yr ymddiriedolaeth. Symudodd Peggy Hemming hithau i Sir Benfro yn Awst 1977, ond fe'i dadrithiwyd o sylweddoli anymarferoldeb y fenter – a dychwelodd i Lundain.

Y prif reswm am y dadrithiad oedd sylweddoli na weddai

athroniaeth a dulliau'r mudiad hwn i fferm gan cyfer yn y Gymru Gymraeg. Ymddengys iddi golli ffydd yn y fenter ac yn rhai o'r bobl. Daeth i deimlo mai'r ffordd ymlaen oedd cyflwyno'r tir, y tŷ annedd a'r tai allan i fudiad cydnaws â'r amgylchedd i'w ffermio gan Gymry Cymraeg. Ffermio o ddifri, nid trwy ddulliau a ystyriai hi bellach braidd yn chwerthinllyd. Ei bwriad yn y lle cyntaf oedd cyflwyno'r uned gyfan i Bwyllgor Addysg Dyfed, ond ni theimlai'r Awdurdod y medrai fforddio stocio'r lle ag anifeiliaid a gwneud y fenter yn hyfyw. Mewn cyfarfod gyda rhai o swyddogion y Cyngor Sir fe ddaeth yn berffaith amlwg y byddent hwy yn fwy na hapus i weld yr Urdd yn meddiannu'r eiddo. Ni wyddom i sicrwydd pwy ddylanwadodd ar y perchennog i gyfoethogi ein mudiad ni. Yn sicr, roedd gan Gwynfor Evans ddylanwad mawr arni, a gwyddom gymaint ei pharch at y Parchedig Matthew Griffiths, Ficer Trefdraeth, a'i hedmygedd ohono. Hwyrach i eraill hefyd wthio'r cwch i'r cyfeiriad iawn.

Ni osodwyd unrhyw amodau fel y cyfryw ond fe ddywedwyd mai dymuniad y rhoddwraig oedd i Bentre Ifan weithredu fel fferm gyffredin gan ddefnyddio rhai o'r adeiladau, yr ysgubor o'r bedwaredd ganrif ar ddeg yn benodol, i hyfforddi ieuenctid. Roedd ffactor arall, ac mewn trafodaethau cynnar cafwyd rhyw fath o ddealltwriaeth y byddai Satish Kumar a'i deulu ifanc yn parhau i fyw yn y tŷ a golygu'r cylchgrawn a chynnal cyrsiau iaith. Crybwyllwyd neilltuo hyd at ddeg cyfer o dir at wasanaeth *Resurgence*, ond annelwig iawn fu llawer o'r trafod. Teg cofnodi mai dyma oedd dymuniad Mrs Hemming. O dan yr amgylchiadau, doedd ganddon ni fawr o ddewis er mai ein hegwyddor sylfaenol bob amser oedd bod â rheolaeth lwyr ar ein heiddo – yn enwedig yr adeiladau a ddefnyddid gan bobl ifanc. Y gobaith oedd meddiannu'r lle ar y cyntaf o Ebrill ond ni chwblhawyd y gweithredoedd cyfreithiol tan ddeufis yn ddiweddarach.

Yn y cyfamser roedd y sefyllfa wedi newid a chymhlethu'n arw. Daeth Peggy Hemming i deimlo bellach nad oedd yn briodol i Mr Kumar a'i deulu fyw yn y tŷ ac mai doethach o lawer fyddai torri pob cysylltiad â *Resurgence* gan alluogi'r Urdd i reoli popeth a ddigwyddai yno. Mewn llythyr ato ym Medi 1977 fe ddywed yn ddigon di-flewyn-ar-dafod: "Y prif beth ar fy meddwl yw eich bod chi yn gadael Pentre Ifan er mwyn galluogi'r Urdd i benodi rheolwr i'r fferm ac i'w datblygu."

Mewn llythyr at ei chyfreithiwr rai wythnosau ynghynt ceir eglurhad pellach am ei rhesymau gan gyfeirio at ei hatebion i alwad gan ohebydd o'r *Western Mail*: "Dywedais fy mod wedi trosglwyddo'r cyfan iddyn nhw [yr Urdd]. Eglurais fy mod yn ystyried ei bod o'r pwys mwyaf i'r lle gael ei ffermio, gan dybio fod y tŷ a'r adeiladau'n angenrheidiol i'r pwrpas hwn . . . Eglurais, ar sail profiad, nad oedd yn bosibl cyfuno ffermio gyda rhedeg cylchgrawn a bod pobl a feddai ar brofiad ffermio wedi gadael oherwydd hyn." Honnodd hefyd iddi gael ei pherswadio ar y cychwyn gan berson a oedd yn awyddus i godi morgais ar y lle i'w bwrpas ei hun. Mewn ateb i gwestiwn pellach gan y gohebydd fe eglurodd na ffurfiwyd ymddiriedolaeth elusennol ac na fyddai hynny'n bosibl oni fyddai Pentre Ifan yn fferm weithredol yn darparu addysg amaethyddol. "Sylweddolais fy mod wedi gwneud camgymeriad difrifol ac fy mod yn croesawu cyfle i drosglwyddo'r lle i gorff cyfrifol a oedd yn barod i ddatblygu'r fferm a'i defnyddio i ddibenion addysgol."

Taniodd ergyd arall at *Resurgence* a'r bobl gysylltiedig mewn llythyr at Gwilym Charles Williams yn Swyddfa'r Urdd. Byrdwn ei sylwadau oedd ei dymuniad i'r fferm gael ei ffermio'n fasnachol ac er budd addysgu pobl ifanc i ennill bywoliaeth "yn hytrach nag i bobl sydd yn dymuno i eraill ddarparu ffermydd, tai, gerddi neu swyddfeydd ar eu cyfer yn rhad ac am ddim."

Erbyn hyn roedd ei phenderfyniad i gyflwyno rheolaeth lwyr i'r Urdd ac i weld cefn Mr Kumar yn ddiwyro. Ni fynnai newid ei meddwl ar unrhyw gyfrif. Eglurodd mewn llythyr at un o gefnogwyr *Resurgence* na lwyddodd y person a ddymunai forgais i wneud hynny a bod amryw o ddarllenwyr ifanc a brwdfrydig y mudiad wedi gadael y lle. Gellid yn hawdd ddyfynnu enghreifftiau eraill o resymau'r rhoddwraig dros ei dadrithiad, a derbyniais innau nifer o lythyrau gan gyn-aelodau o'r gyfeillach ym Mhentre Ifan yn cofnodi eu rhesymau am eu siomiant ac yn gwirfoddoli i gynnig tystiolaeth mewn llys i'r perwyl hwnnw pe dymunem.

Ar yr un gwynt, mae'n deg dweud i mi dderbyn sawl ymbil ar ran y teulu Kumar gan Gymry amlwg nad oeddent, dybiwn i, yn ymwybodol o lawer o'r cefndir. Y pennaf yn eu plith oedd Gwynfor Evans a ymladdodd yn ddi-ildio dros y teulu bach. Derbyniais fwy nag un alwad awr o hyd o Dŷ'r Cyffredin gyda'r nos. Fe blediodd achos *Resurgence* gyda'r boneddigrwydd a'r argyhoeddiad a'i nodweddai ac a'i gwnaeth yn wleidydd o gymaint statws. Gwaetha'r modd, yr oedd y bwlch rhyngom yr un mor llydan ar y diwedd ag yr oedd ar y cychwyn. Dadlau cadarn ond cyfeillgar. Ni fedrwn innau ildio'r un fodfedd, hyd yn oed pe dymunwn hynny, heb fynd yn groes i gyfarwyddyd fy mhwyllgorau.

O barchu teimladau a dymuniadau Peggy Hemming, a chofio am bolisi'r Urdd yng nghyswllt rheolaeth lawn ar ein canolfannau a'n gweithgareddau er mwyn diogelu'r ieuenctid, nid oedd gennym ddewis. Yn ddigon naturiol fe ddisgwylid i ni gyflawni'r dasg ddiflas o gael y lle yn wag. Roedd Mrs Hemming, o'i rhan hi, yn barod i fod yn gefn cadarn a darparu pob tystiolaeth berthnasol a feddai.

Cawsom ninnau le cryf i gredu nad oedd yr ochr arall yn glynu at y ddealltwriaeth wreiddiol pa 'run bynnag. Rhoddwyd yr argraff trwy adroddiadau a lluniau yn y *Western Mail* a'r *Cymro*, yn ogystal ag mewn eitem deledu, mai *Resurgence* oedd yn berchen ar y fferm ac yn llawn fwriadu ei datblygu mewn ffordd arbennig – gyda chyfeiriadau yma a thraw at yr Urdd.

I dorri stori hir yn gymharol fyr, fe welid na ellid cymodi ac mai mynd i gyfraith, yn anffodus, oedd yr unig lwybr i'w ddilyn. Cyfreithwyr mygedol yr Urdd ers tro byd oedd Emyr Currie-Jones a Gareth Wallis Evans, Caerdydd, a'n cwnsler mygedol oedd y bargyfreithiwr (Barnwr yn ddiweddarach) T Hywel Moseley. O safbwynt personol a phroffesiynol ni ellid dychmygu tîm cyfreithiol mwy delfrydol. Yn ychwanegol at y disgleirdeb cyfreithiol yr oedd yna fantais arall, sef cyfeillgarwch personol a'r croeso a'r derbyniad yn siriol a pharod bob tro yr awn atynt am gyngor. Yn naturiol ddigon yr oedd y berthynas a'r ddealltwriaeth ar lefel gyfan gwbl broffesiynol. Cofier i'r saga hon ymestyn o ddechrau 1977 hyd at fisoedd cyntaf 1979.

Gan fod dadleuon dilys gan y naill ochr a'r llall ac na ellid gwarantu buddugoliaeth mewn achos llys costus, daethpwyd i benderfyniad i ddatrys yr anghydfod y tu allan i'r llys. Cynrychiolwyd Urdd Gobaith Cymru gan Emyr Currie-Jones a Hywel Moseley a chytunwyd i dalu swm penodol i Mr Satish Kumar mewn dau daliad. Swm a sylwedd y saga faith yw i'r Urdd feddiannu eiddo gwerth o gwmpas £70,000 yn gymharol rad. Nid y gall neb osod pris ar y straen a'r pryder a achoswyd i nifer o bobl, a rhaid sylweddoli i ni etifeddu clamp o broblem yn ogystal ag eiddo gwerthfawr.

Cyngor yr Iaith

"Bu gan yr Urdd ran amlwg yn ffurfiad Cyngor yr Iaith Gymraeg." (*Golygyddol*, Baner ac Amserau Cymru)

Gan i mi gael y cyfle a'r fraint o yrru, gydag R E Griffith, yr ymgyrch a arweiniodd yn y diwedd at sefydlu Cyngor yr Iaith, o'i fodd neu ei anfodd, gan y Gwir Anrhydeddus Peter Thomas, AS (Ysgrifennydd Gwladol Cymru), dwi'n fwy na pharod i gytuno â'r *Faner* i'r Urdd fod â rhan amlwg iawn. Nid gormod gofyn a fyddai Llywodraeth y dydd wedi symud i'r cyfeiriad hwn o gwbl oni bai am ein pwyso parhaus yn y dirgel ac yn gyhoeddus.

Ym Medi 1973 y cyhoeddwyd y bwriad i sefydlu'r Cyngor – mwy am hyn yn y man – ond penderfynodd Cyngor a Phwyllgor Gwaith yr Urdd ohebu â'r Ysgrifennydd Gwladol mor gynnar â 1970. Byrdwn y cais oedd pwyso arno i ystyried sefydlu corff arbennig, sef math o Gomisiwn Brenhinol sefydlog, i warchod buddiannau'r Gymraeg a'r diwylliant a berthynai iddi trwy bob dull posibl. Nid Cyngor ymgynghorol oedd gennym mewn golwg, eithr corff yn meddu ar yr hawl i weithredu, a chyda'r adnoddau ariannol angenrheidiol.

Mae'n amlwg na chynhyrfodd y cais rhyw lawer ar wleidyddion na gweision sifil y coridorau grym ym Mharc Cathays na Thŷ Gwydyr. Hwyrach na wawriodd ar yr un ohonynt ei bod yn fwriad gan fudiad 'parchus' a gydnabyddid yn fudiad ieuenctid a dderbyniai gymorth a chydnabyddiaeth swyddogol ddal ati fel ci at asgwrn. Ond dyna a wnaethom. Wrth ysgrifennu Colofn yr Urdd yn *Y Cymro* ym mis Ionawr 1972 gofynnais pam ein bod yn gorfod brwydro byth a beunydd am gydnabyddiaeth i'r

Gymraeg. Y cyfan a ddymunem oedd gweld parchu hawliau elfennol cenedl wareiddiedig.

Dro ar ôl tro gydol y tair blynedd o ymgyrchu dygn fe bwysleisiwyd mai ein dyhead fel mudiad ieuenctid gwladgarol ond amhleidiol oedd gweld osgoi brwydrau a allai greu atgasedd at, a gwrthwynebiad i, ein trysor o iaith. Yn ein datganiadau cyhoeddus, gan gyfeirio at alwadau cyffelyb gan nifer o wleidyddion a sefydliadau blaenllaw (ni fynnwn gyfleu'r argraff mai'r Urdd yn unig oedd yn dwyn pwysau a lleisio barn), dadleuwyd y byddai sefydlu Comisiwn yn brawf pendant o awydd y Llywodraeth i godi'r Gymraeg uwchlaw cynnen a dadl.

Daw yn amlwg, o edrych yn ôl dros ysgwydd ar yr hanes, ein bod erbyn hyn yn mynd yn brinnach a phrinnach ein hamynedd. Cyflawnwyd hyn nid yn unig trwy ddatganiadau i'r cyfryngau a llythyrau i'r Swyddfa Gymreig ond hefyd wrth gymryd rhan mewn nifer o raglenni radio a theledu Cymraeg. Ni chofiaf i'r teledu Saesneg amlygu diddordeb ysol yn ein hachos. O graffu ar adroddiad yn *Y Faner* ym Mawrth 1973, fe welir llygedyn o obaith. Teimlai'r gohebydd fod argoelion o'r diwedd bod yr Ysgrifennydd Gwladol yn ystyried o ddifri gynllun i sefydlu Comisiwn i warchod y Gymraeg a'i diwylliant cyfoethog. Awgryma ymhellach y dylai sefydliad o'r fath, ymhlith pethau eraill, ariannu'r Bedwaredd Sianel yng Nghymru a hefyd hybu Dysgwyr. Mae hefyd yn codi sgwarnog newydd o'i gwâl, sef y cynhyrfid y di-Gymraeg i hybu'r iaith Saesneg trwy ofyn am nawdd cyffelyb i'r iaith honno.

Yn y cyfamser, roedd awdurdodau'r Urdd wedi penderfynu mentro ar gynllun a fyddai o'i hanfod yn cynyddu'r pwysau ar y Llywodraeth a'i gwneud yn anodd, onid yn amhosibl, i Ysgrifennydd Cymru osgoi datgan naill ai ei fod o blaid neu yn erbyn hybu'r Gymraeg. Erbyn y Pasg

1973 yr oedd y trefniadau i gynnal Cynhadledd Genedlaethol ganol Medi yn gadarn ar y gweill. Ochr yn ochr â'r trefniadau hynny fe barhawyd â'r ymgyrch gyhoeddusrwydd. Gyda'r Cyngor a'r Pwyllgor Gwaith yn gadarn o'n plaid yr oedd rhwydd hynt i'r Cyfarwyddwr a'r Darpar Gyfarwyddwr droi pob carreg a manteisio ar bob cyfle i hybu'r hyn a oedd bellach nid yn unig yn grwsâd ond yn frwydr na fedrem fforddio ei cholli heb golli wyneb ar yr un pryd. Lle'r oedd eraill yn barod i siarad, roedd prif fudiad ieuenctid Cymru ar dân dros weithredu.

Ers Eisteddfod Genedlaethol yr Urdd yn Nolgellau yn 1960 fe ddaeth yn arferiad blynyddol i drefnu derbyniad i holl ohebwyr a chynhyrchwyr y gwahanol gyfryngau a fyddai'n darlledu neu ohebu o'r Ŵyl. Dyna oedd un o uchafbwyntiau'r prynhawn cyn diwrnod cyntaf y cystadlu. Gwerthfawrogai'r cyfeillion y ddarpariaeth, nid yn unig er mwyn y lluniaeth ysgafn iawn ond hefyd er mwyn cael y cyfle i holi cynrychiolwyr canolog yr Urdd a swyddogion lleol yr Eisteddfod am gyflwr y gronfa a'r maes, nifer – neu ddiffyg nifer – y baneri croeso o gwmpas yr ardal, ynghyd ag awyru unrhyw chwilen arall a boenai ambell sgriblwr mwy busneslyd neu anwybodus na'i gilydd. Buan iawn y sylweddolais bwysigrwydd cynnig mwy na manylion bara a chaws a ailadroddid yn flynyddol, ac mai creadur peryglus yw newyddiadurwr na chaiff ddeunydd diddorol i gadw'i olygydd yn hapus. Ceisiwn gyhoeddi cynllun neu ddatblygiad arfaethedig bob blwyddyn gyda phwrpas deublyg: tynnu sylw at y cynllun a sicrhau stori swmpus i'r cyfryngau. Roeddem hefyd am ennill ewyllys da criw mor ddylanwadol, a'u gwneud, gobeithio, yn llai beirniadol o unrhyw anghaffael annisgwyl yn nes ymlaen yn yr wythnos. Ambell dro fe wyddem yn dda am hanesyn negyddol a ymddangosai ymhen diwrnod neu ddau.

Ar drothwy Eisteddfod Pontypridd, Cynhadledd y Comisiwn oedd y gwningen flasus a ymddangosodd o'r het, yn dilyn y drafodaeth arferol ar y rhagolygon lleol. Gyda chryn bleser y cyhoeddais y cynhelid Cynhadledd Genedlaethol yng Nghaerdydd ar 23 Medi o dan gadeiryddiaeth Syr Ben Bowen Thomas, gyda Syr Goronwy Daniel ac R Alun Evans ymhlith y siaradwyr llwyfan. Pwysleisiais mai dim ond mudiad anwleidyddol fel yr Urdd a oedd yn ddigon uchel ei barch i fedru galw cynhadledd genedlaethol o'r math yma. Atgyfnerthwyd yr ymffrost hwn yn ddiweddarach pan gyhoeddwyd bod Arglwydd Faer ein prifddinas wedi cytuno i estyn croeso dinesig i gynrychiolwyr awdurdodau, sefydliadau a mudiadau Cymru, ynghyd ag Aelodau Seneddol a nifer o unigolion a ymddiddorai yn y pwnc.

Derbyniad ffafriol, at ei gilydd, a gafodd y newyddion, er y tybiaf y coleddid y teimlad mewn ambell galon fod hyn eto'n arwydd o natur sefydliadol-barchus yr Urdd. Nid yr un oedd dehongliad pawb o 'weithredu uniongyrchol'! Yn groes i bob disgwyl fe neilltuodd y *South Wales Evening Post* golofn olygyddol yn ei chrynswth i'r cyhoeddiad gan briodoli i fi holl ddoethineb Solomon gan fynegi, o'i gyfieithu, fy mod, trwy gymell un sefydliad penodedig i achub y Gymraeg, yn torri ar draws y wleidyddiaeth a oedd ynghlwm wrth ymdrechion nifer o wahanol sefydliadau. "Mae llawer i'w ddweud dros syniad Mr Hughes o un prosiect wedi ei gynllunio'n fanwl yn cael ei weithredu a'i gyfarwyddo gan sefydliad megis Cyngor yr Iaith Gymraeg!" Falle yn wir mai dyma'r derbyniad mwyaf cefnogol a digymrodedd a gafwyd o unrhyw gyfeiriad er mae'n rhaid pwysleisio nad fi biau'r clod am y syniad cychwynnol.

Bu ymateb yr unigolion a'r cyrff a wahoddwyd yn gynnes a chadarnhaol ac aeth y trefniadau rhagddynt yn esmwyth a diffwdan gyda pheiriant gweinyddol yr Urdd yn gofalu am bob manylyn bach. Mae fy nyled i Sulwen Evans a Juliet Parry ac eraill yn ddifesur. Ein hunig ran ni bellach oedd eistedd yn ôl a cheisio dyfalu sut ymateb, os o gwbl, a ddeuai o gyfeiriad Peter Thomas a'r Swyddfa Gymreig. Gwnaethom yn siŵr eu bod hwy'n meddu ar yr holl wybodaeth am ein cynlluniau a'n bwriadau, fel mater o gwrteisi. Dyfalu'n unig a fedrem a fyddai ein hymgyrch yn dwyn ffrwyth; a ildiai Llywodraeth ganolog i bwysau gan fudiad gwirfoddol a heriodd gonfensiwn trwy droi cefn ar yr Arwisgo bedair mlynedd ynghynt; ai Comisiwn yn meddu ar ddannedd a chyllid neu ynteu gi cyfarth yn unig a sefydlid? Yn wir, ai asgwrn i'w daflu o dan y bwrdd i gadw'r cŵn yn ddiddig tra gloddestai'r byddigions fyddai'r gorau y medrai Cymru ei ddisgwyl? Os ymgyrch seithug, beth wedyn?

Daeth yr ateb, yn rhannol beth bynnag, yn syfrdanol o sydyn ac annisgwyl. O gyfeiriad annisgwyl hefyd! Ddydd Llun cyn y gynhadledd roeddwn i wedi teithio'n ôl a blaen i stiwdios HTV yng Nghaerdydd i recordio rhaglen Gwyn Erfyl, *Dan Sylw*, cyn mynd i gyfarfod o'r Pwyllgor Gwaith i adrodd am y trefniadau terfynol a'u cadarnhau. Yn hwyrach yr un noson fe ganodd y ffôn: R Alun Evans oedd yno â'i wynt yn ei ddwrn i ddatgelu iddo dderbyn gwybodaeth gan was sifil. Byrdwn neges y cyfaill hwnnw oedd y bwriadai'r Ysgrifennydd Gwladol ar y dydd Gwener, gwta bedair awr ar hugain cyn ein cynhadledd, gyhoeddi ei fwriad i sefydlu rhyw ffurf ar Gyngor yr Iaith Gymraeg.

Yn gyfuniad o'r newyddiadurwr ar raglen *Heddiw*, cyfaill i'r Urdd ac yn un o brif siaradwyr y Sadwrn canlynol, roedd Alun wedi ei gynhyrfu gan y newyddion ac yn barod iawn i rannu ei wybodaeth gyda ni. Dyma gyfleu'r neges i R E Griffith heb oedi. Ymatebodd yntau gyda balchder wrth gael sicrwydd fod y maen yn cyflym agosáu at y wal, ond gyda chynddaredd hefyd at yr hyn a ymddangosai fel gweithred annheilwng gan brif ladmerydd Cymru o gwmpas bwrdd y Cabinet yn Llundain. Maes o law fe gyrhaeddodd y si swyddfeydd papurau newyddion a gorsafoedd radio a theledu a diau i Mr Thomas deimlo o dan dipyn o warchae.

Bloeddiodd y *Western Mail*: "Wales gets permanent Language Commission. Timing of announcement angers Urdd Chief." (Yr oedd y disgrifiad 'Urdd Chief', fel y profais innau lawer tro, yn un o hoff ddisgrifiadau papur Caerdydd.) Galwodd RE y cyhoeddiad yn un 'grotesque' a dweud, "I hope it isn't an attempt to spike our guns." Gofynnodd William Edwards, AS Meirionnydd, nad oedd yr aelod amlycaf o 'fan club' y mudiad, ar yr Urdd i ymateb yn raslon.

Mewn datganiad rhyfeddol o anghredadwy mynnodd yr Ysgrifennydd Gwladol ei bod yn gwbl hanfodol gwneud y cyhoeddiad, hyd yn oed cyn Cynhadledd yr Urdd, gan ei fod eisoes wedi dod at ei benderfyniad. Petai wedi ein hysbysu am ei gynlluniau fe allai'r Urdd fod wedi arbed llwyth o waith a threuliau a byddai degau o gynrychiolwyr wedi arbed (neu golli!) taith i Gaerdydd.

Er gwaethaf cyfarth y cŵn, chwedl Cynan ar un achlysur nodedig, ymlaen yr aeth carafán y Gynhadledd, lle y bu cryn feirniadu ar yr Ysgrifennydd Gwladol am geisio tanseilio ymdrechion mudiad gwirfoddol a arweiniodd ac a gydlynodd yr ymgyrch. Cyhuddodd R Alun Evans Mr Thomas o "chwarae â gwleidyddiaeth plaid ar ei mwyaf naïf". Gydag unfrydedd brwdfrydig y derbyniwyd y cynnig fod y Gynhadledd yn croesawu penderfyniad y Llywodraeth i sefydlu Cyngor yr Iaith Gymraeg gan ofyn i'r Cyngor ymdrechu i ennill ymddiriedaeth pob carfan yng Nghymru, ac iddo sefydlu sylfaen gadarn o gydweithrediad da gyda'r sefydliadau a mudiadau eraill yr ymddiriedwyd iddynt gyfrifoldeb am yr iaith Gymraeg. Yn olaf, pwysleisiwyd hanfod adnoddau ariannol i gyflawni'r hyn a ddisgwylid ganddo. Nid dyma'r lle na'r achlysur i fesur a phwyso i ba raddau y llwyddodd i wireddu dyheadau cynadleddwyr unedig Cymru gyfan yn ein prifddinas.

Oedd, yr oedd y gobeithion yn uchel ar y prynhawn hydrefol hwnnw. Wrth droi yn ôl am hyfrydwch Ceredigion y noson honno, edrychai R E Griffith ymlaen at ymddeol o'i lafur deugain mlynedd ymhen yr wythnos tra croesawn innau fy nghyfle i gydio yng nghyrn yr aradr i 'godi cefen' a thorri cwys newydd.

Teledu teilwng

Canolbwyntio ar hanfod a phwysigrwydd teledu Cymraeg, yn arbennig felly i'r plant a'r ieuenctid, a wnes i mewn colofn yn *Y Cymro* ar y pymthegfed o Fawrth, 1972. Ein nod terfynol fel mudiad oedd gweld neilltuo sianel yn gyfan gwbl i Gymru, ond gan ofyn ar yr un pryd am gynnydd sylweddol yn nifer yr oriau o raglenni i blant yn y cyfamser. Law yn llaw â hyn roeddem yn tanlinellu'r angen am wella safon y ddarpariaeth ac ehangu derbyniad radio a theledu trwy Gymru benbaladr. Pwysleisiais mai un o amcanion yr Urdd oedd diogelu a hyrwyddo'r Gymraeg trwy gyfrwng dulliau addysgol a diwylliannol, adloniadol a chymdeithasol. Fel mesur tymor byr, pwyswyd am ddyblu neu dreblu'r oriau a gynhyrchid ar y pryd hynny, ac am fwy o gyd-ddeall, cydgysylltu a chydweithio rhwng BBC Cymru a Theledu Harlech. Yn sgil y datblygiadau technegol ym myd radio yr oeddem yn ymbil yn daer am osod mwy o fri ar raglenni radio Cymraeg.

Gyda chefnogaeth barod Swyddogion a Chyngor yr Urdd roedd y ffordd yn glir i gydio yn y genhadaeth hon eto fel mudiad a gynrychiolai dros hanner can mil o aelodau. Mewn cyfarfod ym mhencadlys BBC Cymru yn Llandaf fe'n croesawyd gan y Dr Glyn Tegai Hughes (Cadeirydd Cyngor Darlledu BBC Cymru a chynrychiolydd Cymru ar Fwrdd Llywodraethwyr y Gorfforaeth yn Llundain), John Rowley (Rheolwr y BBC yng Nghymru) a'r Pennaeth Rhaglenni, Owen Edwards. Er cynhesed y croeso ac adeiladol y drafodaeth fe ddaeth yn gwbl amlwg na ellid yn hawdd droi ewyllys da Caerdydd yn adnoddau ychwanegol. Cyngor cyfeillion Llandaf oedd i ni fynd i lygad y ffynnon trwy ofyn am gyfarfod gyda Charles Curran, y Rheolwr Cyffredinol yn

Llundain. Hynny a wnaed yn ddi-oed. Er mawr foddhad i bawb ohonom, fe gytunodd Mr Curran i'n cyfarfod. Tybiaf iddo ymgynghori â John Rowley ac i hwnnw yn ei dro gynnig geirda o'n plaid.

Ymddiriedwyd y gorchwyl o ddadlau'n hachos i Alun Creunant Davies (Cadeirydd Cyngor a Phwyllgor Gwaith yr Urdd); Hywel Wyn Jones (aelod o'r Pwyllgor Gwaith a chyn-aelod o'r gweithlu); a finne. Fy nghyfrifoldeb i oedd llunio a chyflwyno ein dadleuon yn y Tŷ Darlledu yn Llundain ar 7 Rhagfyr, 1972 wrth i flwyddyn dathlu hanner canmlwyddiant Urdd Gobaith Cymru dynnu ei thraed ati.

Fe'n croesawyd gan Charles Curran, John Rowley a Kenneth Lamb, y Cyfarwyddwr Cysylltiadau Cyhoeddus. Mewn cyfarfod cyfeillgar ychydig dros ddwy awr a hanner o hyd, cychwynnais trwy gyflwyno'r Urdd, ei genhadaeth a'i obeithion, gan eiriol ar yr un pryd ar ran y miloedd rhieni, athrawon ac arweinyddion a rannai ein dyheadau a'n pryderon.

Gofynnais iddynt ystyried gwella holl ystod teledu yn y Gymraeg, gan danlinellu ein hawydd i uno yn hytrach na rhannu ac i osgoi anghydfod, tor-cyfraith ac aberth. Pwysleisiais dri phen ein pregeth, sef gofyn am gynnydd sylweddol yn yr oriau presennol, gwella derbyniad, a datblygu gwasanaeth radio VHF ar wahân i Gymru. Gofynnais, gyda chyfeiriad cynnil at arwyddair y BBC, 'Nation shall speak unto nation', sut y medrai cenedl lefaru wrth genedl a hithau mewn perygl gwirioneddol o golli ei hiaith ei hun. Nid dyma'r lle i fanylu ymhellach ar gynnwys cyflwyniad gweddol faith a manwl a gafodd wrandawiad astud a diymyrraeth. Swm a sylwedd ein hymbiliad oedd am i'r Gorfforaeth yng Nghymru dderbyn yr adnoddau i wireddu'r hyn y gofynnem amdano.

Wrth ymateb i'n cais, ni fedrai Charles Curran addo

gwelliant sylweddol yn y dyfodol agos. Ni ragwelai gynnydd yng nghyllid BBC Cymru. Ni allai, chwaith, dderbyn fod gan y Gorfforaeth gyfrifoldeb uniongyrchol tuag at y Gymraeg. "Ein cyfrifoldeb ni yw gwasanaethu ein cynulleidfa fel cyfangorff" oedd ei sylw. Daeth yn amlwg hefyd mai gwan oedd gobaith y BBC i sicrhau'r Bedwaredd Sianel gan mai penderfyniad gwleidyddol oedd pen draw'r daith i'r ymgyrch ac y byddai'n hanfodol dadlau achos Cymru ar y lefel honno. Cafwyd llygedyn o obaith am welliant darpariaeth radio. Swm a sylwedd ymateb manwl Mr Curran oedd mai ein hunig obaith fyddai pwyso ar y Llywodraeth i ychwanegu at grant blynyddol BBC Cymru. Fe'n hatgoffodd, wrth gwrs, nad y llwybr arbennig hwnnw fyddai dewis y sefydliad mewn sefyllfa ddelfrydol rhag agor y drws i weinidogion gwleidyddol fusnesu a cheisio rheoli.

Pleser oedd anfon gair at y Rheolwr Cyffredinol ar ran Alun, Hywel a finne. (Yn y cyswllt hwn, rhaid cofnodi iddynt hwythau chwarae rhan amlwg ac adeiladol yn y drafodaeth a ddilynodd y cyflwyniad.) Gyda'r boneddigrwydd a oedd mor nodweddiadol ohono fe ymatebodd yn gynnes:

> It was kind of you to write as you did in your letter of 11th December about our meeting of the 7th December. If I may say so, I found it extremely enlightening, and I very much appreciate the sincerity and clarity with which you presented your case. I note what you say about some public statement about our meeting. I am entirely prepared to rely on your discretion in this matter. The evidence of the nature of our conversation is sufficient assurance for me.

Ysgrifennais eilwaith ym Mawrth 1973 fel dilyniant i'r materion a drafodwyd. Terfynodd ei ateb cynhwysfawr gyda'r neges hon: "I believe that you would be right to regard the prospects of achieving some real progress towards meeting the concerns you have expressed as being brighter now than for many years past."

Yn ddiweddarach yn yr un flwyddyn honnodd Charles Curran y gellid sefydlu gwasanaeth teledu Cymraeg ar y bedwaredd sianel am ddwy filiwn o bunnau a'i redeg am chwarter miliwn y flwyddyn ac y gellid sefydlu gwasanaeth radio VHF heb fawr iawn o wariant. Ar y llaw arall, proffwydo gwae a wnaeth yr Athro Jac L Williams, gan honni mai sefydlu sianel Gymraeg fyddai'n rhoi'r ergyd drymaf posibl i'r iaith trwy leihau'r gynulleidfa i raglenni Cymraeg, amddifadu'r di-Gymraeg o'r awydd i ddysgu'r iaith a thaflu miloedd i gôl Prydeindod. Tybed beth fyddai ei farn am y sefyllfa fel y mae heddiw? A fyddai'n gweld cyfiawnhad i'w safbwynt neu gyfaddef iddo wneud camgymeriad? Gyda'i farw annhymig ymhell o'i gartref, chawn ni byth wybod. Yr hyn y gallaf dystio i sicrwydd yw i ddiffuantrwydd a thanbeidrwydd ei farn ar y pryd. Daeth hyn yn amlwg iawn yn ystod sgwrs anffurfiol rhwng tri neu bedwar ohonom cyn recordio rhaglen i drafod yr union bwnc yn stiwdio HTV.

Yn ogystal â bod yn rhan o ddirprwyaethau at y BBC a'r Awdurdod Teledu Annibynnol fe fanteisiais ar bob cyfle posibl i hybu'r ymgyrch trwy gyfrwng erthyglau yn y wasg, annerch sefydliadau megis Clwb Cinio Cymraeg Caerdydd, a pharatoi tystiolaeth i Bwyllgorau Crawford a'r Arglwydd Annan. Daeth cyfle maes o law i ymddangos gerbron aelodau'r cyrff hyn i ddadlau ymhellach, cymryd rhan mewn trafodaeth ac ateb cwestiynau'r holwyr praff. Yng Nghaerdydd, ar y cyd â chynrychiolwyr sefydliadau eraill, y daeth y cyfle i gyfarfod â Noel Annan ynghyd â dau neu dri o'i gyd-aelodau – gan gynnwys un cyfaill adnabyddus iawn ym mherson A Dewi Lewis a oedd, ymhlith pethau eraill, yn gyn-Gadeirydd Cyngor yr Urdd. Oherwydd natur y gwrandawiad, prin oedd y cyfle i osod ein hachos ar lafar.

Nid felly ar achlysur ymddangos gerbron Pwyllgor Syr Stewart Crawford, a dreuliodd rai dyddiau yn gwrando ar dystiolaeth. Cyrhaeddodd y gwahoddiad, ar sail tystiolaeth ysgrifenedig, i gyfarfod ag aelodau'r pwyllgor yn un o westai mwyaf adnabyddus Aberystwyth. Hanner awr, os hynny, a ganiatawyd yn wreiddiol yn yr amserlen i fanylu ar ein barn a'n gofynion. Trodd yr hanner awr yn awr, yn awr a hanner, yn ddwyawr a mwy gyda holi a sylwadau craff a deallus. Pleser oedd sylweddol mai un o'r aelodau oedd y bargyfreithiwr (Barnwr yn ddiweddarach) Eifion Roberts yr oeddwn wedi ei gyfarfod ar achlysur gwleidyddol pan oeddwn yn fachgen ysgol. Y rhadlonaf o'r rhadlon oedd Syr Stewart Crawford ac fe ofalai Eifion Roberts fy mod i'n manteisio i'r eithaf ar bob cyfle i osod achos plant a phobl ifanc Cymru yn glir a chroyw. Yno hefyd roedd un o beirianwyr mwyaf profiadol y diwydiant darlledu, a chofiaf yn dda am sgwrs ddifyr gydag ef ar sail fy mhedair blynedd o brofiad yn adran hysbysrwydd y BBC yng Nghaerdydd. Gallaf ddweud yn gwbl ddiffuant fy mod i wedi mwynhau'r profiad o gyfarfod aelodau Pwyllgor Crawford y tu hwnt i bob disgwyl. Calondid, yn naturiol, oedd cael ar ddeall i'r Pwyllgor gyhoeddi, ar eu dychweliad i Lundain, mai tystiolaeth Urdd Gobaith Cymru a wnaeth yr argraff fwyaf arnynt yng Nghymru.

Pan gyhoeddwyd Adroddiad Crawford yn 1974, ei brif argymhelliad oedd y dylai'r bedwaredd sianel yng Nghymru gael ei gosod ar gyfer gwasanaeth ar wahân, gyda blaenoriaeth i raglenni yn yr iaith Gymraeg. Dylid cychwyn cyn gynted ag y bo modd, heb aros am benderfyniad am y defnydd o'r sianel ychwanegol yng ngweddill gwledydd Prydain. Aeth yr adroddiad gam ymhellach trwy gofnodi fod pawb yng Nghymru a boenai am y Gymraeg yn argyhoeddedig mai teledu oedd y ffactor mwyaf grymus oherwydd ei ddylanwad aruthrol ar y plant a'r ieuenctid y dibynnai dyfodol yr iaith arnynt. Argymhellwyd hefyd ddefnydd helaethach o VHF.

Bûm yn gohebu fwy nag unwaith gyda'r Gweinidog perthnasol yn San Steffan, gan bwyso dro ar ôl tro am well darpariaeth mewn darlledu Cymraeg. Ymatebodd Jac L Williams yn ffyrnig gyda'r honiad anodd ei ddeall fod yr argymhellion yn fuddugoliaeth y tro hwn i'r gwrth-Gymraeg am iddynt lwyddo i berswadio Crawford i alltudio'r Gymraeg o fwy na naw o bob deg o gartrefi Cymru. "Buasai wedi bod llawer mwy anodd i'r gwrth-Gymraeg ennill y rownd bwysig hon yn erbyn yr iaith pe baent heb gael cymorth Cymdeithas yr Iaith Gymraeg ac Urdd Gobaith Cymru," meddai. Yn gam neu'n gymwys, yr oeddem wedi awgrymu i Crawford y gellid gosod rhaglenni Cymreig (h.y. rhaglenni Saesneg ar faterion Cymreig), ar y bedwaredd sianel ochr yn ochr â'r arlwy Gymraeg. Buasai hynny, yn ôl yr Athro, wedi hyrwyddo tranc cenedligrwydd yn ogystal â thranc yr iaith Gymraeg trwy Gymru benbaladr.

Un o'n hymdrechion eraill oedd casglu deiseb a arwyddwyd gan ddeng mil a rhagor o bobl Cymru i'w chyflwyno i'r Swyddfa Gartref. Fy mraint i oedd teithio i Lundain i gyflwyno'r cyfan i'r Gweinidog yn y Swyddfa Gartref a oedd yn gyfrifol am ddarlledu, yr Arglwydd Harries. (Arwydd o brysurdeb y dyddiau hynny yw fy mod wedi codi gyda'r wawr, gyrru i Wolverhampton i ddal trên i Lundain, ymweld â'r Swyddfa Gartref a chyrraedd yn ôl i Aberystwyth i gyfarfod o un o bwyllgorau'r mudiad.) Ysgrifennodd Ffred Ffransis i'r *Cymro* o garchar Lerpwl yn cydnabod dyled fawr Cymru i'r Urdd oherwydd i'r mudiad ychwanegu ei bwysau at yr ymgyrch i sicrhau gwasanaeth teledu teilwng i'r genedl trwy drefnu deiseb. Meddai: "Mae'n siŵr fod miloedd o'n cyd-wladwyr yn awr yn ei chael yn hawdd i gefnogi'r ymgyrch am fod yr Urdd yn rhan ohoni." Plesio rhai a chythruddo eraill!

Menter deledol arall a ddenodd fy nghefnogaeth oedd un ar y cyd â mudiadau eraill megis Merched y Wawr, yn dwyn pwysau ar Lywodraeth San Steffan (cofier na feddem ar ein Llywodraeth ein hunain y dyddiau hynny), i gynyddu'r ddarpariaeth ar gyfer rhaglenni plant. Gweithredais fel ysgrifennydd, gan ddefnyddio adnoddau'r Urdd i alw cynhadledd yn Aberystwyth. Derbyniodd y gynhadledd gefnogaeth eang gan fudiadau, sefydliadau ac unigolion gan gynnwys Aelodau Seneddol. O'r digwyddiad hwnnw y deilliodd y cais i'r Ysgrifennydd Cartref, Merlyn Rees, dderbyn dirprwyaeth. Daethom ynghyd yn swyddfa un o Aelodau Seneddol y Blaid Ryddfrydol, Alan Beith, trwy gymorth gwerthfawr Geraint Howells, AS Ceredigion, gŵr a fu'n gefn i gynifer o achosion a oedd mor agos at galon cynifer ohonom. Roedd Geraint yn un o'r eneidiau prin hynny a godai uwchben culni a chyfyngiadau gwleidyddol, ac yn un a berchid ar draws pob ffin a rhagfarn. Fe gofiwn ni yn ardal Aberystwyth am ei gefnogaeth ef, a thrwyddo ef, ei blaid, i sefydlu Ysgol Penweddig yn 1973 yn nannedd gwrthwynebiad, annisgwyl o ambell gyfeiriad, gan y Blaid Lafur leol, a'r Mudiad Iaith bondigrybwyll.

Cawsom dderbyniad digon cynnes gan Merlyn Rees a wrandawodd yn astud a diplomataidd, ond heb wneud yr un addewid pendant – yn null traddodiadol gwleidyddion o bob lliw. Gosodai pob un ohonom ei achos gerbron yn ei dro, gan sôn gair am y mudiad a gynrychiolai cyn symud ymlaen at fyrdwn ei neges. Pan gychwynnais i ar fy sylwadau agoriadol, cododd ei law a dweud, "Does dim angen ichi gyflwyno'r Urdd. Roeddwn i'n aelod gartre yng Nghilfynydd."

Mae'n dda gennyf ddweud i'r Urdd ddal ati hyd y diwedd i godi llais yn hyglyw iawn dros egwyddor y Bedwaredd Sianel i Gymru. Taniwyd yr ergyd olaf un ar 30 Gorffennaf, 1980, mewn llythyr at y Gwir Anrhydeddus William Whitelaw, yr Ysgrifennydd Cartref, yn taer ymbilio arno i weithredu addewid gwreiddiol ei Lywodraeth i neilltuo'r sianel newydd arfaethedig yng Nghymru i raglenni Cymraeg yn bennaf. Byrdwn fy llythyr, ar ran Swyddogion y Mudiad, oedd gofyn iddo ein cyfarfod wyneb yn wyneb i wyntyllu'r sefyllfa a'r peryglon y gellid eu rhag-weld oni cheid penderfyniad doeth a buan. Testun pryder yn weddol gyffredinol ymhlith caredigion yr iaith oedd penderfyniad di-ildio Gwynfor Evans i ymprydio hyd farwolaeth oni newidiai'r Torïaid eu polisi. Gofidiem am golli Cymro mor gadarn ac uchel ei barch a'r effaith a gâi ei weithred aberthol ar ieuenctid ein cenedl. Wrth gyfeirio atynt, dyma a ysgrifennais: "It is our desire that they should grow up in a peaceful atmosphere where adequate provision is made in terms of Welsh language and Wales-originated programmes at peak hours, but fear that the Government's present policy is likely to lead to the type of unconstitutional action which we all fear and which can only be counter-productive."

Priodol yw gorffen y bennod hon trwy ddyfynnu rhan o erthygl olygyddol *Baner ac Amserau Cymru* adeg Eisteddfod Genedlaethol yr Urdd yn 1974 a dweud yr ystyriaf hi'n fraint o'r mwyaf 'mod i wedi cael chwarae rhan mor amlwg mewn nifer o ymgyrchoedd a gododd broffil yr Urdd ac a brofodd y tu hwnt i bob dadl ei fod yn fudiad gwladgarol, amhleidiol a osodai fuddiannau ieuenctid Cymru uwchlaw pob ystyriaeth arall:

Y mae'r perygl i ni sy'n fawr ein sêl dros y mynegiant politicaidd o'n Cymreictod i anghofio am y gwasanaeth amhrisiadwy y gall mudiad gwirfoddol di-blaid fel Urdd Gobaith Cymru ei gyflawni dros y genedl a garwn . . . Y mae'n amlwg fod yr Urdd yn mynd trwy fwlch go bwysig yn awr, y mae'r mudiad fel pe bai'n magu asgwrn cefn radicalaidd a chymdeithasol. Bu gan yr Urdd ran go amlwg yn ffurfiad Cyngor yr Iaith Gymraeg a chododd ei lais yn hyglyw ar fater Sianel Deledu i Gymru. Y mae pethau fel hyn yn faterion gwleidyddol ond nid ydynt yn dangos gogwydd tuag at unrhyw blaid boliticaidd arbennig.

Steddfota

Achlysuron a gyfoethogodd fy mywyd mewn sawl ffordd oedd y llu eisteddfodau a fynychais dros flynyddoedd fy ieuenctid: eisteddfodau lleol llewyrchus yn eu ffordd yn Ysbyty Ystwyth, Pontrhydygroes, Ponterwyd, Trisant, Tregaron, Swyddffynnon, Bronnant, Lledrod, Tyngraig, Llangybi, Pontarfynach, Aberystwyth a Chwmystwyth. Gwrandewais ar ddetholiadau o awdlau a phryddestau a chlywais helaethrwydd o arias a hen ffefrynnau fel 'Y Marchog', 'Ynys y Plant', 'Galwad y Tywysog', 'Brad Dynrafon' ac 'Euridice'. Roedd difyrrwch allgyrsiol ar gael hefyd heb sôn am wleddoedd o fwyd mewn festrïoedd a neuaddau. Ni fynnwn am y byd fod heb fwynhau profiad mor werthfawr a mawr fy nyled a'm diolch i'm rhieni am ganiatáu cymaint rhyddid i grwt ifanc – heb anghofio'r gymwynas o ariannu'r gweithgarwch!

Ond, yn y bennod hon, gwell canolbwyntio ar ddigwyddiadau mewn ambell un o'r un ar hugain o Eisteddfodau Cenedlaethol yr Urdd y bûm ynddynt yn olynol ar eu hyd, heb sôn am nifer eraill mwy achlysurol.

Pwy, y dyddiau hyn, fedr ddirnad cynnal un o'r gwyliau cenedlaethol hyn heb i'r camerâu teledu syllu ar a chofnodi pob digwyddiad llwyfan, heb anwybyddu'r trefniadau ymylol yn gyfan gwbl o'r nodyn cyntaf hyd y nodyn olaf un? Nid felly y bu bob amser wrth reswm. Yn Rhydaman yn 1957 y bu'r telediad byw cyntaf o'r llwyfan hyd y gwn i. Ar y bore cyntaf, sef dydd Iau, y digwyddodd hyn. Telediad gan y BBC oedd hwn a chan yr edrychid ar y fenter fel arbrawf roedd tipyn o dyndra yn yr awyr a'r cynhyrchydd, fel pob cynhyrchydd, yn mynnu ei ffordd. Rhywle o gwmpas awr o hyd oedd y rhaglen a gwnaethpwyd yn berffaith glir i ni mai'r bwriad oedd cynnwys cynifer â phosibl o gystadlaethau o fewn y slot teledu ac nad oedd yr un beirniad i godi ei lais na dangos ei drwyn.

Y cystadleuwyr ieuengaf un oedd ar brawf i ddangos eu doniau'r bore hwnnw a golygai'r amodau caeth na ellid cadw'n glòs at amserau Rhaglen y Dydd. Rhedeg o flaen ei hamser a wnaeth y Brifwyl y bore hwnnw. Un o'r cystadlaethau a ddangoswyd i genedl gyfan o lwyfan Rhydaman oedd un y parti cerdd dant o dan 12 oed, a'r beirniad profiadol oedd Lewis Hywel Davies, Machynlleth. Dychmygwch ei deimladau wrth gyfeirio ei gamre tua'r pafiliwn mewn pryd, fel y tybiai e, i wrando ar y tri pharti a lwyfannwyd ganddo, a chlywed y gystadleuaeth yn mynd rhagddi heb feirniad. Yng nghanol y rhuthr a'r wasgfa ni sylwyd fod sedd y tafolwr yn wag ar yr adeg briodol. Yn union wedi'r telediad dyma'r arweinydd, Y Parchedig Huw Jones, gyda'i ddawn arferol, yn dweud rhywbeth tebyg i hyn: "Fe gawsoch chi gymaint o flas ar y partïon cerdd dant yn ystod y telediad fel ein bod ni am roi'r siawns i chi eu clywed nhw eto." Yn ddiogel yn ei sedd y tro hwn yr oedd Lewis Hywel Davies. Hyd y gwn, ni chwynodd yr un o hyfforddwyr y partïon am y blerwch. Mae'n siŵr bod y fraint o ymddangos ar deledu yn gorbwyso pob teimlad arall.

Bendithiwyd gŵyl Rhydaman â thywydd eithriadol o boeth. Cofiaf yn arbennig am y dydd Iau, diwrnod y Cadeirio, am ddau reswm. Yn gyntaf am mai Waldo Williams oedd i dynnu ei linyn mesur dros waith yr egin-feirdd. Ofnem y gallai wynebu problemau teithio – nid y beic arferol oedd yr ateb delfrydol y diwrnod hwnnw – ond doedd dim angen poeni. Fe gyrhaeddodd mewn digon o bryd yn wên o glust i glust a'i eiriau cyntaf oedd, "Mae'n rhy dwym yn Rhydaman." A W R Evans, Bwlchygroes a'r Barri, yn cyhoeddi: "Ma' hwn yn *siarad* mewn cynghanedd." Un o ragoriaethau Eisteddfod yr Urdd oedd y traddodiad o gadw enwau enillwyr y prif wobrau llenyddol yn gyfrinachol nes y codai'r buddugol yn y pafiliwn. Nid yn ddieithriad, wrth gwrs, yn enwedig yn y blynyddoedd yr enillodd Dic Jones ei bum cadair, yr olaf yn Rhydaman, gan y dyfalai trwch yr eisteddfodwyr ei bod yn anochel mai i Aelwyd Aberporth yr elai'r Gadair. Fe'm siarsiwyd i sicrhau y byddai Dic yn ei le mewn da bryd. Hunllef! A'r ddefod o fewn ychydig funudau i gychwyn, fe eisteddai Dic ar y Maes, yn llawn afiaith ymysg criw bywiog o gyd-aelodau heb amlygu'r un arwydd ei fod am symud. Ond fe wnaeth!

Un atgof arall am Dic, yn siarad y tro hwn mewn cyfarfod yn Llanarth, Ceredigion, i gofnodi'r ffaith mai yno, yn y Pandy, yr ysgrifennodd Ifan ab Owen Edwards yr erthygl hanesyddol a roddodd fod i'r mudiad. Meddai Dic: "Mae rhai ohonoch wedi canmol yr Urdd fel cyfrwng diwylliannol. Rydw i'n mwynhau'r holl ddiwylliant sydd ei angen arna i mewn sgyrsiau ar y stand laeth wrth ddisgwyl am y lorri i gasglu'r tshyrns bob bore." Chwa o awyr iach ar achlysur hytrach yn or-hunanganmoliaethus. Yn Eisteddfod Llanbedr Pont Steffan yn 1959 fe gyfansoddodd Dic gywydd gwahodd yr Eisteddfod i'r ardal, gan agor ei gywydd fel hyn: "Gair ar hast, y gwair, RE". Wrth ganmol adnoddau toreithiog yr ardal, cofiaf iddo sôn am "laeth ffres, llwyth y Friesian". Er mor ddigri a gwreiddiol ei ymdrech, ni phlesiodd y beirniad, y Meuryn gwreiddiol, a'i dyfarnodd yn ail gyda sylwadau deifiol, mewn gornest o un cystadleuydd!

Gweithred naturiol oedd cynnig yr hawliau teledu i'r BBC yn Rhydaman gan mai'r Gorfforaeth oedd yr unig ddarlledwr yn meddu ar yr adnoddau. Ond cwbl wahanol oedd y sefyllfa yn yr Wyddgrug ymhen y flwyddyn. Felly, gan mai'r BBC yn unig a fedrai ddarparu gwasanaeth cenedlaethol mae'n naturiol mai polisi'r Urdd oedd diogelu'r sefyllfa honno – tra ar yr un pryd yn gadael y maes yn agored i gystadleuaeth gan ddarlledwr arall a fedrai gynnig yr un ddarpariaeth. Yn wahanol i setiau teledu'r cyfnod, nid oedd y sefyllfa mor ddu a gwyn yn yr Wyddgrug. Cadeirydd y Pwyllgor Gwaith yno oedd yr enwog a'r cadarn Dr B Haydn Williams, Cyfarwyddwr Addysg Sir y Fflint, a gyflawnodd ddiwrnod ardderchog o waith yn arloesi a hybu addysg cyfrwng Cymraeg trwy rym ei bersonoliaeth gref, ei ynni a'i benderfyniad i gael y maen i'r wal a gwireddu ei weledigaeth danbaid. Yng nghyswllt teledu o'r Brifwyl fe brofodd nad yn ei waith dyddiol yn unig y gwelid cryfder ei argyhoeddiad a'i allu i dorri mymryn ar ambell gornel.

Yn groes i bolisi'r mudiad fe ddymunai Dr Haydn gynnig yr hawl darlledu i gwmni Granada gan anwybyddu'r Gorfforaeth. Er mai cwmni wedi ei leoli ym Manceinion oedd Granada, yr oedd yn darparu rhai rhaglenni Cymraeg a'r rheiny'n cyrraedd cartrefi yng ngogledd Cymru. Hwyrach fod ganddo gysylltiad anuniongyrchol â'r cwmni gan fod nifer o Gymry'r Gogledd yn ymddangos yn gyson ar raglenni Granada. Wedi cryn ddadlau, a hwnnw'n ddadlau ffyrnig iawn, mynnodd yr Urdd yn ganolog sefydlu'r egwyddor o agor y drws i bob darlledwr i wneud cais am yr hawliau darlledu. Felly, wrth gwrs, y dylai fod. Ond ni ddigiodd Cadeirydd y Pwyllgor Gwaith o golli'r frwydr. "Prif noddwyr Eisteddfod 1958 oedd Cyngor a Phwyllgor Addysg Sir y Fflint; ni chafodd yr Urdd erioed cyn hynny gymaint o gefnogaeth gan awdurdod lleol," fel y nododd R E Griffith yn ei ail gyfrol o hanes y mudiad.

Nid hawdd bob amser oedd cael aelodau pwyllgorau lleol i sylweddoli nad 'ein heisteddfod ni' ond gŵyl genedlaethol, mudiad cenedlaethol oedd yn yr arfaeth a bod galw am gysondeb mewn athroniaeth a pholisi o flwyddyn i flwyddyn. Pan ddaeth yn rhan o'm cyfrifoldeb i annerch cyfarfodydd cyhoeddus i wahodd yr eisteddfod ac i gyfarwyddo Pwyllgorau Gwaith ar ddechrau'r daith, fe wnawn yn siŵr fy mod yn gwneud y sefyllfa'n gwbl glir. Disgrifiwyd llaw gadarn ond garedig y mudiad canolog ar yr holl drefniadau fel 'benign dictatorship' ar un achlysur. Ond nid bob amser y syrthiai'r had ar dir ffrwythlon.

Un o'm dyletswyddau pleserus am gyfnod maith oedd hysbysu enillwyr y prif gystadlaethau llenyddol o'u llwyddiant, casglu gwybodaeth berthnasol at ddefnydd Meistri'r Defodau a'r llyfryn Cyfansoddiadau ac, yn bwysig iawn, i'w siarsio nhw a'u teuluoedd o bwysigrwydd cadw'r gyfrinach hyd y diwedd. Ymhlith y beirdd a'r llenorion yr ymwelais â nhw y mae Catrin Lloyd Rowlands a'i brawd John; y brodyr Geraint a Gerallt Lloyd Owen; Siôn Eirian; John Gwilym Jones; Eigra Lewis Roberts; Gwyneth Lewis; Dafydd Henry Edwards a Wyn Gruffydd. Un gorchwyl braidd yn anghyffredin oedd mesur pennau enillwyr y Goron fel y gellid addasu maint y Goron fawr a ddefnyddid ar y llwyfan (replica a gyflwynid i'r buddugol). Bu'n rhaid 'herwgipio' John Rowlands o adran ymchwil Llyfrgell y Coleg ar y Bryn a'i yrru i le tawel er mwyn cyflawni'r weithred. Honnai fy nghyd-weithiwr Dafydd Jones y gallai ef ddyfalu ai bachgen neu ferch a anrhydeddid yn ôl mesuriadau'r pen a gyflwynwn iddo!

Yn ei hunangofiant *Fy Nghawl fy Hun* mae Gerallt Lloyd Owen yn adrodd yn ddramatig am ei brofiad yn ateb cnoc ar y drws yn hwyr y nos:

> Dyna lle'r oedd gŵr ifanc tal a chwbl ddieithr yn sefyll rhyngof a'r tywyllwch. Roedd golwg lechwraidd arno, ond gan ei fod wedi fy nghyfarch yn Gymraeg ac wrth fy enw fe'i gwahoddais i mewn . . . Heb os, dyma un o nosweithiau mwyaf cyffrous fy mywyd. Aeth J Cyril

Hughes yn ôl i Aberystwyth ac mi es innau i'm gwely rywdro cyn toriad gwawr.

Gallaf felly ymffrostio mewn o leiaf un weithred dda trwy achosi diffyg cwsg i fachgen 16 oed o'r Sarnau wrth ei hysbysu iddo gipio Cadair Eisteddfod Rhuthun 1962, yr ieuengaf i wneud hynny.

Bu gen i ran mewn digwyddiad anarferol iawn, a hwyrach unigryw, a arweiniodd at y pennawd papur newydd canlynol: 'Cadeirio bardd yn ei absenoldeb'. Nid yn unig yn ei absenoldeb ond hefyd heb iddo wybod am ei gamp tan brynhawn y cadeirio, ac yntau ar fin eistedd un o'i arholiadau olaf yng Ngholeg Aberystwyth. Fel hyn y bu: fe'n hysbyswyd gan W Leslie Richards, a gafodd y dasg bleserus o dafoli ymdrechion y beirdd ifainc a gynigiodd am y Gadair yn Eisteddfod Brynaman, 1963, mai 'Meiros' a ddaeth i'r brig am ei awdl 'Y Gors'. Datgelodd yr amlen mai 'Meiros' oedd Donald Evans o Aelwyd Talgarreg, a fyddai, brynhawn y cadeirio, yn wynebu ei bapur arholiad olaf yng Ngholeg Prifysgol Aberystwyth. Sut oedd datrys y broblem? Troi at yr Athro R Geraint Gruffydd, Pennaeth Adran y Gymraeg yn y coleg, am ei gyngor a'i gymorth. Mae Donald yn dal i gofio i'w diwtor, R Gerallt Jones, fwy nag awgrymu iddo, wedi iddo eistedd yn ei sedd, ei fod wedi cyflawni camp, ac i'r Athro Jac L Williams, ar ddiwedd yr arholiad, gyhoeddi fod un o'i fyfyrwyr wedi ennill Cadair Brynaman y prynhawn hwnnw. Cyn hynny, ein hunllef ni oedd cadw'r gyfrinach a pherswadio rhywun arall i godi yn y pafiliwn ar ganiad y ffanffer rhag siomi'r gynulleidfa nac amddifadu'r darlledwyr o ddefod liwgar. Bu'r diweddar Derfel Gruffydd, athro yn Nhreffynnon ar y pryd, yn ddigon dewr a theyrngar i gytuno â'n cais i lenwi'r bwlch. Codi gobeithion (a syfrdanu!) ei gyfeillion am ennyd awr cyn eu siomi drachefn.

Roeddem yn ddyledus i'r Athro Gruffydd a'i ysgrifenyddes, Mary Jones, am eu cydweithrediad parod. Estynnwyd croeso twymgalon i'r Prifardd nas cadeiriwyd gan lond pabell o eisteddfodwyr yn ystod cystadleuaeth y noson lawen y noson honno pan welodd Donald ei Gadair am y tro cyntaf. Ond Derfel oedd arwr y prynhawn a chymwynaswr o'r iawn ryw yn tynnu'r Urdd allan o dwll yn unol â chyngor doeth Eirwyn Pontshân: "Os byth y byddi di mewn twll, gofala dy fod ti'n dod mâs ohono fe."

A minnau'n eisteddfodwr pybyr yn nyddiau fy ieuenctid collais gyfri ar sawl tro y clywais y darn adrodd 'Cadair Ddu Birkenhead' gan Cenech wrth iddo ail-fyw cynnwrf a thristwch cyhoeddi buddugoliaeth a marwolaeth Hedd Wyn yn 1917. Bu tristwch o fath gwahanol ynglŷn â Chadair Eisteddfod yr Urdd yn Aberdâr yn 1961. Ond nid oedd a wnelo'r bardd â'r amgylchiadau'r tro hwn. Y gadair ei hun oedd y drwg yn y caws. Ar gychwyn y trefniadau, cyhoeddodd un o'r ffyddlonaf o weithwyr gwirfoddol y mudiad ym Morgannwg y dymunai ef a'i wraig gyflwyno Cadair yr Eisteddfod. Derbyniwyd rhodd mor haelionus gyda breichiau agored. Fisoedd yn ddiweddarach y gwawriodd arnom mai bwriad y rhoddwr oedd gwneud y gadair â'i ddwylo ei hun yn ei weithdy yn ei ardd. Er nad oedd yn saer coed fe arbenigai mewn math arbennig o waith llaw. Nid oedd ddichon troi'r cloc yn ôl, a'r cyfan y gellid yn rhesymol ei wneud oedd gofyn am adroddiadau lled gyson am hynt y creu, a gofyn a gâi Swyddogion y Pwyllgor Gwaith a threfnwyr yr Eisteddfod ymweld â'r gweithdy mewn da bryd cyn yr ŵyl. Ni thyciai hynny ddim a phan bwysais ar y rhoddwr mewn cyfarfod, yr ateb a gefais oedd: "Meindia di dy fusnes." Ffolow ddat!

Diwedd y stori oedd na chawsom y rhyddid i gasglu'r celficyn a'i gludo i'r Maes tan ganol bore'r cadeirio. Pan gyrhaeddodd ben ei thaith fe welwyd bod y gadair o wneuthuriad bregus, yn atgoffa dyn o Dŵr Pisa, gyda chroen recsîn coch. Gan na ellid dod o hyd i gadair deilyngach ar rybudd mor fyr, bu'n rhaid taflu gorchudd drosti i guddio'r beiau ar gyfer y ddefod. Er mawr ddifyrrwch i gynulleidfa'r noson lawen yn hwyrach fe syrthiodd y gadair i'r llawr pan eisteddwyd arni. Fe'i dychwelwyd i'r rhoddwr yr wythnos ganlynol.

Prynwyd cadair fwy teilwng i'r bardd buddugol, John Gwilym Jones, Parcnest, a drechodd ddeg ymgeisydd arall. Yn ei feirniadaeth fe ddywedodd y Parchedig Eirian Davies: "Mae hwn yn feistr ar ei fynegiant ac yn giamster â'i gyfrwng . . . Ffrydiodd ei gân yn eneidiol o bair ei brofiad." Er y siom o weld gwrthod y celficyn a olygai gymaint iddo, ni ddigiodd y rhoddwr na chefnu ar yr Urdd. Cydeisteddais ag ef – gan feindio fy musnes fy hunan! – mewn mwy nag un cyfarfod o Bwyllgor Sir Dwyrain Morgannwg (yr unig bwyllgor y cofiaf iddo gychwyn gyda gair o weddi). Ar un achlysur cyflwynodd yr un brawd ymddiheuriad ar ran athrawes amlwg ac uchel ei pharch yn y sir gan ychwanegu: "Mae hi'n rhwym ar fore Sadwrn." Wedi llawer blwyddyn, mae helynt Cadair Goch Aberdâr yn parhau yn fyw yn y cof.

Bedair blynedd ar ddeg yn ddiweddarach, yn Llanelli, bu dau ddigwyddiad anarferol a greodd ofid a thrafferth i fi ac i eraill. Siom i fardd ac i lenor – a phrif dlysau'r Eisteddfod yn annisgwyl i un ferch a dau fachgen. Ar drothwy'r Eisteddfod, yn dilyn ymweliad gan ddau o weinidogion y Bedyddwyr yn Sir Benfro, daeth yn amlwg i gamgymeriad tra anffodus ddigwydd. I Euros Jones y dyfarnodd Dafydd Rowlands y Gadair, a dyna'r gerdd a'r enw a ymddangosai yng nghyfrol y *Cyfansoddiadau Buddugol* ddiwedd yr wythnos. Yn ôl tad y bardd, ei fai ef oedd y cyfan gan iddo, yn absenoldeb ei fab mewn coleg, amgáu cerdd ar yr un testun neu destun cyffelyb yn yr amlen a anfonodd i Swyddfa'r Urdd. Yn yr un amlen yr oedd cerdd arall, o eiddo Euros, ond ni ddaeth honno i'r brig, ond yn hytrach y gerdd o waith bardd arall, aeddfetach, na ddeuai o fewn amodau'r gystadleuaeth. Yn y cyfarfod cyntaf hwnnw fe bwyswyd arnaf i ddweud mai fi oedd ar fai a 'mod i wedi cyhoeddi'r gerdd anghywir ac mai'r gerdd arall oedd yr un fuddugol. Un syniad gwallgo arall oedd rhwygo'r gerdd estron allan o'r gyfrol cyfansoddiadau ynghyd ag ambell awgrym arall yr un mor anymarferol. Gwrthodais y cyfan yn ddi-flewyn-ar-dafod. Bu'n rhaid siarad hyd yn oed yn fwy cadarn a phlaen yn y trydydd cyfarfod rhyngom, gydag Elvey MacDonald hefyd yn bresennol noswyl y Cadeirio. Ofnaf i mi orchymyn y ddau eiriolwr i hel eu pac yn weddol sydyn.

Rhoddais fy ngair y byddwn yn egluro'r camgymeriad i helgwn y wasg a phawb arall gan ddiogelu enw da'r bardd ifanc. Gosodais un amod, sef nad oedd Euros i ddod ar gyfyl y Maes ddiwrnod y Cadeirio rhag iddo fynd i grafangau'r newyddiadurwyr. Cedwais fy ngair a thybiaf i bawb arall fod yr un mor anrhydeddus. Roedd croesholi'r gohebwyr mewn cyfarfod arbennig cyn y seremoni yn ogystal ag ar y radio a'r teledu ddiwedd y prynhawn yn graff a miniog ond nid yn elyniaethus er ambell awgrym cynnil nad camgymeriad dilys a ddigwyddodd a bod mwy i'r stori nag yr oeddwn yn barod i'w ddatgelu.

Yn ffodus iawn, roeddwn i wedi adeiladu perthynas dda gyda mwyafrif newyddiadurwyr y papurau newydd, y radio a'r teledu trwy fod mor agored â phosibl a gofalu am sicrhau straeon o bwys ar eu cyfer o steddfod i steddfod. Gallwn gydymdeimlo â nhw oherwydd pwysau o gyfeiriad eu meistri i ffeilio deunydd diddorol – dadleuol ar brydiau – ddydd ar ôl dydd mewn gwyliau na fyddent, yn nhrefn naturiol pethau, yn cynhyrchu newyddion i siglo'r genedl i'w seiliau. Roedd y stori hon yn ymylu at gyrraedd y pwysigrwydd hwnnw. Talodd y berthynas hapus rhwng y gohebwyr a'r Cyfarwyddwr a pharch y naill at y llall ar eu canfed y diwrnod anodd hwn. Wedi holi a chroesholi, amau ac awgrymu, am hanner awr a rhagor dyma Iorwerth Roberts o'r *Liverpool Daily Post*, yr hynaf a'r mwyaf profiadol ymhlith yr hacs, yn gofyn yn blwmp: "A wyt ti'n credu'r stori mai camgymeriad dilys ddigwyddodd?" "Ydw," meddwn innau cyn i Iori dorri'r ddadl a chynnig llwybr i'r gweddill gyda'r geiriau cysurlon: "Os wyt ti'n hapus gyda'r eglurhad, rydym ninnau hefyd."

Fy her nesaf oedd darbwyllo Swyddogion yr Urdd a'r Eisteddfod fy mod wedi gweithredu'n gyfiawn a phriodol er nad oeddwn wedi eu hysbysu ymlaen llaw. Hyd y gwn, fe lwyddais i wneud hynny. Yn gynharach yn yr wythnos bu Elvey MacDonald a fi'n trafod y cawlach gyda'r beirniad, Dafydd Rowlands, a chyda chryn ryddhad y clywsom fod y bardd a osodwyd yn ail yn deilwng iawn o'r Gadair. Dal ein gwynt eto nes derbyn cadarnhad o barodrwydd Dilwyn Lewis Jones, Tywyn, i ddod i Lanelli i'w gadeirio ar y prynhawn Iau. Eglurodd Meistr y Ddefod i'r dorf y dryswch a fu. 'Creithiau' oedd y testun gosodedig a'n gobaith diffuant oedd na fyddai'r saga anarferol hon yn creithio neb o'r prif actorion. Ein gofid pennaf oedd na dderbyniodd Dilwyn y clod a'r sylw a haeddai am ei gamp. Ef oedd y bardd gorau o fewn rheolau ac amodau'r gystadleuaeth a byddai wedi ei wobrwyo yn y cychwyn cyntaf oni bai i gerdd annilys gan fardd aeddfetach o ran oed a phrofiad gael ei chyflwyno. Cyfeiriodd Dafydd Rowlands at ymdrech Dilwyn Lewis Jones fel "cerdd rymus a'i hiwmor yn pwysleisio'i difrifoldeb."

A yw mellten yn taro'r un man ddwywaith? Mae gen i le cryf dros gredu fod hynny'n berffaith bosibl! Bythefnos yn ddiweddarach daeth galwad ffôn gyda'r nos i'm hysbysu fod Tom H Jones, Cwm Nantyreira, a'r Prifardd Emrys Roberts ar eu ffordd i'n tŷ ni ac am fy ngweld. Tom oedd enillydd poblogaidd y Goron a'r Fedal Ryddiaith yn Llanelli a chafodd un o newyddiadurwyr y BBC achlust iddo dorri amodau oedran y ddwy gystadleuaeth. O ymchwilio, gwelwyd mai gwir oedd hyn. Rhyw flwyddyn ynghynt fe newidiwyd dyddiad pennu oedran cystadlu, a dyna a achosodd y dryswch. Byddai Tom yn ddiogel o fewn y terfynau o dan yr hen drefn, ond nid o dan yr amod newydd. Manteisiais ar bob cyfle yn y Gymraeg a'r Saesneg, a doedd dim prinder cyfleoedd, i achub cam ac enw da'r llenor ifanc gan bwysleisio ar yr un pryd nad oedd yr anghaffael anffodus yn lleihau'r un mymryn ar gamp llenor ifanc a gipiodd ddau o brif dlysau'r Urdd yn yr un flwyddyn. Dyfarnwyd y Goron i'r sawl a osodwyd yn ail, Siân Lloyd o Ysgol Gyfun Gymraeg Ystalyfera, sydd bellach yn fwy adnabyddus fel 'Siân Lloyd y tywydd'. Tystia Siân fod i'r Goron fach le anrhydeddus yn ei chartref hyd y dydd heddiw. Cefais innau'r fraint o gyflwyno'r Fedal i Iwan Morgan, Dyffryn Ardudwy, mewn cyngerdd yn Nolgellau ar drothwy gwyliau yr oeddwn wedi edrych ymlaen atynt ers peth amser.

Bu gennyf ran allweddol hefyd yn arloesi trwy gynnal ein Heisteddfod Genedlaethol ar Faes y Sioe yn Llanelwedd. Daeth yn amlwg yng Ngorffennaf 1976 nad oedd yr un ardal yng ngogledd Cymru yn gweld ei ffordd yn glir i wahodd Prifwyl 1978. Yn wir, bu newid meddwl munud olaf mewn un ardal ac erbyn dechrau Awst gofidiem yn arw. O fethu ym mhob cyfeiriad arall yr unig achubiaeth a'i cynigiodd ei hun oedd Maes y Sioe – heb wybod pa fath o ymateb a gaem i gais o'r fath. Dyma berswadio Prys Edwards i ddod gyda mi i weld Prif Weithredwr y Sioe a chefnogwr yr Urdd, John Wigley, yn ei babell ar Faes yr Eisteddfod Genedlaethol, i grybwyll y mater. Fe'n croesawyd ni ein dau a'n syniad yn wresog iawn gan Mr Wigley a addawodd drafod ein cais gyda'i bwyllgorau. Buan iawn y clywsom nid yn unig bod inni rwydd hynt ond y caem ddefnydd o'r holl gyfleusterau angenrheidiol yn ddi-dâl. Rhaid oedd meddwl ychydig yn wahanol i'r arfer oherwydd natur yr ardal a'r prinder pobl i gyfansoddi'r niferus bwyllgorau arferol. 'Y cynhaeaf yn fawr a'r gweithwyr yn brin.' Yr ateb oedd llwytho mwy nag arfer o'r trefnu ar ysgwyddau staff yr Urdd, yn enwedig Elvey MacDonald a Wynne Melville Jones, a sefydlu Pwyllgor Gwaith cyfyng ei aelodaeth o dan gadeiryddiaeth Islwyn Parry, Machynlleth. Ni fu'r llwybr yn esmwyth a dirwystr gydol y daith a chododd mwy nag un ddadl. Llafuriodd y criw bach lleol, ffyddlon yn ddiflino a choronwyd ein hymdrechion â phrifwyl lwyddiannus. Cyflwynwyd y Gadair gan Gymro o Awstralia, cadair drom, draddodiadol a werthfawrogwyd gan yr enillydd hapus, Robin Llwyd ab Owain. Nid pob cadair eisteddfodol a hedfanir gan Quantas yr holl ffordd o Awstralia.

Bu llu o uchafbwyntiau a digwyddiadau eraill difyr dros y blynyddoedd, yn amrywio o gyfraniadau disglair Aelwyd Penllys o dan arweiniad y dawnus a'r lliwgar Elfed Lewys i o leiaf ddau brifardd, yn eu doethineb, yn gwrthod siarad Saesneg ar raglenni Saesneg, ac o laid a llaca Maesteg a Chastellnewydd Emlyn i adnoddau parod Llanelwedd.

Cylchgronau

Mae'n wybyddus mai allan o'r enwocaf o gylchgronau'r Urdd, *Cymru'r Plant*, y ganwyd y mudiad o ganlyniad i erthygl gan Ifan ab Owen Edwards yn rhifyn Ionawr 1922. Bu'r ymateb yn syfrdanol o galonogol a sylweddolwyd fod y gefnogaeth a'r awydd i sefydlu cyfrwng newydd yn bodoli.

Dros y blynyddoedd fe esgorodd y bwrlwm cychwynnol ar gylchgronau misol eraill megis *Bore Da, Mynd, Deryn, Cymru* a *Hamdden*. Gan amlaf, rhyw bedwar cylchgrawn a gylchredai ar yr un pryd gan fod trai a llanw, a mynd a dod, yn eu hanes hwythau. Cefnogaeth hael Pwyllgorau Addysg Cymru trwy eu pryniant –0 yn arbennig felly'r ddau gylchgrawn ail iaith – *Bore Da* a *Mynd* – a'i gwnaeth hi'n bosibl i gyflogi golygyddion proffesiynol a chynhyrchu'n fisol ar un adeg tua 40,000 o gopïau a'u dosbarthu ddeng gwaith y flwyddyn. Menter fasnachol sylweddol iawn i fudiad gwirfoddol.

Oherwydd y rheidrwydd i graffu'n fanwl iawn ar bob gwariant a phob derbyniad fe sylweddolwyd y perygl posibl petai'r cylchgronau, am ba reswm bynnag, yn mynd i ddyfroedd dyfnion, y gallai hyn beryglu mudiad cyfan a cholli swyddi lawer. Her wirioneddol arall oedd ceisio sicrhau prydlondeb y dosbarthiad misol, a ddibynnai, wrth gwrs, ar allu'r adran olygyddol a'r argraffwyr i lynu'n gaeth at amserlen dynn. Methwyd yn hyn o beth fwy nag unwaith, a gwyddwn y llifai'r cwynion i mewn, yn enwedig oddi wrth yr ysgolion a'r Pwyllgorau Addysg a ddibynnai ar eu derbyn yn rheolaidd. Y duedd oedd i'r adran olygyddol a'r argraffwyr feio'i gilydd, a'r unig achubiaeth oedd eistedd o gwmpas y bwrdd gyda'r ddwy ochr a threiddio'n ddyfnach. Trwy ryfedd wyrth, diflannodd pob anhawster ac fe adferwyd trefn yn dilyn y seiadau hyn.

Roedd y golled ariannol wirioneddol ar gyhoeddi cylchgronau yn ystod 1974/5 ar draws £10,000. Gwyddem y gallai'r sefyllfa fod yn waeth hyd yn oed na hynny oni bai am gydweithrediad y Pwyllgorau Addysg yn talu eu biliau'n brydlon. Cawsom gymorth dros-dro, a thros-dro yn unig, gan Gyngor y Celfyddydau, ond roedd yn gymorth gwerthfawr. Gwyddem mai dyfodol pur ansicr oedd i'r fenter gyhoeddi a'r swyddi perthnasol oni lwyddem i dderbyn cymhorthdal mwy sefydlog. Teimlem mai'r unig obaith oedd darbwyllo'r Swyddfa Gymreig yng Nghaerdydd o ddyfnder ein gofid ac aruthredd menter a chyfraniad mudiad gwirfoddol, prin ei adnoddau, yn cyhoeddi a dosbarthu ar draws hanner miliwn o gopïau o gylchgronau defnyddiol a deniadol flwyddyn ar ôl blwyddyn.

Wrth i Prys Edwards a fi gyflwyno ein hachos llafar, i atgyfnerthu ein cais ysgrifenedig, gerbron Ysgrifennydd Gwladol Cymru nid oedd angen cyflwyno'r Urdd i John Morris. Yn ogystal â bod yn Gymro o argyhoeddiad â'i fysedd ar bỳls Cymru a'i hanes, roedd John ei hun yn gyn-aelod, ac yn wersyllwr profiadol yn Llangrannog. Syrthiodd yr had ar dir ffrwythlon a chawsom y sicrwydd y buom yn pwyso'n drwm amdano ers tro, sef addewid am swm penodol i'n diogelu rhag colled ar gyhoeddi ein pedwar cylchgrawn misol. Rhoddodd yr Ysgrifennydd Gwladol addewid o £42,000 i ddileu'r golled debygol dros gyfnod o dair blynedd. Wrth gwt y rhodd roedd her i geisio gosod y fenter cyhoeddi cylchgronau ar dir cadarn erbyn diwedd y cyfnod gwarant.

Erbyn hyn, fe gawsom y cefndir i'w benderfyniad gan yr Arglwydd Morris o Aberafan yn ei gyfrol o atgofion, *Fifty Years in Politics and the Law*. Fe eglura iddo, o'r cychwyn cyntaf un, wneud ei benderfyniadau yng nghyswllt cefnogi a chryfhau'r iaith Gymraeg, gan gyfaddef iddo wneud hynny ar sail ei wybodaeth bersonol a heb dalu gormod o sylw i'r cyngor swyddogol gan weision sifil sy'n cynghori a goleuo Gweinidogion. Prawf o Weinidog da yw un sy'n meddu ar y cadernid i beidio â dibynnu ar gyngor y dwylo diogel, neu i'w anwybyddu hyd yn oed. Yn y cyswllt hwn, fe gofnododd John Morris yn ei hunangofiant: "The official advice was dubious, if not negative."

Gwnaeth gymwynas arall â ni yn ystod ei Ysgrifenyddiaeth pan drefnodd ymweliad answyddogol â Gwersyll Llangrannog gan y Prif Weinidog James Callaghan a'i wraig, Mrs Audrey Callaghan, un bore Sadwrn. Y Pennaeth yr wythnos honno oedd John Lane, Cwmafan, a roddodd flynyddoedd i wasanaethu ieuenctid Cymru, ym Morgannwg yn bennaf. Ei fraint ef oedd tywys ac egluro gweithgareddau'r gwersyll i ymwelwyr a oedd yn amlwg awyddus i wybod a dysgu mwy, gyda'r gweddill ohonom yn dilyn yn ufudd. Tybiaf i'r datblygiadau yn y ganolfan ers ei gyfnod ef yn wersyllwr fod yn brofiad gwerthfawr i Aelod Seneddol Aberafan yntau. Cyn i'r ymweliad ddod i ben, fe eisteddodd pawb o'r fintai o gwmpas un o fyrddau'r Caban Bwyta i fwynhau sgwrs a thrafodaeth uwchben y paned traddodiadol.

Un peth a gofiaf yn dda am ein sgyrsiau yw i'r Prif Weinidog ddweud: "Of course, if Audrey and I weren't here now, you'd all be speaking in Welsh." Wrth gyfeirio at yr ymweliad yn ei hunangofiant, fe bwysleisia John Morris iddo ei drefnu fel prawf o gefnogaeth y Llywodraeth i'r Urdd a'i weithgareddau.

3

Y dinesydd

Is-deitlo

Mae gen i bob sail i fynnu fy mod i ymhlith y garfan gyntaf o is-deitlwyr rhaglenni teledu Cymraeg ac yn sicr ddigon, maes o law, i fod y cyntaf i dreulio pum niwrnod yr wythnos yn adolygu, cywiro a mireinio gwaith is-deitlwyr proffesiynol eraill. Cystal cyfaddef fod tynnu llinyn mesur dros ymdrechion pobl eraill yn ganmil haws na chyflawni'r gwaith yn y gwreiddiol. Arloeswyd yn llwyddiannus gydag oriau dyddiol o is-deitlo o Eisteddfod Genedlaethol yr Urdd a'r Eisteddfod Genedlaethol ar sawl achlysur.

I Euryn Ogwen Williams y mae'r diolch am f'arwain i'r maes arbrofol hwn yn nyddiau cynnar S4C. Menter newydd, wedi blynyddoedd lawer o waith cyflogedig, diogel, oedd wynebu'r her o weithio'n llawrydd a'r holl ansicrwydd a olygai hynny. Euryn a roddodd gychwyn i'r chwyldro ond tybiaf fod gan Owen Edwards, Emlyn Davies a Dilwyn Jones hwythau fysedd yn y cawl. Yn dilyn rhai oriau o gynghorion gwerthfawr gan arbenigwr Sianel 4 yn Llundain doedd dim amdani ond ceisio dysgu fy nghrefft trwy brofiad, a hwnnw yn brofiad rhwystredig ar adegau. Trwy lwc, fe gawn y tŷ i fi fy hun tra oedd y bechgyn mewn ysgol a choleg a Margaret yn gweithio'n arbennig o galed yn teithio o ysgol i ysgol yn rhinwedd ei swydd athrawes bro. Bu'r iaith yn anesgobol tost fwy nag unwaith. Fy unig gynulleidfa oedd Nel, y sbaniel Cymreig ffyddlon.

Rhaid oedd rhedeg ac atal y tâp, crynhoi'r siarad a'i drosi i ddim mwy na dwy frawddeg o Saesneg dealladwy a pherthnasol cyn mynd ati i amseru ymddangosiad a diflaniad y geiriau ar y sgrin. Y gyfrinach oedd amseru'r geiriau i ymddangos ar y teledu yn ddigon hir i'r gwyliwr di-

Gymraeg eu darllen a'u deall ac iddynt ddiflannu cyn i'r llun newid. Dysgais fod eiliad yn amser hir yn nhermau teledu ac y rhennid yr eiliad honno'n bedair ffrâm ar hugain.

Daeth y prawf cyntaf ar loywder fy ymdrechion cychwynnol pan euthum i Gaerdydd i gydweithio gydag un o beirianwyr S4C a oedd yn teipio'r teitlau ar gyfrifiadur arbennig a minnau'n cael y cyfle i weld y tâp yn rhedeg wrth i'r geiriau ymddangos a diflannu. Dadrithiad llwyr. Ymddangosai a diflannai amryw byd ohonynt ar adegau amhriodol, gan hawlio oriau pellach o ailamseru a mireinio. Gwir y gair am rinwedd y ddyfal donc; diflannodd y cymylau a gwenodd yr haul ar fy ymdrechion, gyda phrofiad a dyfalbarhad. Ond dydy'r hanes hwn ddim yn gwneud synnwyr o fath yn y byd i is-deitlwyr heddiw, diolch i'r holl ddatblygiadau technegol. Wyddan nhw ddim o'u geni, nac am arafwch y broses, yn enwedig yr amseru llafurus yn y dyddiau cynnar hynny.

Wrth gymharu'r dramâu niferus a aeth trwy fy nwylo yn yr wythdegau â chynnyrch ein dyddiau ni, ni ellir osgoi'r casgliad trist fod y safon a'r sylwedd wedi newid – ac nid er gwell. Pwy all anghofio *Hufen a Moch Bach, Storïau'r Henllys Fawr*, pob un o ddramâu Gwenlyn Parry, a llu o glasuron eraill. At ei gilydd, dramâu ac ambell ffilm yn cael eu his-deitlo i bwrpas gwerthiant tramor oedd y rhain. Profiad nerfus oedd gwylio darlledu'r gyntaf ohonynt i gynulleidfa gwylwyr S4C gydag is-deitlau agored, fel yr oedd y drefn bryd hynny. Am y tro cyntaf fe wyddwn fod cannoedd a miloedd o bosib yn gweld a dadansoddi gwaith a gyflawnwyd ym mhreifatrwydd y cartref.

Y nod oedd cwtogi neu golli traean o'r deialog Cymraeg gwreiddiol yn y fersiwn Saesneg heb golli rhediad na synnwyr y ddrama. Her sobreiddiol arall oedd addasu neu gyfieithu hiwmor Cymraeg mewn idiom Saesneg a oedd hefyd yn cyfleu digrifwch. Wrth ymgodymu, er enghraifft, ag un o benodau *Hufen a Moch Bach*, lle'r oedd y cymeriad gwledig a bortreadid mor ardderchog gan Charles Williams wedi'i gael ei hun mewn clinig babis. Codai'r hiwmor o gam-ddeall geiriau a dywediadau a achosai'r mamau ifanc i chwerthin yn iach. Er na ellid cyfleu'r union sefyllfa trwy gyfieithu ni ellid osgoi is-deitlau Saesneg yn llawn hiwmor. Dychymyg oedd piau hi. Er nad oedd fawr o berthynas rhwng y gwreiddiol ysgubol a'r is-deitl, credaf i mi lwyddo i ddefnyddio geiriau ac ymadroddion a weddai i'r achlysur. Yr hyn na chefais erioed oedd cyfle i gydwylio gyda chriw o wylwyr di-Gymraeg i synhwyro eu hymateb hwy.

Fel y datblygodd y dechneg ddigidol, perffeithiwyd y grefft o wahaniaethu rhwng is-deitlau 'agored', sef y rhai a ymddangosai ar y sgrin bob amser, a'r rhai 'caeedig' ar sianel 888. Newidiodd *Pobol y Cwm* o raglen wythnosol i benodau pum noson gydag ailddarllediad amser cinio drannoeth. Y datblygiad hwn, ynghyd â chynnydd yn y rhaglenni a is-deitlid, a arweiniodd at yr angen am rywun i adolygu, cysoni a diogelu safon, yn ogystal â chynnig ambell gyngor i'r nifer cynyddol o bobl gymwys iawn a oedd bellach yn ymarfer y grefft yn enw cwmni Trosol. Derbyniais y gwahoddiad i lenwi'r swydd honno. Golygai hyn, er mawr ofid, godi gwreiddiau o Geredigion a symud i Bentyrch. Mae modd mynd â'r bachgen mas o Geredigion . . .

Cynyddu'n raddol fu hanes y rhaglenni a hawliai fy sylw, gan gynnwys *Cefn Gwlad*, *Fideo 9*, a llu eraill. Yn achos *Cefn Gwlad* roedd o fantais fy mod yn hen gyfarwydd â ffermio a bywyd gwledig ac yn adnabod ffordd o siarad Dai Jones, perthynas trwy briodas. Nid pob un o'r is-deitlwyr a feddai ar yr un fantais. O ganlyniad, gwyddwn y byddai angen newid neu gywiro canran uchel iawn o'u gwaith yn y cyswllt hwn. Cyfieithwyd 'da bach', er enghraifft, fel 'small cattle' yn hytrach na 'store cattle'. Digwyddiad digon cyffredin oedd darganfod enghreifftiau o gam-ddeall llwyr o ddull 'llaw-fer' pobl yr ardaloedd gwledig wrth siarad am eu cynefin neu eu diwydiant. Diau mai niferus fyddai fy llithriadau innau wrth geisio gwneud synnwyr o faes neu eirfa anghynefin. Llwyddais unwaith i gyfleu 'dawnsio ar y lôn' fel 'dancing on the lawn', er mawr benbleth, a difyrrwch mae'n siŵr, i John Ogwen a Maureen Rhys a ddehonglai un o glasuron Dr Kate Roberts. Heb diwnio i mewn i'r iaith ogleddol!

Y datblygiad mwyaf heriol oedd penderfyniad S4C i is-deitlo rhaglenni byw o Eisteddfod Genedlaethol yr Urdd a'r Eisteddfod Genedlaethol. Nid rhaglenni hanner awr neu awr oedd y rhain ond darllediadau byw dros brynhawn cyfan a detholiad o bigion gyda'r nos. Eisteddfod yr Urdd ym Merthyr Tudful oedd ein hymdrech gyntaf. Cyn y funud honno, ni welodd yr un aelod o'r tîm is-deitl byw. Ar y prynhawn cyntaf hwnnw fe ymddiriedwyd yr elfen 'fyw' i Emlyn Davies a fi, gyda Hywel Pennar ac Emlyn Owen yn gyfrifol am deipio'r teitlau a gwasgu'r botwm i'w trosglwyddo i'r sgrin deledu. Torrwyd ar rediad y fenter yn ystod yr awr gyntaf gan doriad naill ai yn y cyflenwad trydan neu'r cyswllt teledu. Os rhywbeth, yr oedd ailgydio yn y gorchwyl yn anoddach na chychwyn yn y lle cyntaf. I ychwanegu at yr anhwylustod roedd yn wythnos rasio ceffylau o Epsom, gan gynnwys y Derby, a byddai S4C yn torri ar draws prifwyl ieuenctid Merthyr i ddarlledu'r rasio a ymddangosai ar Sianel 4, cyn dychwelyd i'r eisteddfod.

Buan iawn y daethom yn fwy cyfarwydd a hyderus. Ciliodd rhai o'r arloeswyr gwreiddiol wedi'r ymdrech gyntaf un gan adael y cyfrifoldeb creadigol, i raddau helaeth, ar f'ysgwyddau i, wrth arwain y tîm o aelodau o staff y ddau gwmni is-deitl, Trosol a Cymen. Medrem gyfansoddi nifer o'r teitlau ymlaen llaw ond yn fyw y byddai beirniadaethau'r prif ddefodau, megis y Coroni, y Cadeirio a'r Fedal Ryddiaith, cyfweliadau ac unrhyw ddigwyddiad annisgwyl. Ar un achlysur nid oedd teilyngdod yn un o'r cystadlaethau – y Fedal Ddrama mae'n debyg – a llanwyd y cyfan o amser y ddefod gan Meredith Edwards yn llefaru barddoniaeth glasurol, gynganeddol. Gan nad oedd modd yn y byd i gyfieithu hwnnw ar y pryd, f'unig achubiaeth oedd tynnu ar fy ngwybodaeth am yr actor o'r Rhos, am y beirdd y dyfynnai o'u gwaith ac am beth bynnag arall perthnasol, neu led-berthnasol, a ddeuai i'r meddwl. Gwenodd y duwiau a daeth Meredith i'r terfyn wrth i'm ffynnon innau gyflym sychu. Gydag amser, fe lwyddwyd i oresgyn anhawster y beirniadaethau byw trwy amryfal ffyrdd, megis defnyddio cysylltiadau yn y mannau cywir.

Er i'r math yma o her achosi gofid a phryder ar y cychwyn, yn ddiarwybod ymron deuthum i fwynhau'r is-deitlo byw a'r heriau annisgwyl ynghlwm â hynny yn fwy na dim byd arall. Buan iawn y teimlais yn ddigon hyderus a phrofiadol i ysgwyddo pen trymaf y baich hwn, gan adael y gwaith paratoi mwy hamddenol a manwl i aelodau eraill y tîm diwyd a thalentog. Er gwaetha'r straen o is-deitlo'n fyw am rai oriau'n ddyddiol am wythnos gyfan, ni fu fawr o anghydfod rhyngom a theimlai pawb yn ddigon rhydd i fynegi barn am waith arweinydd y fintai neu unrhyw aelod arall.

Teulu

Bu Margaret a fi 'yn dipyn o ffrindiau' yn ystod ein dyddiau ysgol ond yna gwahanodd ein llwybrau pan aeth hi i'r coleg ac ar ôl iddi gwblhau ei hyfforddiant fel athrawes. Mwynhaodd ei chyfnod yn athrawes mewn ysgol ar Ynys Sheppey (a'r profiad o fod yn aelod o Gwmni Drama Amatur a Chwmni Opera Amatur lleol – a'r rheiny'n perfformio'n gyson gan fynd â'r perfformiadau o'r dramáu i'r carchar sydd ar yr ynys ac i garchar Maidstone).

Dychwelodd i Ddyffryn Ystwyth pan gafodd swydd yn athrawes breswyl yn Ysgol Abermâd – ysgol rhagbaratoawl a sefydlwyd i gadarnhau neu gyflwyno iaith a diwylliant Cymru i'r bechgyn cyn iddynt sefyll arholiad 'Common Entrance' yn dair ar ddeg oed. Roedd enwau'r mwyafrif ohonynt i lawr ar gyfer ysgolion bonedd Lloegr.

Gan fod ein llwybrau wedi croesi unwaith eto, dyma ailgydio yn ein cyfeillgarwch a'r berthynas yn arwain, yn fuan iawn, at ein priodas, ac ymgartrefu yn Aberystwyth a'r cyffiniau. Yn y dref honno y ganwyd Robin ein mab cyntaf.

Yn ystod ein cyfnod o bedair blynedd yng Nghaerdydd yn y chwedegau, mwynhaodd Margaret y cyfle i sgriptio a chyflwyno rhaglenni plant ac ysgolion ar radio a theledu'r BBC a chyfrannu i'r rhaglen radio *Merched yn Bennaf*. Cafodd gyfnod o gyflwyno *Telewele* (TWW) cyn cydgyflwyno *Croeso Christine*. Aberthodd y cyfan oherwydd ein dychweliad i Aberystwyth yn 1969 – yn *bedwar* ohonom – gan fod Siôn wedi ei eni erbyn hynny. Mwynhaodd fagu'r ddau fab a throi heibio llawer cynnig o waith oherwydd, yn bennaf, yr oriau anghymdeithasol bondigrybwyll hynny a oedd yn rhan o'm swydd i.

Serch hynny, gweithiodd yn frwdfrydig gyda mudiadau lleol a chymdeithasau rhieni a bu'n un o Lywodraethwyr Ysgol Penweddig. Rhoddodd yn hael o'i horiau a'i doniau yn Eglwys y Santes Fair a'r Ŵyl Gorawl Ranbarthol a bu'n un o aelodau blaenllaw Cwmni Drama Gymraeg Theatr y Werin. Am gyfnod byr bu'n Arweinydd Ysgol Feithrin Aberystwyth cyn cael ei phenodi'n Swyddog Datblygu cyntaf Mudiad Ysgolion Meithrin yng Ngheredigion ac, yn dilyn hynny, yn un o dîm o Athrawon Bro'r sir.

Yna dychwelyd i Gaerdydd a hithau'n cychwyn gweithio fel athrawes gyflenwi yn rhai o Ysgolion Cymraeg Rhondda Cynon Taf. Fel aelod o Ferched y Wawr Rhanbarth y De-ddwyrain rhoddodd flynyddoedd o wasanaeth i'w changen a'r rhanbarth ac, yn ei thro, yn ysgrifennydd a chadeirydd y naill a'r llall. Mae'n aelod ffyddlon o Eglwys Dewi Sant, lle bu'n athrawes Ysgol Sul ac yn dal y swydd o Warden, ymysg sawl swyddogaeth arall. Bydd yn ei helfen yn canu yng nghôr yr Eglwys.

Cafodd ailgysylltu â Mudiad Byd-eang Dydd Gweddi'r Chwiorydd a bod ar bwyllgor Cymraeg y ddinas ac yn gynrychiolydd De Cymru o'r Eglwys yng Nghymru ar Bwyllgor Cenedlaethol yr enwadau Cymraeg. Rhyw flwyddyn yn ôl, cwblhaodd chwe blynedd o fynychu cyfarfodydd dau-fisol y Pwyllgor Canolog yn Llundain fel cynrychiolydd y Pwyllgor Cymraeg – a hithau'n trysori'r cyfle a gafodd i gydweithio â chynrychiolwyr o un ar bymtheg o enwadau neu fudiadau Cristnogol o Loegr, Gogledd Iwerddon a Chymru.

I ddychwelyd at weddill y teulu, estynedig erbyn hyn, mae Robin a Gloria'n byw yng Nghaerdydd. Athro wrth ei broffesiwn yw Robin, gyda chryn brofiad hefyd bellach, fel Gloria, o fyd y cyfryngau darlledu. Ar gyrion pentref hyfryd Llandwrog y mae Siôn, Catrin, Ela a Twm yn byw ac yn fawr eu cyfraniad i'r bywyd lleol. Cyfraith aeth â bryd Siôn, a bu'n gwasanaethu mwy nag un Cyngor lleol fel cyfreithiwr cyn ymuno â staff Cyngor Gwynedd. Un o gynhyrchwyr Radio Cymru yw Catrin tra mae Ela'n ddisgybl Blwyddyn 8 yn Ysgol Syr Hugh Owen, Caernarfon, lle y bydd Twm yn ymuno â hi ym Medi 2014.

O eglwys i eglwys

Pan oeddwn i'n blentyn, gan nad oedd addoldy o fewn cyrraedd hwylus i Moelprysgau – yr oedd Capel Soar y Mynydd rai milltiroedd i ffwrdd ac yn daith hir hyd yn oed ar gefn ceffyl – ni fu cyfle i fynychu lle o addoliad nes cyrraedd Cilcennin. Fel llawer o drigolion Ffair Rhos, Bedyddiwr oedd fy nhad ond eglwyswraig oedd fy mam. A chan fod Eglwys ond nid Capel y Bedyddwyr yng Nghilcennin yr oedd yn dilyn mai yno yr euthum. Er gwylltio ganwaith gyda'r Eglwys yng Nghymru, yn bennaf oherwydd ei diffyg Cymreictod a rhyw fath o wrogaeth i frenhiniaeth, rwy'n parhau'n aelod cyson o'r praidd Anglicanaidd. Dylanwad Margaret yn anad dim byd arall sydd i'w gyfrif am na newidiais borfa neu droi allan i'r tir comin.

Am yr Ysgol Sul i fwy graddau na'r oedfaon ar y Sul y mae f'atgofion am Eglwys Cilcennin. Yr oedd yn Ysgol Sul lewyrchus a chynnes gydag o leiaf un dosbarth oedolion, a rhoddid sylw teilwng iawn i ni'r plant. Ar lawer ystyr yr oedd y sefydliad yn adlewyrchiad o'r ysbryd cymdogol a gysylltaf â'r ardal ar drothwy'r Ail Ryfel Byd. Cynhelid Gobeithlu (Band of Hope) yn y Ficerdy ar noson waith ond yr oedd y daith ôl a blaen yn anghyfleus yn nhywyllwch gaeaf.

Saif un cyfarfod o'r Gobeithlu yn y cof o hyd oherwydd y gorchwyl a ymddiriedwyd i'r criw o fechgyn a oedd yn bresennol. Roedd gan y Ficer a Mrs Evans gi bach, daeargi rwy'n meddwl, a oedd, fel ambell genhadwr, yn grwydryn wrth reddf. Nid achub eneidiau na gosod trefn ar Gristnogion Corinth oedd uchelgais y crwydryn hwn, ond dod i 'adnabod' geist y pentref a threulio egwyl hapus yn eu cwmni. Tybid, yn gam neu'n gymwys, mai'r dull mwyaf effeithiol oll o ladd yr ysfa nomadaidd oedd tywys y pechadur bellter o'i gartref, clymu tun gwag wrth ei gynffon a'i adael yn rhydd. (Nid yn annhebyg i'r arfer o glymu tuniau wrth gynffon car pâr newydd briodi.) Yn reddfol, fe ddisgwylid iddo ei heglu hi am ei gartref a gobeithid i glindarddach y cargo wrth ei gynffon ei argyhoeddi unwaith ac am byth nad '... does unman yn debyg i gartref' a rhoi terfyn parhaol ar y crwydro ffôl. Cwblhawyd y weithred gan un o'r bechgyn hynaf a rhyddhawyd y truan. Llwyddodd rhan gyntaf y cynllwyn. A gafwyd llwyr iachâd? Mot a'r Ficer yn unig a ŵyr a fu tun gwag yn fwy effeithiol na gweddi daer.

Os mai yng ngwaelod y pentref yr adeiladwyd Eglwys Cilcennin, 'dinas a osodwyd ar fryn' oedd Eglwys Sant Ioan, Ysbyty Ystwyth, a oedd i'w gweld o bobman. Roedd nifer yr aelodau lawer yn llai nag yng Nghilcennin a phrin iawn oedd mynychwyr yr Ysgol Sul i blant yn unig. Criw digon direidus oeddem ni fechgyn, yn hoff o chwarae castiau megis caethiwo dau neu dri cheiliog y rhedyn (nas clywir yn aml iawn bellach), mewn blwch matsys gwag a'u rhyddhau ar hanner y cyfarfod. Gobeithio na fu ein hymddygiad yn ddolur calon i John Jones, Nanteos, Mrs Mary Breeze a Miss Olive Morgan, a roddai eu hamser i ni ar brynhawn Sul.

Er taw cynulleidfa fechan oedd yno a addolai'n gyson fe allai rhai o'r aelodau fod yn ddigon cecrus ar brydiau. Ni ddywedwn ei bod yn Eglwys hapus a chymodlon bob amser. Mae'r Eglwys ei hun wedi ei chau am resymau gwariant a diogelwch erbyn hyn, sydd eto'n adlewyrchiad o'r newid a fu dros y blynyddoedd. Defnyddir adeilad llai y dyddiau hyn. Nid yw'r ffaith i lawer o'r ieuenctid gefnu ar eu cynefin – o raid neu o ddewis – wedi helpu'r achos ychwaith.

Am fod yr eglwys yn gysylltiedig ag Eglwys a Choleg Ystrad Meurig, yn y pentre hwnnw y lleolwyd y Ficerdy ac yno hefyd y treuliai'r Ciwrad ei amser. Yn ychwanegol at eu dyletswyddau eglwysig a bugeiliol, y Ficer, Y Parchedig Ganon Jones, a'r ciwrad, Y Parchedig W Morris Davies, oedd yn dysgu yn y coleg. Canlyniad naturiol trefniant o'r fath oedd i blwyfolion Ysbyty gredu eu bod yn cael eu hesgeuluso gan yr offeiriaid ac na dderbynient sylw na gwasanaeth digonol. Am rai blynyddoedd o leiaf ni fu Mr Davies y Ciwrad yn berchen car. O'r herwydd deuai atom ar ei feic, siwrnai o dair neu bedair milltir bob ffordd – sefyllfa annerbyniol ar lawer cyfrif gyda diffyg llewyrch yn ganlyniad naturiol. Laweroedd o weithiau y clywais y gŵyn mai Eglwys Ysbyty Ystwyth oedd y 'Fam Eglwys' a'n bod ni'n teilyngu presenoldeb parhaus gan o leiaf un o'r ddau glerigwr. Beth pe gwyddent hwy bryd hynny beth oedd yng nghôl y dyfodol? Dagrau pethau yw fod Capel Maesglas (Capel Dafydd Morgan y Diwygiwr), a Chapel y Wesleaid ym Mhontrhydygroes bellach wedi hen gau eu drysau: un wedi diflannu oddi ar wyneb daear a'i olynu gan dŷ annedd a'r llall wedi ei droi'n fflatiau.

Bu gennyf gysylltiad tenau ag Eglwys Fair, Aberystwyth, yn ystod fy nyddiau coleg gan mai yno yn unig y caem wasanaethau eglwysig yn y Gymraeg. Wedi priodi, a byw yn Aberystwyth ar dri chyfnod gwahanol (chwarter canrif o gyfanswm), Eglwys Fair oedd ein cartref ysbrydol lle y bu Margaret yn athrawes Ysgol Sul ddiwyd ac yn aelod o'r Cyngor Plwyfol Eglwysig. Eglwys Mihangel Sant a'r holl Angylion oedd y 'chwaer fawr' a hawliai'r sylw mwyaf. Meddiannwyd hi i raddau helaeth iawn gan y garfan efengylaidd tra parhaodd Eglwys Fair, yn ein dyddiau ni beth bynnag, yn driw i'w gwreiddiau mwy traddodiadol.

Ar hyn o bryd, ac ers slawer dydd, Eglwys Dewi Sant, Caerdydd, lle mae'r croeso'n gynnes a'r gymdeithas yn glòs, yw ein cyrchfan Sabothol. Yn ein tro fe fu Margaret a finnau'n ysgrifenyddion y Cyngor Plwyfol Eglwysig, ac yn aelodau cyffredin ohono. Llanwodd Margaret nifer o swyddi allweddol yn ystod y cyfnod. Cyfeiriwyd eisoes at ei chyfrifoldeb fel Warden y Bobl.

Nid ar chwarae bach y sefydlwyd Eglwys Gymraeg yng Nghaerdydd yn nhridegau'r ganrif ddiwethaf gan y bu cryn wrthwynebiad, yn ôl pob hanes, gan ambell Gymro Cymraeg. Bu'r Esgob Timothy Rees, Llandaf, a brodor o Geredigion, yn ddigon clir ei weledigaeth a'i benderfyniad ac yn ddigon hirben i ddenu'r Canon R M Rosser o'i ofalaeth yng Nghilcennin i sefydlu Eglwys Gymraeg yng Nghaerdydd. Ni allai ei ddewis fod yn un mwy ysbrydoledig na'r pregethwr melys a'r storïwr digymar Reginald Rosser a lanwodd ei swydd i'w hymylon nes i afiechyd ei oddiweddyd yng nghanol y chwedegau. Yn gefn cadarn iddo yr oedd ei wraig, Mrs Emily Rosser, a gofir gydag anwyldeb gan y sawl a'i hadnabu. Pery'r cysylltiad teuluol hyd heddiw trwy bresenoldeb eu merch, Eryl.

Chwalwyd yr Eglwys yn Howard Gardens gan fomiau'r Almaenwyr gan orfodi'r gynulleidfa i addoli yn y festri cyn symud i'r adeilad presennol yng Nghilgant Sant Andreas yn 1956. O Dregaron y daeth y Parchedig George Noakes i lenwi esgidiau'r Canon Rosser. Olynwyd yntau, yn eu tro, gan y Parchedigion Leslie Evans, Saunders Davies, Aled Edwards, Meurig Llwyd, Gwynn ap Gwilym, J Hywel Davies a Dyfrig Lloyd. Mae'n hysbys i George Noakes gyrraedd y brig yn Archesgob Cymru ac i Saunders Davies orffen ei yrfa'n Esgob Bangor.

Cafodd Margaret y syniad gwych y medrem ni ein dau godi swm sylweddol o arian i gronfa ail-doi Eglwys Dewi Sant, gyda chydweithrediad yr aelodau eraill. Y syniad oedd iddi hi a fi, gan ddefnyddio ein 'bus-pass', gael ein noddi i ymweld â chwe Chadeirlan yr Eglwys yng Nghymru, a chyflwyno cerdyn cyfarch ar ran ficer ac aelodau Eglwys

Dewi Sant. Yn ychwanegol at yr angen amlwg i ni gwblhau'r daith, yr hanfod oedd i'n cyd-aelodau gasglu nawdd gan deulu, ffrindiau a chydnabod er mwyn denu arian o'r tu allan yn hytrach nag o boced parod yr aelodau eu hunain. Cydiodd y syniad fel tân gwyllt ac fe aethom ati dros gyfnod o wythnosau i drefnu hyd y manylyn eithaf. Bu cydweithrediad staff Traveline Cymru yn allweddol wrth gynllunio ein pererindod. Yr oedd y wybodaeth yn gywir a'r bysiau'n brydlon.

Cychwynnodd ein 'Bws a Phàs a Phererindod' (Margaret biau'r enw bachog), am saith o'r gloch fore Llun, 19 Medi, 2011 trwy anelu am Gadeirlan Llandaf, cyn 'bysio' ymlaen i Gasnewydd ac Aberhonddu. Tri bws gwahanol i'n symud ymlaen i Gaerfyrddin i dreulio'r nos, a chychwyn fore trannoeth am Dyddewi i'n cyfarch gan Robin a Gloria. Oddi yno i Aberystwyth i glwydo. Cyrchu Bangor fore trannoeth a chael lletu a chroeso yn Llandwrog gyda Catrin, Siôn, Ela a Twm. Trannoeth, bore Iau, bant â ni am Lanelwy i gyrraedd pen ein taith toc wedi hanner dydd. Erbyn cyrraedd yn ôl i Gaernarfon a'n cludo i Landwrog unwaith eto, yr oeddem wedi blasu cysur dros ddeg ar hugain o fysiau gwahanol. Ein gobaith o'r cychwyn oedd casglu ar draws mil o bunnau, ond pan wnaethpwyd y cyfrif terfynol, yr oedd y ffigwr wedi croesi pum mil o bunnau. Diolch i aelodau Dewi Sant am eu cefnogaeth, ac i Ganghellor y Trysorlys am yr ad-daliad treth incwm ar y cyfraniadau.

Gofid pawb o'r gynulleidfa y dyddiau hyn yw ein methiant i ddenu rhagor o blith y degau ar ddegau o Gymry a ddaw i astudio neu weithio yn y brifddinas i ddod yn aelodau o'r gymdeithas gyfeillgar o bob oed a diddordeb. Mae'r drysau'n llydan agored iddynt hwy a phawb arall, a'r tri gwasanaeth bob Sul yn uniaith Gymraeg.

Llysoedd barn

O'r dyddiau cynnar, bu gen i gryn ddiddordeb mewn materion cyfreithiol a doedd hi fawr o syndod i mi benderfynu, er gwaethaf fy hoffter o Hanes fel pwnc, mai Cyfraith fyddai fy newis faes mewn coleg prifysgol os byth y cyrhaeddwn un o'r rheiny. Fy mhrofiad cyntaf oedd cael mynd o'r ysgol i wrando ar achos yn Llys Ynadon Tregaron ar brynhawn Mawrth. Bûm yn ddigon ffodus i fod ag adnabyddiaeth bersonol o'r prif actorion y prynhawn hwnnw a bu hynny'n gyfrwng i gynyddu fy niddordeb. Achos yn ymwneud â moduro oedd y prif gwrs ar y fwydlen, gyda gwerinwyr cyffredin yn wynebu holi a chroesholi gan gyfreithwyr nad oeddent, o reidrwydd, yn orgyfarwydd â'r cefndir a'r ieithwedd bob tro. Hyd y cofiaf, trwy gyfrwng y Gymraeg y cynhaliwyd y gwrandawiad ar ei hyd. Brigodd yr ieithwedd naturiol, hyd yn oed mewn sefyllfa anghyfarwydd a ffurfiol i'r diffynnydd a'r tystion, gydag un tyst yn cyfeirio at berson arbennig fel 'yr hen fellow' yn hytrach na Mr Davies.

Yn ei fabandod ac yn amddifad o unrhyw hygrededd swyddogol yr oedd cyfieithu ar y pryd mewn llysoedd barn, a Duw'n unig a ŵyr pa gam a wnaed neu fantais annheg a gafwyd oherwydd diffyg cywirdeb y trosi o'r Gymraeg i'r Saesneg. Ond fe allai ddigwydd i'r gwrthwyneb hefyd a bod y trosi'n fanteisiol i'r sawl a safai gerbron y Fainc. Dyfynnai'r Athro Dafydd Jenkins enghraifft glasurol o hyn mewn llys lle wynebai diffynnydd gyhuddiad o achosi damwain trwy oryrru. Mewn ateb i gwestiwn i dyst ar fater y cyflymdra fe atebodd ei fod 'yn mynd yn ddiogel'. Cyfieithwyd 'diogel' fel 'safely' er mai gwir ystyr yr ymadrodd yn y cyswllt hwn ar dafodleferydd lleol oedd bod troed y gyrrwr yn pwyso'n weddol drwm ar y sbardun ar y pryd.

Clywais lawer tro ar yr aelwyd am achos o botsian hynod o ddiddorol. Aeth un o bum brawd a'i frawd-yng-nghyfraith ar berwyl codi eog neu ddau o afon Teifi yng nghyffiniau Ystrad-fflur. Daeth y beili ar eu traws yn annisgwyl. Bu codi dyrnau, a hwyrach drochfa fedyddiedig i geidwad yr afon. Enwodd merch o dyst y brawd-yng-nghyfraith a'r brawd gan ei bod yn adnabod y teulu. Yn anffodus iddi hi, ac i achos cyfraith a threfn, fe enwodd y brawd anghywir. Aeth hwnnw gerbron y llys i bledio'n ddieuog a galw tystion i brofi ei fod mewn lleoliad arall adeg y digwyddiad, ac yn sicr ddigon nid oedd ar gyfyl yr afon. Methodd achos yr erlyniad.

Fel y nodaf mewn lle arall y mae'n parhau'n ddirgelwch pam na chawsom ni fyfyrwyr y Gyfraith yn y Coleg ger y Lli ein hannog i fanteisio ar ambell gyfle i dreulio amser yn y llys ynadon lleol. Wedi'r cyfan, yr oeddem yn rhydd o ddarlithiau yn y prynhawniau er mwyn treulio oriau yn y llyfrgell yn ychwanegu at nodiadau'r bore. Mae'n wir fy mod i wedi gwrando ar achos neu ddau yn y Llys Chwarterol yn Llanbedr Pont Steffan, heb erioed fynd i'r Brawdlys neu'r 'Assizes'. Ond pan ddaeth y cyfle i ymweld â Brawdlys yr oedd yr achos gerbron yn un a gafodd gyhoeddusrwydd eang, a chiwiau dyddiol yn crefu mynediad i Neuadd y Sir yng Nghaerfyrddin.

Ar 16 Hydref, 1953 diflannodd John a Phoebe May Harries, a oedd yn ffermio tyddyn un erw ar ddeg y Derlwyn, Llangynin, Sir Gaerfyrddin, oddi ar wyneb y ddaear – yn llythrennol felly, fel y profwyd yn nes ymlaen. Wedi dychwelyd o gyfarfod diolchgarwch am y cynhaeaf y noson honno ymwelodd cydnabod â hwy ar ei ffordd adref, a chyrhaeddodd nai i John Harries ar ymweliad. Y nai hwnnw oedd Ronnie Harries, neu Ronnie Cadno ar lafar gwlad gan ei fod yn gweithio gyda'i dad ar fferm Cadno. Roedd Ronnie yno fore trannoeth hefyd. Ei eglurhad oedd iddo gludo ei ewyrth a'i fodryb i Gaerfyrddin i ddal y trên i Lundain am gyfnod o wyliau. Amheuwyd ei stori, a hynny am amryw resymau. Meddiannodd gar ei berthnasau a symud y gwartheg i Gadno; newidiodd siec gan ei ewyrth o £9 i £909; daeth yn amlwg i Mrs Harries brynu darn o gig ar gyfer y Sul a'i adael yn y ffwrn; ni soniasai John a Phoebe wrth yr un enaid byw eu bod, yn groes i hir arferiad, yn bwriadu cymryd gwyliau yn Llundain.

Galwyd yr heddlu a bu chwilio dyfal am fis cyfan gan gannoedd o wirfoddolwyr a phlismyn. Apeliwyd am gymorth Scotland Yard ym mherson yr enwocaf o'i ditectifs, John Capstick a'r Rhingyll Bill Heddon. Union fis wedi diflaniad y cwpwl gwledig fe fu datblygiad hir-ddisgwyliedig. Darganfuwyd eu cyrff wedi eu claddu ar dir fferm Cadno. Ond nid i Capstick na Heddon y mae'r clod am hynny ond i'r Rhingyll Phillips o Landeilo. Bu'n ddigon craff i sylwi fod planhigion ar un o gaeau'r fferm yn edrych fel petaent wedi eu tynnu o'u gwraidd a'u hailblannu. Dyfalodd yn gywir. Daethpwyd o hyd i'r ddau gorff gyda thyllau yn eu penglogau, yn cyfateb, fel y profwyd yn ddiweddarach, i ddifrod y gellid fod wedi ei achosi gan forthwyl a fenthycwyd gan Ronnie Harries beth amser ynghynt.

Cymerwyd y gŵr ifanc i'r ddalfa. Ymddangosodd gerbron ynadon lleol a'i drosglwyddo i sefyll ei brawf ym Mrawdlys Caerfyrddin y mis Mawrth canlynol. Teithiais innau i'r un dref gan aros dwy noson yn y gobaith o weld sut y gweithredai Brawdlys yn enwedig mewn achos o lofruddiaeth a allai arwain at y gosb eithaf. Bu'r tywydd yn ffafriol, trwy drugaredd, gan fy mod, fel degau o bobl eraill, yn gorfod sefyll mewn ciw am oriau heb yr un sicrwydd o gael mynediad i'r llys gan gymaint y diddordeb a'r chwilfrydedd lleol. Llwyddais i gael mynediad i dair neu bedair sesiwn cyn troi am adref. Derbyniais dipyn go lew o gymorth y tro cyntaf gan gyfaill dyddiau ysgol, Elwyn Davies (Elwyn Tanrallt) o Langeitho, un o'r heddgeidwaid ar ddyletswydd yn y llys y diwrnod hwnnw. Amynedd a dyfalbarhad yn y ciw a dalodd ar eu canfed y troeon eraill.

Profiad hynod o ddiddorol oedd sefyll yn y ciw gyda phobl leol a oedd yn adnabod y llofruddiedig a'r un a gyhuddid o'r anfadwaith. Sôn am ddychymyg a straeon yn cynyddu fel cesig eira o un diwrnod i'r llall! Priodolid pob llofruddiaeth nas datryswyd i Ronnie Cadno heb bob amser ddwyn ar gof mai dim ond 26 oed oedd ar y pryd a rhai o'r troseddau honedig wedi eu cyflawni ymhell cyn bod y posibilrwydd lleiaf iddo fod yn euog. Petai wedi cyflawni traean o'r hyn a amheuid fe fyddai'n llofrudd yn ei grud os nad cyn hynny. A gafodd Cain fai ar gam? Hawdd amgyffred ar sail y profiad hwnnw sut y caiff pobl anffodus fai ar gam a sut y mae straeon di-sail yn magu adenydd. Gwelsom y chwedlonol Capstick (Charlie Artful i'w gyd-swyddogion yn y 'Yard') ar ei ffordd i mewn ac allan o'r llys a gohebydd troseddau papur y *People* a oedd yn gwarchod tad y diffynnydd rhag i newyddiadurwyr papurau eraill gael gair ag ef. Rhwng y cymeriadau diddorol a welais a'r straeon carlamus a adroddid gyda sicrwydd argyhoeddiad nid oedd yr oriau o giwio mor ddiflas â hynny wedi'r cyfan. Flynyddoedd wedi hynny fe dreuliodd Margaret a finne hyd at bedair awr ar y tro cyn blasu'r profiad o gerdded trwy byrth yr All England Tennis Club adeg jamborî flynyddol Wimbledon. Ond nid oedd y cwmni yn SW19 cweit mor ddifyr!

Beth am yr achos ei hun? Eisteddai Mr Ustus Havers (perthynas agos i'r actor Nigel Havers) yn ei sedd farnwrol, gyda'r rheithgor, y cyfreithwyr a'r bargyfreithwyr yn ychwanegu at y ddrama. Eisteddai'r prif actor, a'r rheswm pam yr oedd pawb ohonom yno, yn y lloc priodol o dan warchae. Profiad rhyfedd i'r eithaf oedd eistedd o fewn ychydig lathenni i ŵr ifanc trwsiadus ac yntau, yn ymddangosiadol-hunanfeddiannol, yn gwrando ar dystiolaeth tyst yn dilyn tyst a oedd yn raddol ond yn anochel yn tynhau'r rhaff am ei wddf. Pery'n ddirgelwch hyd heddiw sut y bu'n bosibl i berson a oedd mewn sefyllfa mor amhosibl ag un Ronnie Harries ymddwyn mor naturiol a didaro.

Un o brif sylfeini ei amddiffyniad, onid yr unig un, oedd iddo gludo Mr a Mrs Harries i Gaerfyrddin a'u rhoi ar drên cynnar i Lundain, a'u bod wedi cael lluniaeth yn y Willow Café cyn mynd i'r orsaf. Ni lwyddodd i alw ar yr un copa walltog i gadarnhau ei stori. Yn waeth hyd yn oed na hynny, doedd dim dichon profi iddynt, a hwythau heb ddweud wrth yr un enaid byw ymlaen llaw, benderfynu mynd i Lundain am wyliau. Beth fu eu tynged yn y ddinas honno, a pham na chysylltodd y ddau ohonynt â brawd John Harries, ac yntau'n byw yn Llundain? Pam symud y gwartheg i Gadno a defnyddio'r car fel ei eiddo ei hun? A wyddai Ronnie na fyddai modd i'r perchenogion gwreiddiol fanteisio ar y gwartheg na'r cerbyd byth eto? Cam gwag arall oedd newid y swm ar y siec a gafodd gan ei ewyrth o £9 i swm uwch na balans y cyfrif hwnnw. A'r morthwyl!

Gwaith cymharol hawdd a wynebai arweinydd yr erlyniad, Edmund Davies, tra oedd gan Vincent Lloyd Jones (nid William Mars Jones fel yr honnwyd mewn un llyfr a welais), wrth arwain y tîm amddiffyn, Wyddfa o fynydd i'w ddringo. Nid yn annisgwyl i'r mwyafrif ohonom, dadl Edmund Davies a orfu ym meddyliau aelodau'r rheithgor. Dedfrydwyd Thomas Ronald Harries, 26 oed, gŵr a thad, i farwolaeth, er iddo honni hyd y diwedd fod ei gydwybod yn glir. Cadarnhau'r ddedfryd a wnaeth yr Arglwydd Brif Ustus yn y Llys Apêl ac ni welodd yr Ysgrifennydd Cartref yn dda i newid y gosb i un o garchar am oes. Daeth pennod drist a bywyd ifanc i ben yng ngharchar Abertawe ddiwedd Ebrill 1954.

Dim ond teg yw dweud i Vincent Lloyd Jones wneud ei orau glas, serch hynny, i arbed ei gleient ifanc rhag y weithred farbaraidd honno ar fore o wanwyn yng ngharchar Abertawe. Atgoffodd y rheithgor, wrth gloi ei achos, i'r erlyniad alw degau o dystion i'r blwch tystion ond i'r dyn ifanc yn y doc lynu'n gyson at y ffeithiau honedig gydol y daith. Gofynnodd ymhellach a fyddai wedi bod yn bosibl i Harries ddenu ei berthnasau i Gadno, eu llofruddio a'u claddu cyn gyrru i lawr i Bentywyn i gyfarfod ei rieni. Aeth â chrib fân trwy weddill dadleuon yr erlyniad gan roi pob gewyn ar waith i greu hyd yn oed ronyn o amheuaeth ym meddyliau aelodau'r rheithgor a ydoedd Ronnie Cadno wedi cyflawni'r llofruddiaeth a frawychodd gymdogaeth gyfan. Ond yn ofer, fel y gwyddom bellach.

Dyma ddigwyddiad a hawliodd sylw eang, nid yn gymaint oherwydd amheuaeth am y ddedfryd derfynol ond oherwydd natur y diflaniad, meithder a thrylwyredd y chwilio, a thristwch diwedd annhymig dau berson cyffredin mewn pentre gwledig. A hynny ar law perthynas agos.

Canlyniad diflaniad dau berson, gŵr a gwraig y tro hwn eto, a'm denodd i lys barn ar achlysur arall mewn amgylchiadau a ddenodd sylw cenedlaethol a mwy, lle yr amheuwyd dyn ifanc â chysylltiad agos â'r pâr o drosedd wirioneddol erchyll. Erys y dirgelwch hyd heddiw, yn sicr pan gofnodir y ffeithiau hyn. I Lys y Goron Casnewydd (olynydd y Brawdlys), lle y safai Jonathan Jones ei brawf am lofruddio ei ddarpar rieni-yng-nghyfraith, y cyrchais y tro hwn.

Dyfelir mai tua 1.30 o'r gloch y prynhawn ar y chweched ar hugain o Orffennaf, 1993 yr ymwelodd y llofrudd neu'r llofruddion â fferm Tŷ ar y Waun, Llanhari, gan saethu'r gŵr a'r wraig o ffermwyr, y ddau o'r tu ôl ar bellter o tua thair troedfedd. Llofruddiwyd Harri Tooze yn y beudy a Megan ar yr ochr arall i'r tŷ – o bosibl wedi iddi ddod allan pan glywodd y tanio a laddodd ei gŵr. Clywyd y saethu gan gymdogion. Trigai eu merch, Cheryl, a'i darpar ŵr, Jonathan Jones, yn Orpington, Swydd Caint. A hi alwodd yr heddlu y noson honno wedi ymdrechion aflwyddiannus i alw ei rhieni ar y ffôn. Pan ddaeth yn amlwg fod rhywbeth o'i le, teithiodd Jonathan Jones i Lanhari a chyrraedd yn yr oriau mân. (Daeth hyd y daith yn fater llosg yn ddiweddarach pan ddadleuai'r erlyniad iddo fanteisio ar y cyfle i gael gwared ar dystiolaeth.)

Heddlu mewn lifrai yn hytrach na ditectifs a gyrhaeddodd gyntaf gan drin yr achos fel un o ddiflaniad yn hytrach na llofruddiaeth. Daeth hynny hefyd yn asgwrn cynnen yn y llys, a chofiaf fargyfreithiwr Mr Jones yn dweud wrth un rhingyll, "You trampled all over the forensic evidence." Pan aethpwyd ati i archwilio'r tai allan fe ddarganfuwyd y ddau gorff. Mewn cafn yn y beudy y gwelwyd corff Mr Tooze, wedi ei orchuddio gan fyrnau gwair, a Mrs Tooze, eto yn y beudy, o dan garped trwm a nifer o declynnau eraill. Felly y troes diflaniad yn llofruddiaeth.

Ymhen hir a hwyr, cymerwyd Jonathan Jones i'r ddalfa a'i gyhuddo o'r ddwy lofruddiaeth, datblygiad gwirioneddol annisgwyl i'r cyhoedd yn gyffredinol, dybia i. A chofio fod natur ddynol yr hyn ydyw, synnwn i fawr na chredai trwch y boblogaeth mai ef yn wir oedd y llofrudd. Doeddwn innau ddim yn eithriad!

Gwrandawyd yr achos yn Llys y Goron, Casnewydd, yn 1996 gerbron y Barnwr Rougier. Arweiniwyd yr amddiffyniad gan y bargyfreithiwr John Rees, CF, a'i gynorthwyo gan Greg Taylor. Honnwyd i Jonathan Jones deithio ar drenau o Orpington i Bontyclun, cerdded (heb i neb ei weld) i Dŷ ar y Waun i fwynhau cwpaned o de cyn saethu a hanner cuddio Harri a Megan Tooze heb gymorth gan undyn byw, a dychwelyd i Orpington erbyn amser swper am hanner awr wedi saith. Ni ddarganfuwyd yr un tyst a'i gwelodd nac yn ne Cymru nac yn Orpington y bore hwnnw, er i'r diffynnydd ei hun gynnig tystiolaeth ddigon credadwy am ddigwyddiadau y bu'n llygad-dyst ohonynt ger ei gartref ef a Cheryl Tooze ar adeg allweddol. Hwyrach mai ei anallu i brofi y tu hwnt i bob amheuaeth sut ac ymhle y treuliodd ei ddiwrnod ar ei hyd oedd unig wendid sylweddol ei achos.

Wrth gyrraedd y llys ar ail brynhawn y gwrandawiad, cystal cyfaddef i mi fwy neu lai gymryd yn ganiataol fod y person cywir yn sefyll ei brawf er gwaetha'r ffaith i'w gariad, a merch y ddau a laddwyd o dan amgylchiadau mor erchyll, ddatgan ei anghrediniaeth lwyr ei fod yn euog. Wrth wrando ar dystiolaeth yr erlyniad, deuthum innau'n amheuwr. Hyd y gwelwn, tystiolaeth amgylchiadol ('circumstantial evidence') yn unig a gynigid. (Pleser a chryn dipyn o foddhad oedd deall i'r Arglwydd Ustus Rose ddefnyddio'r union eiriau yn y Llys Apêl.) Erbyn i'r Llys godi brynhawn trannoeth roedd achos yr erlyniad yn parhau'r un mor simsan. A dechreuais feddwl na fedrai'r un rheithgor o bobl resymol gyrraedd dedfryd o euogrwydd. Diwrnod neu ddau yn ddiweddarach fe feddyliais, yn gwbl gamarweiniol wrth gwrs, nad oedd y dystiolaeth yn ddigon cryf i'w chynnig i'r rheithgor. Cofier mai barn lleygwr a wrandawodd ar rannau yn unig o'r dystiolaeth oedd y farn honno ac nad yw'n feirniadaeth o fath yn y byd ar y Barnwr na'r Rheithgor.

Yn niffyg tystiolaeth llygad-dyst yng nghyffiniau Llanhari nac ar y trên honedig na thystiolaeth fforensig yn ymwneud â gwaed, cnawd neu esgyrn ar gorff, car na dillad Jonathan Jones, anodd fyddai profi euogrwydd. Mae'n wir iddynt ddarganfod ôl ei fawd ar gwpan te y gellid fod wedi ei ddefnyddio yn ystod ymweliad beth amser ynghynt, ond dyna'r cyfan. Ni phrofwyd cymhelliad credadwy, prinder arian neu obaith elwa o'r marwolaethau, er enghraifft. Roedd cadernid ffydd ddiysgog Cheryl Tooze yn ffactor arall. Dadleuodd ei dîm cyfreithiol ei bod bron yn amhosibl i un person fod wedi cyflawni gweithred mor erchyll heb i'w ddillad ddangos profion. Holasant hefyd a oedd yn gredadwy y gallai un person, a hynny ar frys ac o dan bwysau, fod wedi symud corff Harri Tooze a bwysai dair stôn ar ddeg a hanner a'i guddio. Amheuon! Amheuon!

Tystiodd un gymdoges iddi glywed ffrae gecrus rhwng Mr Tooze a rhywun ar y buarth rai wythnosau ynghynt. A'r dirgelwch mwyaf oll, o bosibl, oedd y cyfeiriad at ymweliad yr ymadawedig, yng nghwmni gŵr dieithr, â swyddfa'i gyfreithiwr ym Mhen-y-bont ar Ogwr beth amser ynghynt. Ymweliad heb ei drefnu ymlaen llaw mae'n amlwg gan nad oedd y cyfreithiwr ar gael i'w gweld. Wyddai neb pwy oedd y dieithryn. Er pob apêl, ni amlygodd ei hun hyd heddiw hyd y gwn.

Fodd bynnag, ac er cryn syndod, cytunodd aelodau'r rheithgor fod Jonathan Jones yn euog ac fe'i dedfrydwyd i oes o garchar. Toc wedyn fe ddigwyddodd yr annisgwyl unwaith yn rhagor pan ddatgelwyd i'r Ustus Rougier ysgrifennu at yr awdurdodau priodol yn mynegi ei amheuon am gyfiawnder dyfarniad y rheithgor.

Cyfeiriwyd yr holl achos i'r Llys Apêl, ac ar y degfed o Fai, 1996 cytunodd yr Arglwydd Ustus Rose, yr Ustus Dyson a'r Ustus Gage i ganiatáu'r apêl a chyhoeddi na chyflawnwyd y drosedd erchyll a ysgydwodd ardal gyfan gan Jonathan Jones. Roedd ugain sail wahanol i'r apêl. Fel y soniwyd eisoes, mynegodd yr Arglwydd Ustus Rose mai tystiolaeth amgylchiadol oedd unig sail achos yr erlyniad. Diolch i'r drefn, ac ymgyrch lew y diweddar Sidney

Silverman, fod y gosb eithaf wedi ei hen ddileu o gyfundrefn droseddol gwledydd Prydain.

Ni lwyddwyd hyd yn hyn (Hydref 2013) i ddatrys y dirgelwch. Cyhoeddodd yr heddlu: "All lines of inquiries have been exhausted." Er hynny, mae'r ffeil yn parhau ar agor a does ond gobeithio y gellir ei chau'n llwyddiannus rhyw ddydd. Synnwn i fawr nad oes cryn dipyn o ddyfalu o hyd yn lleol.

Y Tri Dafydd

Mawr y bu'r sôn a'r siarad am y ddau Ddafydd yn dilyn Etholiad Cyffredinol 1974 pan etholwyd Dafydd Elis-Thomas (Meirionnydd), a Dafydd Wigley (Caernarfon) i Senedd San Steffan. Er cymaint f'edmygedd o'u cyfraniad i fywyd gwleidyddol Cymru ac i'r mudiad cenedlaethol, nid amdanynt hwy y mae'r llith hon. Yn hytrach, am dri Dafydd arall, cwbl wahanol i'w gilydd. Y cyntaf yn gyd-weithiwr teyrngar a diwyd am gyfnod maith; yr ail yn feddyg, bardd, datblygwr ynni gwynt a llawer mwy; y trydydd yn llai adnabyddus, ei gynfas yn fwy cyfyng ac yn un o 'fforddolion y dragwyddol heol'.

'Dafydd Jones yr Urdd' yw'r cyntaf o'r tri gwron. Pan ymunais i â'r gweithlu ym Medi 1956 roedd y cwmni'n ddierth ac eithrio Trefnydd Sir Aberteifi, Evan L Isaac, a ymwelai'n gyson â'r Aelwyd leol. Buan iawn y sylweddolais fod Trefnydd Dinbych a Fflint yn gymeriad arbennig o fywiog a chyfeillgar ac yn fwy na pharod i fynegi barn mewn pwyllgor a chynhadledd. Byddai cyfrifoldeb am diriogaeth eang y ddwy sir yn fwy na digon o goflaid i'r mwyafrif ohonom, ond nid i Dafydd. O Ŵyl Dewi hyd y Sulgwyn, fel yr oedd pethau ar y pryd, fe symudai i'r dre lle y cynhelid Eisteddfod yr Urdd i ymgymryd â'r baich o waith a chyfrifoldeb o redeg Swyddfa'r Eisteddfod a sicrhau rhediad esmwyth yr ŵyl o'i bôn i'w brig. Bodolai'r trefniant am mai un o ddatblygiadau'r dyfodol oedd yr Adran Eisteddfod a Gŵyl.

Rhag iddo segura y mymryn lleiaf neu droi'n greadur diog, Dafydd hefyd oedd yn gyfrifol am drefnu'r hyn oedd yn brif ddigwyddiad chwaraeon yr Urdd: cystadleuaeth Pêl-droed Cwpan Pantyfedwen i Aelwydydd. Gallai hyn ynddo'i hunan brofi'n hunllef wrth geisio taro ar ddyddiadau hwylus i'r cystadleuwyr, yn benodol yn Sir Fôn lle'r oedd rhai Aelwydydd ynghlwm wrth gynghrair leol. At hyn gellir ychwanegu cael hyd i ddyfarnwyr a meysydd addas ac fe welir maint baich y deinamo ffraeth a gwreiddiol o Ddyffryn Conwy.

Brodor o Eglwysbach o'r dyffryn oedd Dafydd a bu'n gweithio yng ngwaith alwminiwm Dolgarrog am bymtheng mlynedd cyn ymuno â'r Urdd yn 1940 yn Drefnydd Clybiau Bechgyn. Newidiodd a chynyddodd ei bortffolio'n raddol nes erbyn diwedd ei yrfa, wedi ugain mlynedd yn y maes, roedd yn gyfrifol am weinyddu adran ddosbarthu cylchgronau a chyhoeddiadau eraill y mudiad ynghyd ag ambell ddyletswydd arall. Roedd cyfyngu Dafydd i swydd naw tan bump yn fath o garchar. Edrychai ymlaen gydag awch at weld y cloc yn cyrraedd pump o'r gloch ac, yn y diwedd, at ei ymddeoliad. Deryn mewn cawell oedd Dafydd Jones mewn swyddfa ac yn atgoffa dyn o'r 'Aderyn' a anfarwolwyd gan y bardd-gyfreithiwr I D Hooson, a ddaeth, 'O'r awyr rydd i gyfyng rwyd ystafell fwll'. Yn ddiddorol ddigon, ei hoff ymadrodd tua'r hanner awr wedi pedwar oedd, "Mae yn y felin bellach, hogiau" – adlais dybia i o'i gyfnod ym melin Dolgarrog.

Ar sail blynyddoedd o gydweithio a mynych deithio i gyfarfodydd o bwyllgorau ar hyd a lled Cymru, mae gennyf atgofion lu. Er nad oedd yn enwog am ddioddef ffyliaid a diffyg trefn ni fu'r un gair croes rhyngom erioed. Ymfalchïaf na alwodd erioed ohonof yn 'lembo' – y condemniad gwaethaf oll! Pan fyddem yn cyfarfod cerbyd arall ar y ffordd yn hwyr y nos, ei sylw oedd, "Nid ti a fi yw'r unig ddau ffŵl sy allan yn hwyr." Nid oedd ar ei orau pan fyddai pecyn ffags John Player yn wag ar ddiwedd diwrnod o waith a doedd dim dewis ond chwilio am beiriant sigaréts pa mor hwyr bynnag yr oedd yr awr. Safai'r ddau ohonom un prynhawn Sadwrn rhewllyd a gwyn gan eira ym Mrynaman yn gwylio timau siarad cyhoeddus yr Aelwydydd yn cyrraedd yn barod at ffeinal y gystadleuaeth genedlaethol. Pan welodd wraig mewn gwth o oedran yn camu allan o fws mini un Aelwyd ar dywydd mor anffafriol, meddai: "Wyt ti ddim yn meddwl mai gartre yn meddwl am ei diwedd y dylai honna fod?"

Pan fu farw, fe ddiflannodd bwrlwm byw o gymeriad a roddodd o'i orau heb gyfri'r gost na'r oriau i wasanaethu ieuenctid Cymru ar lwyfan eisteddfod, ar gae chwarae, mewn gwersyll ac Aelwyd. Ac fe gyflawnodd hyn oll gyda gwên ac afiaith, brwdfrydedd ac ymroddiad. Ganwaith y rhyfeddais at gyfoeth ei iaith, ei briod-ddulliau a'i Gymreictod naturiol a di-sigl. Y ffraethaf a'r mwyaf teyrngar o gyfeillion a chyd-weithwyr a phregethwr aml ei gyhoeddiadau. Ni allaf ond credu fod ei bregethau'n wreiddiol a gwerthfawr.

Bwrlwm byw o Gymro yr oedd yn wir fraint ei adnabod a chydweithio ag ef yw'r ail o'r tri Dafydd – y seiciatrydd, y gwleidydd, y bardd, y ffermwr, y datblygwr ynni gwynt, a llawer mwy – Dafydd Huws. Adroddir hanes cynllun dychmygus Camddwr, a laddwyd gan ddiffyg gweledigaeth a menter gwleidyddion, mewn pennod arall. Dafydd y dyn gaiff y sylw am y tro. Pleser oedd ateb caniad y ffôn a chlywed y llais cyfarwydd yn cyhoeddi, "Dafydd sy' yma. Ffor wyt ti, was?", cyn traethu'n huawdl ar gynnydd neu ddiffyg cynnydd cynllun Camddwr. Weithiau'n obeithiol, weithiau ddim. Hanes taith i Aberdeen, Paris neu Lundain er budd ynni gwynt; ymateb siomedig o ambell gyfeiriad, arafwch cyfreithwyr, prisiau gwartheg stôr neu ŵyn, y diweddaraf am y Grid Cenedlaethol – neu englyn arwrol i Dalwrn y Beirdd. Gallai'r sgwrs fod am un neu fwy o'r pynciau uchod – neu stori neu ddwy garlamus. Doedd dim dal. Bryd arall, byddai angen i'r ddau ohonom gynnal 'seiat' i drafod y peth a'r peth.

Diben posibl seiadu fyddai paratoi ein cyfraniadau ymlaen llaw at drafodaethau gyda chynrychiolwyr y Comisiwn Coedwigaeth, Llywodraeth Cymru, cwmni ynni neu rywun a allai hybu ein hachos. "Fe ddyweda i hyn, wyt ti'n gweld, a dwi am i ti ddod mewn ar y mater arbennig yma." Yn amlach na pheidio ni ddeuai'r angen na'r cyfle i fi ddweud fy nweud gan y byddai Dafydd, yn ei frwdfrydedd byrlymus, wedi pregethu pregethau'r ddau ohonom, a hynny gyda chryn argyhoeddiad a thaerineb. Meddai ar y gallu i gyfuno agosatrwydd, hiwmor, gweledigaeth a chadernid wrth ddadlau ei achos. Diflewyn-ar-dafod? Ie, ond gyda'r ddogn addas o siwgr ar y bilsen.

Medrai gyfeirio at ei waeledd a'r ffaith fod diwedd y daith yn anorfod, heb yr arlliw lleiaf o hunandosturi na phle am gydymdeimlad. Yr hyn a'i llethai a'i siomi oedd pobl mewn cyfarfod yn methu rhannu ei frwdfrydedd eirias ef dros ynni gwynt a'u hamharodrwydd i sefyll yn gadarn-gyhoeddus dros gynllun. Ni allai amgyffred ymateb glastwraidd y sawl a oedd yn ymddangosiadol gefnogol i gynllun Camddwr a'u tueddiad i godi bwganod. Teimlwn ar adegau na allai hyd yn oed y seiciatrydd proffesiynol lawn ddeall a derbyn amharodrwydd trigolion cynhenid ardal wledig i ddangos eu hochr yn rhy amlwg rhag tramgwyddo cymdogion a chydnabod. Oni bai am gymeriadau o galibr ac asgwrn cefn Dafydd Huws fe fyddai aml i faen yn dal ar ochr y ffordd ymhell iawn o'r wal.

Ei bersonoliaeth afieithus a'i hiwmor ffraeth, ynghyd â'i ddawn i gyflwyno achos mewn pwyllgor a chynhadledd a gofiaf orau. Mae un digwyddiad yn dal i godi gwên. Mewn cyfarfod yn Aberaeron gyda chynrychiolwyr awdurdodau lleol a llu o fudiadau cadwriaethol, a ninnau ein dau'n egluro ein cynllun ynni gwynt cymunedol, fe ganodd ffôn symudol Dafydd ym mherfeddion ei bapurau yn y cês. Atseiniodd nodau agoriadol 'Hen Wlad fy Nhadau' trwy'r ystafell eang a distawodd pob sŵn arall. Mentraf ddweud mai adwaith naturiol y mwyafrif fyddai tyrchu am y ffôn a'i distewi cyn ymddiheuro am y twrw. Ond nid Dafydd. Cododd ar ei draed a chyhoeddi'n hyglyw, "I always stand for the Anthem."

Er cymaint y pleser o fwynhau ei gwmni ar aelwyd Ffwrnes Blwm, a'r croeso gan Rhian, troediwn yn ofalus rhag celu'r gwir rhagddo neu ddweud hanner stori gan y gwyddwn nad oedd dichon taflu llwch i lygaid y seiciatrydd craff. Un o'i rinweddau amlwg oedd na chymerai ei hun yn ormod o ddifri. Pan recordiodd Tweli Griffiths raglen ar fuarth Mynydd Gorddu, ger Tal-y-bont, i drafod y fferm wynt yno fe ymgasglodd nifer o brotestwyr i ddangos eu dicter at y cynllun. Ymosododd un Saesnes ar Dafydd yn eiriol-enllibus ond yr oedd Dafydd yn fwy na hapus i'r rhaglen gael ei darlledu yn ei chyfanrwydd. Gwyddai y byddai'r fath gasineb yn ennyn cydymdeimlad at ei achos. Fe'i siomwyd gan bresenoldeb ambell brotestiwr o Gymro Cymraeg na fedrai, neu na fynnai weld mantais y cynllun i ieuenctid lleol. Tristach na thrist yw sylweddoli na chân y ffôn byth eto i glywed y llais siriol yn holi, "Ffor wyt ti, was?"

A'r trydydd Dafydd? Un o fforddolion y dragwyddol heol a wthiodd ei gert fechan ar hyd lonydd Ceredigion am lawer blwyddyn. Y crwydryn, Dafydd Jones o Fwlchllan, neu 'Dafydd Gwallt Hir' ar lafar gwlad. Duw'n unig a ŵyr paham y gadawodd gartref a theulu i fyw'r bywyd amgen. Mae dwy theori, yn ôl un arall o fechgyn Bwlchllan, John Albert Evans. Un yw iddo gael ei gyhuddo ar gam pan oedd yn weithiwr siop yng Nghaerdydd, a'r llall, iddo gael ei siomi mewn cariad. Yr oedd ganddo ei bobl – y rhai yr ymddiriedai ynddynt i ddarparu bwyd a tho uwch ei ben ar ei deithiau diddiwedd. Tueddu i edrych yn gam a wnâi ar y boblogaeth ehangach. Fe ddychwelodd i Fwlchllan ddiwrnod angladd ei fam gan wylio'r cyfan o du arall y clawdd. Ymddengys fod hon yn stori wir.

Er i mi ei weld ddegau o weithiau'n gwthio'i gert fechan yng nghyffiniau Tregaron, dim ond unwaith erioed y bûm yn ddigon ffodus i ddal pen rheswm ag e. Ar brynhawn o Orffennaf 1946 y digwyddodd y cyfarfyddiad, tua hanner ffordd trwy gyfnod arholiadau'r CWB. Wedi i mi eistedd papur gramadeg Saesneg (papur yr oedd yn hanfodol llwyddo ynddo) hebryngais ffrind, Dai Hughes Evans, ar ei ffordd adref i gyffiniau Tyncelyn. Pwy oedd yn cael hoe fach ger Pont Eynon ond Dafydd Jones. Llwyddasom i dynnu sgwrs.

Gofynnodd am weld y papur Saesneg, a oedd yn cynnwys cyfeiriad at yr anifail od hwnnw, y dromedari. Fe'i disgrifir mewn un geiriadur fel 'a type of Arabian camel bred for racing and riding, having a single hump and long slender legs'. Go brin i Dafydd fwynhau'r breintiau addysg a ddaeth i ran Dai a fi ond roedd ei wybodaeth am y dromedari yn ehangach ac yn ddyfnach. Wedi'r sgwrs ddifyr, cydiodd yn nwy glust ei drol a diflannu o'm bywyd am byth. Melys y cof, a mawr y fraint o'i gyfarfod.

Nid rhyfedd i gymeriad mor anarferol danio awen y beirdd. Cofiaf ddarllen penillion gan Jack Oliver (Jack y Barbwr), a chynhwysir teyrngedau iddo gan fardd arall, Evan Jenkins, yn ei gyfrol *Cerddi Ffair Rhos*:

> Geilw ar etholedigion
> Ei ffrindiau pan fyddo'n ddydd
> Ychydig o enllyn, a phapur ddoe
> – Neu echdoe – a bodlon fydd.

Fel llawer crwydryn arall, amheuai gymhellion rhai pobl. Ni dderbyniai fwyd gan bawb na dŵr o bob ffynnon.

> Fe leinw'n ei ddewis ffynnon
> Ei lestr – am y canfed tro.

Ymddengys i'n 'papur cenedlaethol' honni, "He has slept in every workhouse in Wales." "Nefer in Iwrop", meddai Evan Jenkins.

> Mewn wyrcws! Ffamws o ffib!
>   Ie, hunllef o enllib
> Ym mhob pau i hwn y mae parch
>   Yn rheolaidd lle'r elo.

Tri Dafydd. Tri gwahanol. Tri a gyfoethogodd brofiad.

Y Mudiad Meithrin

Galwad ffôn gan Ellen ap Gwynn, Cadeirydd Mudiad Ysgolion Meithrin, un noson rywbryd yn ystod haf 1986, a ddaeth â fi i gysylltiad agos a gwerthfawr â'r mudiad pwysig a mawr ei gyfraniad. Gwyddwn yn dda am y gwaith ardderchog a gyflawnwyd ganddo er ei sefydlu yn 1971. Roedd Margaret, fy ngwraig, wedi arwain Cylch Meithrin Aberystwyth am gyfnod cyn hynny ac wedi cynrychioli Urdd Gobaith Cymru ar ei Bwyllgor Gwaith ym mlynyddoedd allweddol cynnar y sefydlu a'r datblygu. Ond nid dyna ei hunig gyfraniad, am iddi grwydro hyd a lled Cymru i ddarlithio ar y grefft o ddweud stori a chynnal diddordeb plant mor ifanc ar sail ei llwyddiant cydnabyddedig yn Aberystwyth. Hi hefyd oedd Swyddog Datblygu cyntaf y mudiad yn Sir Aberteifi ac ymhlith y rhai cyntaf i'r mudiad eu penodi. Ceisiwyd fy marn innau pan aethpwyd ati i sefydlu peirianwaith gweinyddol y sefydliad newydd.

Gwahoddiad Ellen, ar ran ei phwyllgor, oedd i mi ganiatáu i'm henw gael ei ystyried yn y Cyfarfod Blynyddol ym Mhlas Gregynog wrth benodi Ysgrifennydd Ariannol i olynu Bryn Lloyd, Ysgrifennydd Llyfrgell Genedlaethol Cymru, a oedd, gydag eraill, wedi gosod y drefn gyfansoddiadol yn gadarn yn ei lle. Gwyddwn hefyd, o dderbyn, y byddwn yn un o olynwyr Emyr Jenkins, yr Ysgrifennydd Ariannol cyntaf. Ie, 'Eraill a lafuriasant . . .' a'r her naturiol fyddai parhau'r gwaith a osodwyd ar seiliau mor gadarn. Wedi dwys ystyried, a thrafod gyda Bryn Lloyd, fe gytunais. Gwisgais y fantell ar brynhawn Sadwrn braf yn nhawelwch tangnefeddus Maldwyn. Feddyliais i fawr y cawn y fraint bleserus o ddal y swydd nes penderfynu ildio fy lle i berson iau ymhen chwarter canrif.

Bryan Jones, addysgwr profiadol a brodor o'r Rhos, oedd y Cyfarwyddwr a buan iawn y daethom yn gyfeillion ac yn gyd-weithwyr hapus. Yn ychwanegol at Ellen yn y gadair, fy nghyd-swyddogion eraill oedd John Valentine Williams, a'r Trysorydd, John Arthur Jones, Llanrwst. Wrth i mi ysgrifennu'r llith hon mae'n bleser dweud fod John yn parhau i warchod y ceiniogau gyda'r trylwyredd a weddai i un a fu yn nhresi Banc Barclays cyhyd. Mae'r math yma o ffyddlondeb yn rhywbeth i ryfeddu ato a'i gydnabod, fel y gwnaeth Gorsedd y Beirdd yn 2013 am gyfraniad yr un mor loyw i fwy nag un sefydliad arall. Geraint James o Graig Cefn Parc a lanwodd fy sgidie i. Yr oedd, cyn hynny, yn aelod gwerthfawr o'r Is-bwyllgor Cyllid a Staffio y mae bellach yn ei gadeirio yn rhinwedd ei swydd.

Gan na fynnwn gefnu'n gyfan gwbl ar fudiad mawr ei gyfraniad i addysg blynyddoedd cynnar, cytunais i barhau'n aelod 'meinciau cefn' dau neu dri phwyllgor a glynu at gadair y cwmni masnachol, Mabon a Mabli. Ar ben hynny, cytunais i ddirprwyo dros Geraint wrth gadeirio paneli penodi staff, yn bennaf yn ne a dwyrain Cymru ond gydag ambell daith i Lanelli ac Abertawe. Pan ddaw galwad ffôn o'r pencadlys yn Aberystwyth y dyddiau hyn mae'n fwy na thebygol y clywaf leisiau siriol naill ai Siwan Thomas neu Janice Morris, dwy o gonglfeini peiriant gweinyddol arbennig o effeithlon, er gwaethaf yr amrediad eang o swyddogaethau a chyfrifoldebau a gyflawnir gan y mudiad bellach. Gofyn yn 'ostyngedig' y bydd y ddwy i mi eistedd mewn barn ar ymgeiswyr am swyddi. Dros 27 mlynedd bellach, synnwn i ddim na roddais gyfweliad am swydd i fwy o bobl nag y llwyddodd Margaret Thatcher i luchio i domen sgrap y ciw dôl!

Yn dilyn ymddeoliad cynamserol Bryan Jones o'r brif swydd, penodwyd Hywel Jones yn olynydd iddo allan o restr faith o ymgeiswyr. Bu'r gyfundrefn gyfweld yn un drylwyr a manwl. 'Cyfarwyddwr' oedd teitl y brif swydd ar y cychwyn ond buan y gwelwyd yr angen i'w hailddiffinio o dan y teitl 'Prif Weithredwr'. Gwyddwn yn dda am Hywel o'i ddyddiau yn athro yn Ysgol Penweddig cyn ei benodi i fod yn bennaeth Gwersyll Glan-llyn. Teimlai'r pwyllgor dewis mai Hywel oedd y person i olynu Bryan. Profodd Hywel ddoethineb gweledigaeth y criw bach a roddodd Sadwrn cyfan i gyfweld cryn hanner dwsin o ymgeiswyr cymwys. Y gamp yn awr fydd darganfod rhywun yr un mor eang ei weledigaeth, a chadarn a dymunol ei bersonoliaeth, i lenwi sgidie'r gŵr o Fôn.

Ac eithrio ei sylfaen gadarn a'i swyddogaeth waelodol nid yw Mudiad 2013 yr un anifail â'r un yr ymunais i â rhengoedd y gweithwyr gwirfoddol yn 1986. Esblygodd a thyfodd y tu hwnt i bob disgwyl gan ennill parch Llywodraeth a'r llu asiantaethau sydd yn weithgar yn y maes addysg blynyddoedd cynnar a gofal plant. Y Prif Weithredwr a'i staff proffesiynol sydd yn haeddu'r clod am y trawsnewidiad a'n braint ni fel gwirfoddolwyr fu eu hybu a'u cefnogi. Ymhlith llu o lwyddiannau'r Mudiad o'i sefydlu, hwyrach mai'r pennaf oll yw diogelu lle'r Gymraeg yn y gyfundrefn addysg cyn-ysgol a'i gwneud yn berthnasol ymhob penderfyniad. Nid ar chwarae bach ac nid heb ymdrechion nad oeddent bob amser yn plesio rhai carfanau yr enillwyd y brwydrau hyn. Gweithwyr tawel na ŵyr y cyhoedd eu henwau yn aml iawn sydd yn ymlafnio yn y winllan hon. Fy mraint i yw diolch iddynt a mawrygu eu hargyhoeddiad.

Bûm yn ddigon ffodus i fod â rhan, a bod â llais, mewn nifer o benderfyniadau allweddol yn ystod cyfnod o ddatblygiad a thwf ar seiliau cadarn gweledigaeth y sylfaenwyr, y gweithwyr llawn-amser, a'r llu gwragedd – yn athrawesau trwyddedig gan amlaf – a roddodd o'u gorau mewn cylchoedd meithrin o Fôn i Fynwy. Iddynt hwy y perthyn llawer o'r clod am i'r mudiad newydd hwn ennill sêl bendith yr addysgwyr proffesiynol a'r gwleidyddion sydd yn hawlio gwerth am arian gan bawb arall, beth bynnag am eu cyraeddiadau personol hwy. Cofier hefyd i'r gwragedd hyn lafurio a llwyddo am flynyddoedd lawer cyn sefydlu'r gyfundrefn bresennol yn 1971.

Mewn gwahanol fannau yng Nghaerdydd y lleolwyd y brif swyddfa am gyfnod maith, a hynny trwy dalu rhent, nes i ni dderbyn grant cyfalaf gan y Swyddfa Gymreig, diolch yn bennaf i Wyn Roberts, i brynu ein hadeilad cyntaf, eto yng Nghaerdydd. Pan ddaeth yn gwbl amlwg nad oedd y lle hwnnw'n addas bellach yn sgil yr ehangu ar weithgarwch a gweithlu bu cryn bendroni i ble i droi. Gwir i ambell un gymryd yn ganiataol mai adleoli i safle arall yn y brifddinas neu'r cyffiniau fyddai'r drefn. Yn wir, fe gyflwynwyd un awgrym nad oedd, yn fy marn i, yn gwneud unrhyw fath o synnwyr – ac fe ddywedais hynny heb wneud yr ymdrech leiaf i fod yn ddiplomataidd!

Teimlwn ers tro, teimlad a gryfhaodd gyda dyfodiad datganoli gwleidyddol, y dylai'r Mudiad Meithrin yntau gofleidio meddylfryd cyffelyb. Nid tasg hawdd oedd perswadio pawb mai dyma ein dyfodol, a hawdd deall anhapusrwydd staff y swyddfa a oedd yn byw yng Nghaerdydd neu ar ei chyrion. Pan gyrhaeddodd awr y penderfynu, fe gytunwyd ein bod yn derbyn yr egwyddor o symud y pencadlys i Aberystwyth os a phan ddeuid o hyd i safle ac arian ac y ceid caniatâd cynllunio. Ein bwriad pellach oedd cadw swyddfa a rhai swyddi yn y brifddinas. Nid dros nos y cyrhaeddwyd y nod ond fe ddaeth y cyfan at ei gilydd yng nghyflawnder yr amser, diolch i gadernid y Swyddogion, y Pwyllgor Gwaith, y Prif Weithredwr a llafur diflino aelodau o'r gweithlu a haelioni Llywodraeth Cymru. Ymfalchïem, ddiwrnod yr agoriad gan Jane Davidson, y Gweinidog Addysg, o weld breuddwyd yn troi'n ffaith, a nifer o swyddi newydd yn cael eu creu, a'u llenwi, yng Ngheredigion. Fel y mynegais ar ddiwrnod torri'r dywarchen gyntaf gan y Gweinidog, "Mae mwy i ddatganoli na sefydlu Senedd a Llywodraeth ym Mae Caerdydd, er mor allweddol bwysig oedd hynny." Hwyrach i un digwyddiad arwain at y llall.

Nid dyna'r unig ddigwyddiad o bwys y cefais y pleser mawr o'i hybu. Trwy haelioni Llywodraeth Cymru llwyddwyd i brynu adeilad eang a chymharol newydd ar gyrion Caerdydd i fod yn ganolfan hyfforddi ac yn swyddfa, ac i adeiladu canolfannau yn Llangefni a Wrecsam. Ym mhob achos, mae'n briodol diolch i'r awdurdodau lleol a grantiau arian cyhoeddus am wneud y cyfan hyn yn bosibl. Diolchwn hefyd am weledigaeth Hywel Jones, cefnogaeth y Swyddogion a'r llwyth o waith a gyflawnwyd gan brif staff y Mudiad.

Trysoraf y deyrnged a dderbyniais wrth gilio o'm swydd wirfoddol ddiddorol a chyfrifol, sef Ysgrifennydd Ariannol, a hynawsedd fy nghyd-swyddogion a Hywel Jones yn argymell i'r Cyfarfod Blynyddol y dylid ailagor rhestr y Llywyddion Anrhydeddus ac ychwanegu f'enw i at y rhestr honno. Yng nghanol y dymuniadau da ni allwn lai na chofio geiriau'r diweddar Sali Davies, Llanbedr Pont Steffan, pan dderbyniodd anrhydedd gan yr Urdd: "Yr anrhydedd fwyaf y gall mudiad gwirfoddol gynnig i unrhyw un yw gofyn iddyn nhw wneud job o waith."

Cynllun Camddwr

Pan ofynnodd un o arloeswyr a phrif ladmerydd ynni gwynt yng Nghymru, y Dr Dafydd Huws, yn ddirybudd un bore a fyddwn yn cydsynio i ymgymryd â chadeiryddiaeth ymddiriedolaeth gymunedol a allai ddwyn elw sylweddol i ardal fy mebyd, fe gytunais heb feddwl ddwywaith. Dim ond gŵr o garisma a brwdfrydedd Dafydd a fedrai ddwyn y fath berswâd mewn sgwrs ffôn ddeng munud. Petai rhai o wleidyddion Bae Caerdydd wedi meddu ar y canfed ran o'i frwdfrydedd a'i weledigaeth glir fe allai'r canlyniad fod yn un pur wahanol. Er cymaint fy niddordeb mewn gwleidyddiaeth o'r dyddiau cynnar, rhaid cyfaddef mai siom a dadrithiad yw'r hyn a erys yn y cof yn y cyswllt arbennig hwn.

Dyma'r cefndir i wahoddiad sydyn y bore hwnnw. Fel rhan o'i genhadaeth fe lwyddodd Dafydd a'i wraig, Rhian, i adeiladu nifer o felinau gwynt ar eu fferm, Mynydd Gorddu, yng Ngheredigion, a chynnig cyfle i ffermwyr cyfagos leoli tyrbeini gwynt ar eu tiroedd ac elwa'n ariannol o'r herwydd. Yn unol â'u cred ei bod yn hanfodol i gynllun o'r fath fod yn fanteisiol i'r gymuned leol, fe sefydlwyd Cronfa Eleri i'r perwyl er lles mawr i nifer o achosion teilwng yng nghyffiniau Tal-y-bont a'r ardal o gwmpas. Pan ofynnodd amaethwr o ardal Soar y Mynydd i Dr Huws am gymorth iddo yntau fedru elwa ar y gwynt a chwythai dros ei dir, fe gytunodd ar yr amod y sefydlid ymddiriedolaeth elusennol i gyfoethogi ardal gyfan.

Cynghori'r sawl a amlygai ddiddordeb, a hwyluso'r trefniadau ymarferol trwy ei gwmni, Amgen, fyddai swyddogaeth Dafydd tra gofalai'r ymddiriedolaeth am yr ochr gymunedol pan ddeuai'r cynllun i rym. Deuai cyllid yr ymddiriedolaeth trwy drefniant ac iddo rym cyfreithiol gan y cwmni datblygu. Y datblygwr a wnâi'r buddsoddiad o filiynau o bunnoedd i ariannu'r gwaith paratoi a chodi'r melinau ac, yn naturiol, ef a gâi'r elw o werthu'r trydan; telid cyfran benodol – dyweder 5 y cant – o elw pob tyrbin i'r perchennog tir, a chyfran benodedig o dderbyniadau, nid elw, y datblygwr i'r ymddiriedolaeth at ddefnydd lleol. Y datblygwr a wynebai'r risg, tra oedd y perchennog tir a'r ymddiriedolaeth yn sicr o'u harian. Hanfod y cynllun arfaethedig oedd y byddai'r ymddiriedolaeth hyd braich oddi wrth yr ochr gynllunio a busnes.

Honnai Dafydd i'r dewis o gadeirydd bwyso'n drwm arno am hydoedd ond iddo gofio'n sydyn, ar y traeth ym Miami, am fy nghysylltiad i â Moelprysgau yng nghanol yr ardal lle y bwriedid gweithredu'r cynllun. Bu grym ei weledigaeth, meddai fe, yn gyfrwng iddo floeddio fy enw a dychryn pobl o'i gwmpas. Gwir ai peidio – ac fe'i clywais laweroedd o weithiau – mae'n stori dda, a nodweddiadol o'r storïwr.

Esgyrn sychion yr ymgyrch a barodd gynifer o flynyddoedd a geir, o reidrwydd, yn y gyfrol hon, a'r gwir plaen yw mai cwmni Amgen a wnaeth ymron yr holl waith a'r gweddill ohonom, fel cŵn o dan y bwrdd, yn disgwyl i'r danteithion syrthio i'n cyfeiriad ni. Cafodd Dafydd a finne aml i seiat ar aelwyd groesawgar Ffwrnes Blwm; cyd-deithiasom lawer tro i gyfarfod â'r darparymddiriedolwyr yn Nhregaron; buom yn ymweld â chynrychiolwyr y Llywodraeth, y Comisiwn Coedwigaeth, cwmnïau trydan ac ati i ddadlau'n hachos a chyfrannu gwybodaeth. Bu Dafydd Huws mewn llu o gyfarfodydd gydag arbenigwyr eraill, gyda chynrychiolwyr y Llu Awyr ar fater hedfan isel, ac amryw gwmnïau a busnesau. Rhaid egluro mai ar dir y Comisiwn Coedwigaeth (eiddo Llywodraeth Cymru), yr arfaethid gosod y gyfran helaethaf o'r tyrbeini, gyda'r gweddill ar dir preifat.

Y gwir yw i ni osod ar blât y cyfle euraid i bob perchennog elwa'n sylweddol trwy wneud dim byd mwy na chaniatáu codi melinau gwynt ar eu tiroedd. Amgen a'r datblygwyr fyddai'n ysgwyddo'r holl waith paratoi a'r costau. Cyffelyb fyddai sefyllfa'r ymddiriedolaeth o'i sefydlu. Fodd bynnag, ni chafodd ei sefydlu am mai ofer fyddai gwneud hynny heb sicrwydd gweithredu'r cynllun a derbyn ein cyfran o'r arian. Amcangyfrifwyd o'r cychwyn cyntaf ei bod yn gwbl bosibl y byddai'r arian at wasanaeth y gymuned yn amrywio rhwng miliwn a thair miliwn y flwyddyn am o leiaf chwarter canrif. Y gorau y medrai Amgen obeithio amdano oedd derbyn addaliad o'r miloedd ar filoedd o bunnoedd a wariwyd ar y cynllun, ynghyd ag, o bosib, ffi datblygu.

Paham na wireddwyd y cynllun? Pwy ddylai ysgwyddo'r bai? Gwyddem y codai lleisiau croch yn erbyn y cynllun gan y criw bach arferol, amryw ohonynt yn bobl ddŵad cyfforddus eu byd a ystyriai fod ganddynt ddwyfol hawl i fwynhau'r bywyd a'r amgylchedd a oedd at eu dant hwy. Yn anffodus, cafwyd rhai Cymry cynhenid yn dangos yr un rhagfarn ac anwybodaeth. Oherwydd natur y dirwedd a'r gofal a gymerid i leoli'r tyrbeini, ni fyddent yn debyg o amharu fawr ddim ar y gwrthwynebwyr. Y *Cambrian News* oedd offeryn cyhoeddusrwydd parod ei glust i rethreg y protestwyr. Bu un o ohebwyr y llusern honno'n ddraenen yn fy ystlys am gyfnod maith. Ystyriwn fod ei agwedd yn arbennig o annymunol, a thorrais gysylltiad ag ef yn dilyn un sgwrs ffôn stormus. Bu un wraig o'r ardal yn ffonio'n barhaus ar y cychwyn ac yn gwrthod gwrando ar reswm.

Mewn atebiad i un llythyrwraig barod ei hysgrifbin i'r un papur a boenai am dynged y 'beautiful hills', ysgrifennodd Norman Roderick Jones, "I'm an ex-pat living in the heart of

London, but I don't regard the streets here as being mine. The Welsh hills belong to the Welsh. Long may they decide what happens to them." Cwynodd mewnfudwr arall i Dregaron ei fod wedi symud yno i fwynhau'r prydferthwch a'r tawelwch. Hwyrach mai gwell gan y mwyafrif o'r trigolion cynhenid fyddai ffrwyth ariannol y cynllun arfaethedig. Ysgrifennodd un Cymro deallus y rwtsh rhyfeddaf yng nghylchgrawn wythnosol y *Western Mail* gan gyhuddo'r darpar ymddiriedolwyr o elwa'n ariannol ar y cynllun heb sylweddoli na chaniateid bryd hynny i ymddiriedolwyr fwynhau mantais faterol. Ni fyddai'r unig chwaraewyr yn y gêm i beidio â gweld yr un geiniog goch am ein llafur ond nyni fyddai'n wynebu'r gwaith o weinyddu'r gronfa a bod yn agored i feirniadaeth. Loes calon oedd bod personau anwybodus neu ragfarnllyd yn amau cymhellion y criw bach ymroddedig oedd â lles yr ardal, a lles yr ardal yn unig, yn eu gyrru ymlaen.

Mater o siom i ni oedd amharodrwydd y gymdeithas leol, a fyddai debycaf o elwa o hyn oll, i godi eu llais yn gyhoeddus i ddatgan eu cefnogaeth. Pan wahoddwyd cynghorau cymuned yr ardal i ddewis cynrychiolydd bob un i fod yn rhan o'r peirianwaith arfaethedig ni dderbyniwyd yr un ateb. Y cyfan a welais oedd brawddeg yn y wasg gan un cyngor iddynt benderfynu peidio â derbyn y gwahoddiad. Collais ffydd mewn ambell wleidydd lleol yr arferwn ei edmygu. Diflastod pellach oedd diffyg unrhyw fath o ymateb gan unigolion o bwys a wahoddwyd i ymuno â ni. Derbyniaf nad pawb sydd o blaid ffermydd gwynt, a bod ganddynt resymau dilys dros hynny. Peth arall yw gwrthwynebu heb wybod y ffeithiau na phwyso a mesur y manteision a'r anfanteision, neu amau cymhellion pobl eraill.

Go brin, er hynny, y byddai gwrthwynebiad neu

ddifaterwch lleol wedi effeithio ar dynged ein cais cynllunio petaem wedi cael cyfle i gyflwyno un. Polisi Llywodraeth Cymru oedd y maen tramgwydd gan na fyddai'r cynllun yn hyfyw heb y nifer helaeth o dyrbeini y bwriedid eu codi ar dir y Comisiwn Coedwigaeth. Buom mewn cysylltiad ag uchel swyddogion y Comisiwn yng Nghymru o'r cychwyn a theimlem ein bod ar y llwybr cywir ac y byddent yn barod i ganiatáu prydles, yn amodol ar ganiatâd cynllunio, ac yn hapus i gydweithio i'r cyfeiriad hwnnw. Yr oedd y llwyfandir yn gwbl addas i'r math hwn o ddatblygiad gan na fyddai'r tyrbeini o fewn cyrraedd llygad yn gyffredinol, a bod y rhwydwaith o ffyrdd a adeiladwyd gan y Comisiwn yn golygu na fyddai galw am lawer o ffyrdd newydd. Ni ellid honni hyn yn achos rhai o'r ardaloedd a gynhwyswyd yn nogfen ddiffygiol TAN 8. Fy unig ofid am ein cynllun ni oedd na ellid cynnwys rhagor o dir preifat o fewn ei ffiniau.

Chwalwyd ein gobeithion dros nos gyda chyhoeddi'r ddogfen TAN 8 (Technical Advice Note 8), a ddynodai nifer o ardaloedd, a dim ond yr ardaloedd rheiny, lle y gellid sefydlu ffermydd gwynt. Eithriwyd ardal Camddwr o'r rhestr ar y tir y gallai'r tyrbeini brofi'n rhwystr i'r awyrennau cargo a hedfanai'n isel. Daeth Amgen i gytundeb gyda'r Awyrlu trwy adleoli nifer o'r tyrbeini a diflannodd ei gwrthwynebiad. Y gred gan amryw o fewn y diwydiant ynni adnewyddol oedd mai gwaith y gweision sifil oedd y ddogfen ac na feiddiai neu na ddymunai'r gwleidyddion, am ba reswm bynnag, newid y cyfyngiadau.

Yn ein sylwadau ar y Ddogfen Ymgynghorol gyda sylw penodol i Ardaloedd Chwilio Strategol, rhaid oedd atgoffa Llywodraeth Cymru mai ymdrech oedd hon gan griw o wirfoddolwyr ymroddedig i weithredu'n ymarferol i ddiogelu ein cymunedau gwledig ac i adfywio'r ucheldir:

Edrychir ar y prosiect hwn fel dull effeithiol o gyfrannu at y targed ynni adnewyddol erbyn 2010/2020 . . . Ffurfir Ymddiriedolaeth i ddosbarthu arian y bydd yn rheidrwydd ar y datblygwyr i gyfrannu'n flynyddol . . . Mae ein Hymgynghorwyr yn bur ffyddiog y medrir cynhyrchu 300 megawat ar gyfer y grid cenedlaethol a chyfrannu o gwmpas dwy filiwn o bunnau o arian sychion i'r dalgylch yn flynyddol i wireddu ein hamcanion.

Rhybuddiwyd ymhellach pe mabwysiadid TAN 8 heb ei addasu, nid yn unig i gynnwys ardal Camddwr ond hefyd i roi cefnogaeth lawn i Lywodraeth Cymru, fe allai ddifetha ein cynllun a chwalu ein gobeithion yn llwyr. Er mai gan Lywodraeth Llundain, a ymddangosai'n fwy cefnogol ar y pryd, y byddai'r gair olaf ar y cais cynllunio, ni allem symud ymlaen heb gefnogaeth Llywodraeth Cymru. Amhosibl fyddai cyflwyno cais am y cynllun yn ei gyfanrwydd heb i Fae Caerdydd ganiatáu codi tyrbeini ar dir y Comisiwn Coedwigaeth.

A dyna, i bob pwrpas, a ddigwyddodd. Er gwaethaf ymbil, pwyso a hyd yn oed cynnil awgrymu defnyddio cymal arbennig yng nghyfraith ecwiti, nid oedd symud ar y Llywodraeth. Gallent yn hawdd, petai ganddynt yr ewyllys, adolygu TAN 8, i hyrwyddo cynllun a fyddai wedi chwyddo'u coffrau hwy yn sgil taliadau'r datblygwr i'r Comisiwn Coedwigaeth a chyfoethogi ardal gymharol brin ei hadnoddau ariannol. Wrth gwrs, prin iawn yw cynrychiolwyr Llafur yn yr ardal hon bellach. Priodol yw i wleidyddion o liwiau eraill gofio fod angen 'genau glân i ganu'n glir'!

Yna fe ddaeth y newyddion ysgytwol o enau Dafydd ar derfyn un o'n seiadau, ar ei aelwyd ef a Rhian. Fe ddywedodd yn hollol ddigynnwrf ei fod yn dioddef o ganser terfynol gyda siars i beidio yngan gair wrth yr undyn byw, hyd yn oed yn y tŷ gartref. Nid oedd am fod yn destun tosturi. Cedwais fy ngair nes iddo fy rhyddhau o'm haddewid ddwy flynedd yn ddiweddarach. Tybiaf mai adwaith y mwyafrif, o dderbyn dedfryd o'r fath, fyddai rhoi'r gorau i gynllun Camddwr. Nid felly Dafydd, a ddyblodd ei ymdrechion i ddod â'r cyfan i fwcwl cyn i'w iechyd ddirywio. A'r cyfan yn ofer.

Peidied y gwleidyddion hyn alaru am dlodi cefn gwlad, am ddiboblogi, am iaith yn edwino ac am brinder arian oherwydd y sefyllfa economaidd neu amharodrwydd Llywodraeth San Steffan i gynyddu'r pwrs. Fe gawsoch gynnig cynllun cynhyrfus o botensial eang i ran helaeth o ganolbarth Cymru. Gwaith Llywodraeth yw arwain – nid llechu yng nghysgod dogfen ymgynghorol wallus o'i gwaith ei hun y gallai ac y dylai fod wedi ei hadolygu.

Carafán

Yn fy ieuenctid ffôl tyngais na welid fi'n defnyddio ymbarél nac yn llusgo carafán wrth gwt y car. Fy unig gysur yw na wystlais arian ar honiadau mor wirion neu mi fuaswn wedi colli'r cyfan. Ni wn beth oedd y cwymp cyntaf ond gwn i ni fel teulu fuddsoddi mewn cragen gystal â newydd, ond prin ei chyfleusterau, i'n galluogi i fwynhau gwyliau cymharol rad, a hynny ym Mawrth 1967 pan oedd Robin yn nesáu at y pump oed a Siôn yn gwta pum mis oed. Wrth ysgrifennu hyn o lith yn haf 2013 mae Margaret a fi'n dal ati wedi 46 mlynedd di-dor ond yn dechrau bygwth mai hon fydd ein blwyddyn grwydrol olaf. Mae Catrin a Siôn a'u plant, Ela a Twm, hwythau'n garafanwyr cyson.

Sprite Musketeer oedd ein carafán gyntaf, a brynwyd ymron yn newydd gan ŵr busnes yn Aberafan. Aeth tair neu bedair o faniau eraill trwy ein dwylo erbyn hyn er i'r Sprite ein gwasanaethu'n ffyddlon a dibynadwy am ddeng mlynedd. Hawliai'r gwaith fy mhresenoldeb yn y ddwy Eisteddfod Genedlaethol am flynyddoedd maith er mawr foddhad i'r bechgyn a llwyth o waith a chyfrifoldeb i Margaret i gasglu bwyd a dillad a phob anghenraid arall at ei gilydd cyn troi am Lanelli neu'r Bala, Bangor neu Gastellnewydd Emlyn. Hwyrach mai'r aelod o'r teulu oedd fwyaf eiddgar am egwyl yn y garafán oedd Mali'r gorgast fach o Sir Benfro a'r ddau fochyn cwta a haeddai eu lle yn llyfr mawr *Guinness* fel eisteddfodwyr mwyaf pybyr yr hil honno.

Daeth teithiau tramor yn eu tro, heb sôn am y nifer helaeth o ardaloedd yn yr Alban a Lloegr na fyddem wedi breuddwydio ymweld â nhw oni bai am economi a hwylustod ein cartref teithiol. Teimlem mai cryn fenter oedd ein taith dramor gyntaf gan ein bod yn hollol ddibrofiad o yrru ar yr ochr dde, heb sôn am orfod wynebu'r her honno gyda charafán ynghlwm wrth gwt y car. Anelu am wersyll gwyliau yn De Haan yng ngwlad Belg a hithau'n beryglus o agos at hanner nos a'r gyrrwr nerfus yn dechrau magu hyder. Hynny yw, nes cyrraedd canol pentref gyda chynllun ffyrdd dryslyd iawn. Ni fedrwn benderfynu pa ochr i'r ffordd y dylsem ei defnyddio a doedd dim dewis ond sefyll yn stond a gobeithio y deuai cerbyd arall o rywle i ddangos y ffordd gywir. Atebwyd fy ngweddi gyda hyn, a bant â ni nes cyrraedd man lle y gwyddem ein bod yng nghyffiniau'r maes carafanau.

Wedi peth crafu pen unwaith eto fe welwn ddau gwpwl yn dynesu, a chyn i mi benderfynu sut i wneud fy hun yn ddealladwy i'r tramorwyr tybiedig heb y crap lleiaf ar iaith dramor, fe ddaeth achubiaeth. Wrth fy ngweld yn petrus sefyll ger y car, dyna un o'r gwragedd yn dweud, "Which one of the two camps are you looking for, love?" Pobol garedig o dde Cymru yn barod fel arfer â chyngor buddiol. Y noson ganlynol, dyma gnoc drom, awdurdodol, ar ddrws y fan. Agor, a'r gŵr cydnerth y tu allan yn cyhoeddi, "I hear you're from Wales. I'm a policeman from Neath." Ennill plwc a pharhau ar ein taith a oedd â'i phen draw yn Ettenheim yn y Fforest Ddu. Darllen yno am farw Elvis Presley.

Ein gwyliau tramor mwyaf uchelgeisiol a heriol oedd anelu am Orllewin Berlin yn Awst 1982. Croesi'r sianel gyda Margaret a Siôn yn gwmni gan fod Robin yn gweithio dros y gwyliau. Wedi treulio rhai dyddiau yn Ghent ac Antwerp, gwneud ein ffordd ymhellach i'r dwyrain. Wrth ddynesu at y ffin rhwng Gorllewin a Dwyrain yr Almaen (cyn yr uno, a chwalu Mur Berlin), fe'n hatgoffwyd ein bod yn cefnu ar y sector Americanaidd, a Dwyrain yr Almaen yn dod yn nes ac yn nes gyda phob tro o'r olwynion.

Synhwyro'r newid yn agwedd y rhai a graffai ar ein dogfennau teithio cyn eu bod yn ein holi a chroesholi. Dim gwên. Dim croeso. Dim ond wynebau caled, difynegiant gyda bygythiad ynghudd ymhob cilwg. Methai'r milwr ifanc amgyffred pam mai'r un oedd rhif cofrestru'r car a'r garafán. Rhoddai'r argraff ei fod wedi ymserchu cymaint yn ein dogfen deithio fel ei fod am ei chadw am byth! Wedi munudau gofidus dyma fe'n estyn y ddogfen tuag ataf, a'i thynnu yn ôl eilwaith cyn iddi gyrraedd fy llaw agored, estynedig. Daeth allan o'i gaban, cerdded o gwmpas y cerbydau, anelu am ei gwtsh, troi yn ei ôl am un saffari bellach, syllu a syllu ar ein cerbydau cyn dychwelyd i'w briod le a'n rhyddhau gyda rhybudd i beidio ag aros ar ymyl y ffordd lydan nes cyrraedd Gorllewin Berlin. Ar bob croesffordd a ymunai â'r briffordd, safai milwyr neu heddlu fel nad oedd modd crwydro oddi ar y llwybr llydan hyd yn oed pe dymunem wneud hynny. Y rheswm dros hyn oll oedd sicrhau na fyddem yn codi a chuddio rhai o drigolion anhapus y Dwyrain a'u cludo i ryddid y Gorllewin. Ni chawsom ronyn o anhawster ar y ffordd yn ôl ac roedd y wraig a wiriai ein dogfennau yn naturiol gyfeillgar. Daethom wyneb yn wyneb ag archwilwyr dogfennau teithio'r un mor surbwch wrth lanio ym maes awyr JFK yn Efrog Newydd hefyd.

Cawsom fwynhad arbennig yn ystod ein hymweliad â Berlin a sylweddoli mai rheitiach fyddai oedi llai ar y daith a threulio egwyl hirach yn y ddinas ddiddorol hon. Dringo i ben Mur Berlin, treulio tipyn o amser yn yr amgueddfa ger Checkpoint Charlie ac ymweld ag un neu ddwy o eglwysi addurnedig. Roedd y gwersyll carafanau yn eang-drefnus ac yn adlewyrchiad o'r trefnusrwydd a'r gofal a briodolir i'r Almaenwyr. Gwraig oedd yn bennaf cyfrifol am y gwersyll a fyddwn i, beth bynnag, ddim yn ei chroesi ar chwarae bach.

Gwyliau tramor arall sydd yn felys yn y cof yw ein hymweliad, y pedwar ohonom, ag ardal y Dordogne yn Ffrainc lle y cawsom haul a gwres diderfyn. Trwy lwc, yr oedd ein fan wedi ei gosod o fewn ychydig lathenni i afon Dordogne a'r bechgyn yn treulio rhan dda o bob dydd naill ai'n nofio neu'n pysgota mewn lle diogel. Bryd hynny nid oedd gennym oergell at ein gwasanaeth a gallwch ddychmygu pa mor anodd, onid amhosibl, oedd cadw'r llaeth a'r menyn yn y cyflwr priodol yn ystod gwres y dydd. Nid dychymyg yw honni ein bod yn taenu menyn ar ein tost amser brecwast ac yn ei arllwys ar ein brechdanau amser cinio. Sefyllfa hunllefus i bob gwraig wrth fwydo'i theulu.

Eisteddfod Genedlaethol y Bala yn 1967 oedd ein profiad cyntaf o garafanio eisteddfodol, lle rhannwyd y carafanwyr a'r pabellwyr rhwng Maes A a Maes B. Pobol yr A oeddem ni fel mae'r gorau, gan i bob math o bethau, yn cynnwys pluo ceiliog yn fyw yn ôl yr honiad, ddigwydd y drws nesaf. Ar drothwy Eisteddfod Rhydaman dair blynedd yn ddiweddarach, awgrymodd Margaret ei bod yn hen bryd i ni garafanwyr fod â chyfrwng i ddadlau ein hachos gerbron awdurdodau'r Brifwyl. O'r syniad hwnnw y tyfodd Cymdeithas Carafanwyr Cymru mewn cyfarfod awyr-agored yng nghanol y carafanau yn Rhydaman. Roeddwn wedi trafod y syniad gydag amryw, a phob un yn gadarn o blaid, felly mater ffurfiol a dweud y gwir oedd y penderfyniad unfrydol. Etholwyd y Parchedig Ronald Griffith, y Drenewydd, yn gadeirydd a chefais innau fy hun yn dal y portffolio ysgrifenyddol.

Erbyn hyn wrth gwrs mae'r sefyllfa wedi newid yn ddirfawr a mwyafrif y faniau cyfoes mor llawn o gyfleusterau modern ag unrhyw dŷ annedd. Dyfais arall a hwylusodd y gorchwyl anodd o symud carafán tuag yn ôl neu ei lleoli ar lain gyfyng yw'r 'caravan mover' sydd yn ufuddhau i fotwm a chyfarwyddyd electronig. Anodd i deithwyr y ganrif hon yw dychmygu amgylchiadau hanner canrif yn ôl. Yr hyn sydd yn ddigyfnewid, fodd bynnag, yw'r rhyddid a'r bywyd awyragored y mae'r math yma o ymlacio'n eu cynnig.

Cynghorydd

Ar un adeg yn fy mywyd roeddwn i'n dyheu am fod yn Gynghorydd Sir – Dyfed fel mae'n digwydd – ond nid oedd yr amgylchiadau'n caniatáu. Gweithio ar fy liwt fy hun yr oeddwn ar y pryd ac yn ddigon ffodus i gael cynnig digon o waith i lenwi f'oriau. Gwyddwn fod Cynghorwyr Dyfed yn treulio dyddiau yng Nghaerfyrddin, heb gyfri'r oriau meithion yn tramwyo'r hanner can milltir bob ffordd. Er y pwyso arnaf i ystyried bod yn ymgeisydd, rhaid oedd gwrthod. O edrych yn ôl, mae'n bosibl i mi fod yn ffodus mewn ffordd ac y byddwn wedi fy nadrithio'n fuan iawn o gofio'r cyfyngiadau ar bwerau ac adnoddau llywodraeth leol a orfodir gan lywodraeth ganolog. Yn Llundain y lleolid yr anifail hwnnw bryd hynny. Ar y llaw arall, roedd Dyfed yn Gyngor a gwmpasai diriogaeth eang, gyda swmp o waith i'w gyflawni.

Ond fe ddaeth fy nghyfle i wasanaethu'r gymuned am gyfnod byr, a hynny o drwch blewyn yn 1987/88, yn un o Gynghorwyr Plaid Cymru ar Gyngor Cymuned Faenor Uchaf. Byr fu fy nheyrnasiad oherwydd y rheidrwydd o gefnu ar Aberystwyth am gyffiniau Caerdydd i weithio ym myd yr is-deitlau. Gwyddwn y byddwn wedi mwynhau a gwerthfawrogi'r cyfle i wasanaethu pobl a adwaenwn yn dda ac y trigwn yn eu plith.

O drwch blewyn eto fyth, a hynny ar yr ail gyfle, y cefais fy hun yn un o wyth cynghorydd Plaid Cymru ar Gyngor Cymuned Pentyrch, profiad cyfan gwbl wahanol a llawer llai pleserus. Ni oedd yn rheoli gyda mwyafrif cyffyrddus. Yn cydeistedd â ni yr oedd dau Lafurwr a thri chynghorydd annibynnol er bod dau o'r tri yn las eu lliw adeg etholiadau eraill. Nid oedd unrhyw anhawster o ran cael ein ffordd ein hunain os byddai angen, ond gan mai cyfyng oedd ein pwerau beth bynnag, nid oeddem yn debygol o ysgwyd seiliau cymdeithas a throi Creigiau, Gwaelod y Garth a Phentyrch yn destun cenfigen i weddill Cymru. Ar y cyfan, fe fyddai cytundeb, ac unfrydedd, ar y rhan helaethaf o faterion a gwerthfawrogem y cyfle i grybwyll diffygion neu anghenion ein hardaloedd ar derfyn pob cyfarfod.

Sôn am gytundeb 'ar y cyfan' wnes i. Nid felly pan godai trafodaeth yng nghyswllt yr iaith Gymraeg. Ar achlysuron felly, 8–5 oedd y bleidlais gan amlaf. Synhwyrwn elyniaeth wirioneddol – yn enwedig o un cyfeiriad glas. Cofier nad mewnfudwyr oedd ein cyd-gynghorwyr ond Cymry di-Gymraeg cynhenid hyd y gallwn ddyfalu. Ni welais golli bod yn gynghorydd wedi i mi ymddeol yn gynnar, er yn cydnabod fy edmygedd o ddyfalbarhad pobl fel Delme Bowen, Gill Rees, Gillian Green, Carol Willis, Penri Williams, Jeff Canning a Jim Prosser. Penderfynais bryd hynny na'm ganwyd i ddisgleirio mewn llywodraeth leol ac mai trist a pheryglus yw meddyliau caeedig a gorwelion cyfyng.

Nid dyna f'unig ddau gysylltiad â chynghorau cymuned gan fy mod wedi llenwi, am gyfnod, swydd ran-amser Ysgrifennydd Cyffredinol Cymdeithas Cynghorau Bro a Thref Cymru. Fe'm gwahoddwyd i olynu'r Dr Wynne Samuel, a orfodwyd i ildio'i ddyletswyddau am resymau iechyd. Roedd Wynne yn awdurdod cydnabyddedig a disglair ar y pwnc a bu'n gymorth hawdd ei gael i finne ar adegau pan deimlwn mai troi at Wynne oedd f'unig achubiaeth. Derbyniais groeso ar ei aelwyd ef a Mrs Samuel yng Nghaerdydd fwy nag unwaith. Fy nghyfrifoldebau pennaf oedd cynnig cyngor neu gymorth i gynghorau cymuned, galw a gweinyddu'r pwyllgor canolog a threfnu'r gynhadledd flynyddol yn Aberystwyth. Digwyddiad cymharol gyffredin oedd derbyn galwad ffôn gan Glerc Cyngor toc wedi chwech o'r gloch y nos yn chwilio am ateb i broblem, a hynny ar frys. Yn gam neu'n gymwys, fe dybiwn ar adegau fy mod i'n synhwyro islais o banig yn y llais. Hwyrach y dylai'r holwr fod wedi cysylltu ymhell cyn hynny ond ei fod newydd gael ei atgoffa wrth baratoi i fynd i gyfarfod rheolaidd ei gyngor lle y disgwylid ateb i'r broblem dan sylw. Dyfalu, ond dim prawf, a thynnu ar brofiad personol o gael ysgytwad wrth edrych ar gofnodion ar y funud olaf cyn mynd i gyfarfod. Un o swyddogion gweithgar y Gymdeithas oedd y Dr Tedi Millward o Goleg Prifysgol Aberystwyth, a fu bob amser yn siriol a pharod ei gymorth.

Hadau cenedlaetholdeb

'Gofynna iddo fe beth yw "Welsh Nationalist".' Dyma'r tro cyntaf i fi glywed am y fath anifail pan anogwyd fi gan gyd-ddisgybl yn Ysgol Gynradd Ysbyty Ystwyth yn gynnar ym mhedwardegau'r ganrif o'r blaen i holi'r prifathro, Hywel Madoc Jones. Cofiaf iddo egluro, er na chofiaf gynnwys yr eglurhad. F'unig addysg wleidyddol cyn y diwrnod hwnnw oedd clywed fy nhad a'i ffrindiau'n melltithio'r Torïaid am ddirwasgiad y tridegau a melltith y 'means test'. Dyn y 'means test' oedd bwgan y weddw a'r anghenus yr adeg honno. Yr un Hywel Madoc Jones fu'n gyfrifol am ddeffro f'ymwybyddiaeth wleidyddol yn ddiweddarach, a minnau erbyn hynny'n ddisgybl 13 oed yn Ysgol Sir Tregaron ac yn aelod o'r Aelwyd yr Urdd leol. Ai hau'r hedyn oedd ei amcan? Dwn i ddim er 'mod i'n amau'n fawr. Hwyrach iddo ddwyn ar gof f'ymholiad dair blynedd ynghynt.

Yn un o gyfarfodydd yr Aelwyd fe'm hanogwyd i ystyried dewis o blith amrywiaeth eang o lyfrau Cymraeg a oedd yno fel rhan o Ymgyrch Lyfrau'r Urdd a fu'n gyfrwng dros y blynyddoedd i werthu miloedd lawer o lyfrau Cymraeg o ddrws i ddrws. Dyma'r prifathro'n cydio yn un o'r cyfrolau ac yn awgrymu'n gryf y byddai'n fuddiol mynd â'r llyfr adre'r noson honno a naill ai ei ddychwelyd ymhen yr wythnos neu ei gadw a thalu amdano. A'r llyfr? *Tân yn Llŷn* gan Dafydd Jenkins, sef hanes yr ymgyrch yn erbyn sefydlu'r ysgol fomio ym Mhenyberth, cynnau'r tân gan y tri, yr achosion llys a'r canlyniadau. Fe'm cyfareddwyd, poethodd fy ngwaed oherwydd y camwri ac agwedd gwleidyddion Llundain. O'r funud honno hyd y dydd heddiw bûm yn genedlaetholwr diwyro. Yn ddiddorol iawn, mae Dafydd yn cyflwyno'i lyfr

'I'r Rhai a'm Gwnaeth yn Gymro'. Ar hyd y blynyddoedd yr ydw i wedi bod naill ai'n aelod neu'n gefnogwr (pan na fyddai amodau gwaith yn caniatáu) Plaid Cymru – ar wahân i un cyfnod byr yn ystod dyddiau coleg pan y'm denwyd gan athroniaeth y mudiad gweriniaethol. Ni newidiodd fy marn am y Toriaid chwaith! Yn wir, ni fedraf ddirnad pam y gall yr un Cymro neu Gymraes o waed coch cyfan beidio â chefnogi plaid wleidyddol gynhenid sydd yn gosod lles Cymru o flaen pob ystyriaeth arall. Braint, flynyddoedd yn ddiweddarach, oedd bod yn un o gyd-weithwyr Dafydd Jenkins yn hybu cymdeithasau amaethyddol cydweithredol, ac yn nes ymlaen yn cydymgyrchu dros ddeddf i'r Iaith Gymraeg a chydaddoli yn Eglwys Fair, Aberystwyth.

Ennill yr Ail Ryfel Byd a phoeni am ddiogelwch bechgyn lleol ar feysydd y gad ledled y byd oedd bennaf ym meddyliau trigolion Ceredigion wledig yn ystod fy mlynyddoedd cynnar yn Ysgol Sir Tregaron. O ganlyniad, doedd fawr o le i wleidyddiaeth plaid ac anodd, a bron yn amhosibl, fyddai dadlau achos y Blaid Genedlaethol, sef ei henw cyffredin bryd hynny. Roedd y term 'Welsh Nash' yn waeth na'r rheg waethaf un, gyda'r ensyniadau am gydymdeimlad, neu'n wir gefnogaeth, y blaid i'r Almaenwyr. Gwrthbrofwyd yr ensyniad niweidiol hwn yn ddiweddar gan yr Athro Richard Wyn Jones. At hyn oll, ychwaneger y ffaith fod Tregaron bryd hynny, a hwyrach i raddau helaeth hyd y dydd heddiw, yn gadarnle Rhyddfrydiaeth draddodiadol Sir Aberteifi. Bu D O Evans yn Aelod Seneddol derbyniol cyn ei farw, a'i olynu gan Roderic Bowen a ddaliodd y sedd am flynyddoedd maith nes ei ddisodli gan gyfaill dyddiau coleg, Elystan Morgan.

Roedd *Tân yn Llŷn* a'r anghyfiawnder a diffyg cydymdeimlad o gyfeiriad Llywodraeth Llundain wedi gwneud argraff annileadwy arnaf a bu Etholiad Cyffredinol

1945 yn gatalydd i griw bychan ohonom ymuno â'r Blaid Genedlaethol a ffurfio cangen yn yr ysgol. Cynyddodd yr aelodaeth erbyn Hydref 1947. Yn fy meddiant o hyd y mae llythyr gan J E Jones yn diolch yn gynnes am ddanfon y swm o bum swllt ar hugain yn dâl aelodaeth deg ohonom ac yn mynegi ei falchder fod cynifer o aelodau newydd yn yr ysgol. Meddai ymhellach: "Yn y dyddiau hyn pan fo swyddfa ryfel y Llywodraeth yn peryglu tir y rhan yma o Gymru, y mae gobaith y bydd i gannoedd a miloedd ddeffro." Ni fu JE erioed yn brin o optimistiaeth. Ni chofiaf ofyn caniatâd y Prifathro, D Lloyd Jenkins, Rhyddfrydwr pybyr yn ôl pob hanes, ond ni chawsom na cherydd na gwaharddiad. Yn ein brwdfrydedd anystyriol ni sylweddolasom fesur ein hyfdra na'n anghwrteisi. Mae'n deyrnged hefyd i'r prifathro hynaws. Gwir i ni dderbyn peth gwawd gan ambell athro a rhai o'n cyd-ddisgyblion. Daeth ambell un o'r rheiny i weld y gogoniant gydag amser a thorchi llewys dros yr achos.

Yn ein naïfrwydd gwleidyddol, disgwyliai ambell un ohonom i'n plaid ennill rhai seddau seneddol yn 1945, ond ni fu'r canlyniadau siomedig yn llestair o unrhyw fath. Bant â ni, yng nghyflawnder yr amser, i Ysgol Haf y Blaid yn y Fenni lle y traddodwyd cyfres o ddarlithiau gan academyddion fel A W Wade Evans, T Jones Pierce, Ceinwen Thomas, A O H Jarman, Gwenallt a Gwynfor Evans. Y thema oedd seiliau hanesyddol cenedlaetholdeb Cymru, a gyhoeddwyd yn 1950 mewn cyfrol yn dwyn yr un enw. Cystal cyfaddef na fu i ni bresenoli ein hunain ymhob darlith ond cawsom brofiad gwerthfawr yn gwrando ar drafodaethau'r gynhadledd a chyfarfod cymeriadau lliwgar a diddorol yn ein dormitori, stafell eang mewn ysgol leol. Gan na chyrhaeddodd pecyn cyfarwyddiadau J E Jones, yr Ysgrifennydd Cyffredinol, ben ei daith cyn i'r fintai adael eu cartrefi i ddal trên yng ngorsaf Tregaron doedd gan yr un ohonom flanced a bu'n rhaid dibynnu ar garedigrwydd ein cyd-Bleidwyr. Baner y Ddraig Goch oedd blanced un o Gymry lliwgar yr Unol Daleithiau. Dim ond un rheol a fodolai, nad oedd modd ei hanwybyddu ar boen bywyd, sef na chychwynnai miri o fath yn y byd nes y byddai E D Jones, prifathro Ysgol Rhydypennau, Ceredigion, wedi suddo i drwmgwsg. Lwc owt wedyn!

Cyfeiriodd yr Ysgrifennydd Cyffredinol yn ei lythyr at fygythiad y Swyddfa Ryfel i ran helaeth o ddalgylch yr ysgol trwy sefydlu gwersyll milwrol yng nghyffiniau Tregaron ei hun. Mae honno'n stori a adroddwyd eisoes o fewn cloriau'r gyfrol hon.

Gweriniaethwr

Cynghoraf y sawl a ddymuna ddadansoddiad llawn a chytbwys o enedigaeth, bywyd cymharol fyr a marwolaeth naturiol Mudiad Gweriniaethol Cymru i ddarllen y bennod berthnasol yn y gyfrol *Llafur y Blynyddoedd* gan Gwilym Prys Davies; roedd ef yn un o'r sylfaenwyr ac yn aelod gwerthfawr. Un o'r milwyr traed oeddwn i, yn fyfyriwr deunaw oed pan sefydlwyd y Mudiad yn 1949. Fy unig gyfraniad, os cyfraniad hefyd, oedd bod yn rhan o'r ymgyrch am yr unig sedd Seneddol i'r sefydliad anelu amdani. Diau y bydd darllen am y bennod hon yn hanes gwleidyddiaeth yn yr ugeinfed ganrif yn agoriad llygad i nifer o'r darllenwyr.

Yn dilyn yr Ail Ryfel Byd roedd Cymru mewn perygl o gael ei llyncu mewn Prydain unffurf a wynebai broblemau economaidd dirfawr. Achosai'r posibilrwydd o ryfel niwclear bryder i nifer o Gymry gwlatgar. Yn arbennig felly i'r rhai o dueddiadau gwleidyddol yr adain chwith. Poenent hefyd nad oedd Plaid Cymru, am amryw resymau, yn effro ac yn aeddfed, ac yn wir yn meddu ar yr ewyllys, i wynebu a manteisio ar yr her a'r cyfle. Yr hwb olaf oedd penderfyniad y Blaid, "trwy fwyafrif llethol", i ymgyrchu am Ddominiwn o fewn y Gymanwlad Brydeinig, yn y gynhadledd flynyddol yn 1949.

Ganwyd Mudiad Gweriniaethol Cymru ym mis Medi'r flwyddyn honno gydag aelodau blaenllaw fel Cliff Bere, John Legonna, Tom a Joyce Williams, Abertawe, Huw Davies, Haydn Jones a Harri Webb. Ymhlith yr amcanion, nodwyd fod "yn rhaid i Gymru fod yn Werinlywodraeth ddemocrataidd, sofran", ac "na fydd gan Frenin Lloegr . . . unrhyw awdurdod cyfreithiol dros Gymru, na thros unrhyw ddinesydd Cymreig". Rhoddwyd y sicrwydd "y bydd y Gymraeg, fel iaith frodorol gwerin Cymru, yn iaith gyntaf a swyddogol y Werinlywodraeth Gymreig".

Tipyn o fenter oedd ymladd mewn Etholiad Cyffredinol ym mis Chwefror 1950, a bu peth anghytuno ynglŷn â pha etholaeth a pha ymgeisydd a ddewisid i greu hanes. Syrthiodd y goelbren ar etholaeth Ogwr gan ddewis Ithel Davies i fod y cyntaf a'r olaf o ymgeiswyr seneddol y Mudiad newydd. Yr oedd Ithel yn gyn-aelod o'r Blaid Lafur, y Blaid Lafur Annibynnol a'r Gynghrair Sosialaidd. Cymhwyster pellach oedd tair blynedd o brofiad yng ngharchardai Lloegr am wrthod gorfodaeth filwrol yn Rhyfel 1914–18.

Nid syndod deall mai affwysol o brin oedd y gwirfoddolwyr yn Ogwr a chytunais i roi ysgwydd dan y baich gan y cynhelid yr etholiad yn ystod Wythnos Rag y coleg. Mewn tŷ ym Mhen-y-bont ar Ogwr y lletyai'r ychydig gweithgar, gan rannu un ystafell eang, a rhannu gwelyau hefyd mae'n siŵr gen i gan fod trefniant o'r fath yn arferol a derbyniol yr adeg honno. Braf oedd cael cydymgyrchu gyda Huw Davies o Aberystwyth, mab i'r cerddor Hubert Davies a brawd, onid wyf yn cyfeiliorni, i Haydn, wicedwr poblogaidd a lliwgar tîm criced Morgannwg. Yn wir, yr oedd Huw ei hun yn gricedwr digon talentog i gynrychioli ail dîm Morgannwg, yn ôl Gwilym Prys Davies. O dan yr unto hefyd yr oedd Cliff Bere, awdur y llyfryn *The Welsh Republic* a arweiniodd at sefydlu'r mudiad yn y lle cyntaf.

Y mwyaf llafar a lliwgar o'r ffyddloniaid yn yr anialwch gwleidyddol oedd y bardd a'r cymeriad, Harri Webb. Hoffai adrodd hanesion am ei gyfnod ym Mhrifysgol Rhydychen ac am yr hyn a ystyriai ef yn snobyddiaeth ddiddeall y breintiedig rai, yn bennaf o Loegr. Gyda chryn afiaith y byddai'n disgrifio dadl yn yr Oxford Union ar gynnig a oedd yn hunanganmol trigolion y wlad am eu heangfrydedd a'u parodrwydd i gyfaddawdu. Doethach ymatal rhag dyfynnu brawddeg gytseiniol Harri i grynhoi ei ddedfryd, dim ond dweud i'r geiriau 'syrupy self-satisfaction' fod yn amlwg ynddi.

A beth am y gweriniaethwr a'r sosialydd o fargyfreithiwr, Ithel Davies, wedi i'r Swyddog Etholiadol wneud ei syms? Ni fyddai dwy law a dwy droed yn ddigonol i gyfrif ei gyfran ef o'r miloedd lawer o'r croesau a dorrwyd ar y dydd Iau hwnnw – ond nid oedd galw am fathemategydd disglair i gorlannu'r 613 a gefnogodd y Mudiad Gweriniaethol. Mynegodd Ithel ei hyder mewn buddugoliaethau'r dyfodol, a dyfynna Gwilym Prys Davies ddiffiniad Harri Webb o'r gobaith ar y gorwel: "Ithel Davies's score of 613 is graven not on its tombstone, but on its foundation stone."

Wedi edwino'n raddol a cholli aelodau fe ddigwyddodd yr anochel yn 1957 pan roddwyd y ffidil yn y to. Erbyn y flwyddyn honno roedd Brenin Lloegr wedi hen ddiflannu o'n plith gan adael yr etifeddiaeth yn nwylo merch ifanc o Frenhines. Parhau i lewyrchu yw hanes llawer o'r sefydliadau Prydeinig. Ni siglwyd hwy i'w seiliau gan weithred herfeiddiol 613 o bleidleiswyr Ogwr.

Dr Emrys Jones

Hanesyn arall sy'n dod 'nôl o edrych o ben talar yw'r atgof am un o fyfyrwyr Coleg Aberystwyth yn treulio cryn dipyn o'i amser yn Nhregaron yn 1946 a 1947. Casglu gwybodaeth fel rhan o'i ymchwil doethuriaeth oedd e a bu gennym ni, ddisgyblion yr Ysgol Sir, ein rhan yn yr ymchwil. Er i mi gyfarfod â'r Dr Emrys Jones flynyddoedd yn ddiweddarach fel cyd-aelodau o Gyngor y Coleg, dim ond yn ddiweddar y daeth cyfle i ddarllen ffrwyth ei ymchwil. Gwelais gyfeiriad at yr ymchwil yn llyfr ardderchog Gerald Morgan sy'n cofnodi hanes Ceredigion – cyfrol sy'n brawf o ymchwil manwl a'r ddawn i gyflwyno ffrwyth y cribinio i'r darllenydd cyffredin.

Cyhoeddwyd y traethawd, 'Tregaron: The Sociology of a Market Town in Central Cardiganshire', mewn cyfrol yn dwyn y teitl *Welsh Rural Communities*. Wrth graffu ar addysg yr ardal, mae'r awdur, nid yn annisgwyl, yn cyfeirio at y gwahanfur crefyddol fel y gwelwyd o edrych ar hanes cynnar yr Ysgol Sir. Dywed y gellid yn hawdd addysgu'r 129 o blant cynradd o dan yr unto, a bod bodolaeth dwy ysgol gynradd, Ysgol y Cyngor ac Ysgol yr Eglwys, yn arwydd pellach o'r rhaniad rhwng yr Anglicaniaid a'r Anghydffurfwyr. Symudiad yng Nghapel Bwlchgwynt a arweiniodd at sefydlu'r British School yn 1859. Gan fy mod i wedi lletya yn y dref am bum mlynedd roeddwn yn ymwybodol iawn o'r berthynas rhwng y ddwy ysgol er na welais elyniaeth rhwng disgyblion y ddau sefydliad pan gyrhaeddent yr Ysgol Sir.

Beth bynnag am rywfaint o wrthdaro o fewn ysgolion cynradd y dre, y mae'r ymchwilydd yn casglu, eto nid yn annisgwyl, fod yna deimlad o 'berthyn' ymysg y gymuned a mesur helaeth o gydymdeimlad â'r gwan neu'r anffodus a mesur helaeth hefyd o awydd i fod o gymorth iddynt. Cefnogwyd menter fusnes a sefydlwyd gan rywun a ddiswyddwyd ar gam, ar dir egwyddor. Canfu berthynas arbennig rhwng siopwyr a'u cwsmeriaid. Ychydig iawn o ddefnydd a wneid o beiriant gwerthu sigaréts, er enghraifft, gan yr arweiniai gweithred o'r fath at wanhau'r cysylltiad personol. Daw Emrys Jones i'r casgliad fod y berthynas glòs hon yn ymestyn ymhell y tu allan i berthynas deuluol. "This", meddai, "is what makes Tregaron a single entity, as difficult for the native to disassociate himself from, and so difficult for any stranger to identify himself with."

A minnau'n blentyn ysgol, ni fyddwn wedi medru dadansoddi'r hyn a ddarganfu'r Dr Jones, ond fe'i derbyniwn fel ffactor gwbl naturiol. Teg cofio ar yr un pryd am agosatrwydd cymunedau ar adeg o argyfwng megis rhyfel. Unai pryder am y bechgyn, ac ambell ferch, yn y lluoedd arfog y trigolion yn un gymuned ac fe welid yr undod hwnnw ar ei orau yn y mynych gyngherddau 'welcome home' i'r arwyr lleol. Roeddwn i'n ymwybodol iawn o deimladau cyffelyb yn Ysbyty Ystwyth a Phontrhydygroes ac fe ailadroddid hyn ymhob un o'r ardaloedd cyfagos.

Er na chollais yr un perthynas o achos y rhyfel, fe'm gwnaethpwyd yn ymwybodol o alar a cholledion teuluoedd eraill. Byddai Bob Waunlloi yn galw yn Gistfaen, ei gyngartre fel mae'n digwydd, pan ddeuai adre am seibiant o'r fyddin. Yr oedd yn fachgen hyfryd. Clywsom un bore, ysywaeth, na chaem y pleser o'i gwmni fyth eto gan i felltith rhyfel a gwanc unbennaeth amddifadu mam ac ardal o enaid hoffus. Wrth ddychwelyd i'm llety yn Nhregaron un bore Llun, fe'm syfrdanwyd gan y newydd fod Tomi Thomas, Amanfryn, mab ein lletywraig weddw, Mrs Thomas, wedi ei ladd yn Bulawayo gan adael teulu bach arall mewn galar.

Mae lle cryf i ddadlau na thalwyd yr un gwrogaeth i'r bechgyn a'r merched a ddychwelodd yn fyw o'r heldrin, ond wedi gweld a dioddef erchyllterau lawer. Go brin iddynt dderbyn mesur helaeth iawn o gymorth na chyngor wrth ailgydio mewn bywydau a felltithiwyd ac a rwygwyd gan ryfel. Heb ei fathu, mae'n debyg, yr oedd y term cyfoes, 'post-traumatic stress'.

Er yr agosatrwydd yn Nhregaron ei hun, fe ddarganfu Emrys Jones yr hyn a dybiai ef oedd yn wahaniaeth dosbarth rhwng aelodau Capel Bwlchgwynt. Honnai fod y gwydrau gwin cymun yn amrywio yn eu maint rhwng y tri dosbarth a ddarganfu ef yno, sef y Gweinidog, y Blaenoriaid, a'r Aelodau. Adlewyrchid 'pwysigrwydd' y mynychwyr gan leoliad eu seddau (corau). Y seddau yng nghanol y capel ac ar yr ochrau yn agos i'r pulpud, a drysorid yn bennaf ac a neilltuid i'r 'bobl fawr'. Teuluoedd Station Road, Chapel Street a'r Sgwâr oedd y breintiedig rai. Ar yr oriel yr addolai trigolion Doldre a'r Pentre. Mae'n siŵr y gallai amryw o aelodau Bwlchgwynt dystio i wirionedd neu ddychymyg y gosodiad hwn heb fynd i'r drafferth i ysgrifennu traethawd doethuriaeth.

Cyn dyfodiad y rheilffordd, roedd Tregaron yn ganolfan bwysig i'r porthmyn. Gan fod y dref mewn man hwylus ar ffordd y porthmyn i Abergwesyn ac yna ymlaen i wastadeddau Lloegr, roedd galw mawr am lety ar y daith cyn diwrnod cyfan o yrru i Abergwesyn. Hyn sy'n egluro'r angen am saith tafarn yn y dre yn 1818 gan gynyddu i un ar ddeg ymhen dwy flynedd. Gyrrai'r porthmyn ar draws dwy fil o wartheg, mewn gyrroedd o ddau gant yr un, i ffeiriau yn Barnet, Banbury a Swydd Caint. Roedd y diwydiant gwau sanau yn ei anterth ar yr un adeg.

Bu gennyf ran fechan yn yr ymchwil hwn na chlywais odid ddim amdano ar ôl ymadawiad Emrys Jones nes cael fy nghyflwyno iddo gan Gerald Morgan. Pam, tybed, na wahoddwyd (neu a ddaeth) Emrys Jones atom yn ddiweddarach i drafod ffrwyth ei ymchwil a'n goleuo am ein cynhysgaeth gyfoethog? Yn sicr, ni ddigwyddodd hynny cyn i mi adael yng Ngorffennaf 1948, beth bynnag a ddigwyddodd wedi hynny.

Unrhyw fater arall

A feddyliodd academyddion blaenaf y genedl erioed am ddarparu traethawd ymchwil ar darddiad, twf a dylanwad un o'r eitemau mwyaf poblogaidd, a pheryglus, ar agenda pwyllgorau mawr a bach, pwysig a thybiedig-bwysig? Go brin! Ar waelod rhaglen bwyllgor, wedi eu gwasgu rhwng 'Adroddiad y Trysorydd' a 'Dyddiad y cyfarfod nesaf', fe welir y geiriau, 'Unrhyw fater arall' (neu 'Unrhyw sgwarnog arall', yn ôl rhai). Dysgais yn gynnar iawn mai'r dull mwyaf effeithiol o gyfyngu ar y perygl o ychwanegu awr neu fwy at hyd cyfarfod o bwyllgor, neu rwystro ambell niwsans o aelod rhag codi crachen, oedd geirio fel hyn, 'Unrhyw fater arall y rhoddwyd rhybudd ohono ymlaen llaw'.

Nid anfantais yn unig, ar y llaw arall, mo'r eitem benagored hon, yn enwedig i'r gweinyddwr neu'r ymgyrchydd cyfrwys. Pa well ffordd o rwystro gwrthwynebwyr rhag paratoi gwrth-ddadl, neu gynllwynio gyda chyd-aelodau? Sydynrwydd y syniad oedd ei chryfder – yn enwedig felly ar derfyn cyfarfod hir pan fo pawb yn ysu am ginio neu droi am adre. Cafwyd sawl maen gwerthfawr i'r wal o dan ambarél defnyddiol UFA, ond yr oedd yn hanfodol gweithredu'n ddi-oed ar yr hyn a gytunwyd rhag i'r penderfyniad gael ei ddymchwel yn y cyfarfod nesaf.

Un o hoff ddywediadau fy rhagflaenydd craff a chyfrwys, R E Griffith, oedd "Trwy ddirgel ffyrdd mae bois yr Urdd yn dwyn eu gwaith i ben". Byddai cadeiryddion fel Alun Creunant Davies, Prys Edwards a Bob Roberts yn dueddol o droi ataf ar ddiwedd cyfarfod a gofyn, gyda gwên, "A oes gan y Cyfarwyddwr unrhyw fater arall?" Y gamp ar brydiau oedd edrych mor sobor â sant a diniwed ag oen newydd ei eni wrth godi mater agos at fy nghalon. Rwy'n amau a lwyddais i dwyllo'r un ohonynt!

Cwrshin Cŵn

Treialon cŵn defaid yw'r enw cyffredin ar yr arddangosfa o ddawn y bugail a'i gi, neu, a'u gŵn yn aml iawn. Ond 'cwrshin' oedd yr enw yn Ffair Rhos pan oeddwn i'n blentyn. Fe gynhelid yr ymrysonfa flynyddol ar Gae Garw, o fewn golwg i Dal-fan, cartref fy nhad a lle'r oedd Mam-gu, Anti Mary ac Wncwl Sianco'n dal i fyw. Murddun ydyw erbyn hyn. Daeth mwy nag un cyfle i fwynhau'r hwyl, ac fe gofiaf un achlysur yn fwy na'r un arall gan i fy ewyrth Sianco a Fly ennill Cwpan Arian, yr unig un iddo ei gipio hyd y gwn i. Anaml iawn y cafodd fy nhad gyfle i ddangos ei ddawn er iddo ennill ei fywoliaeth fel bugail am bymtheg mlynedd a rhagor a chadw diadell o ddefaid mynydd Cymreig hyd ei farw.

Deuai'r ymrysonwyr o bell ac agos i wneud eu gorau glas i gwblhau'r cwrs a chau'r tair dafad yn y lloc cyn i geidwad y chwisl alw digon. Diddorol, hyd yn oed i grwt, oedd gwrando ar y cystadleuwyr a'r gwylwyr deallus yn pwyso a mesur pob ymdrech a dyfalu'r ddedfryd derfynol gan y beirniad, a ynysid oddi wrth y gweddill ohonom. Fe fyddai hwn a hwn – ni chofiaf ferch yn mentro arni'r dyddiau hynny – wedi cael 'run' dda a mynegid barn am y 'lift' a'r 'fetch' neu'r gofid i'r defaid lwyddo i osgoi mynd trwy'r clwydi. Adroddid am ystrywiau rhai o'r hen bennau, megis galw am ail gynnig oherwydd anghaffael, neu fai ar rywun arall. Amheuid i ambell gyfrwysyn wneud yn siŵr ei fod yn cyrraedd yn ddigon hwyr i redeg ei gi yn y llwyd-dywyll yn y gobaith na feddai'r beirniad lygaid digon craff i ganfod y beiau yn y pellter. Ai gwir ai peidio? Pwy a ŵyr?

Y cystadleuydd mwyaf cyson a llwyddiannus oedd

f'ewyrth Ocky, a enillodd y fraint, yn un o ddau, i gynrychioli gwledydd Prydain mewn treialon rhyngwladol yn Maryland, UDA, ym Mehefin 1993. Ci a gast, Lad a Fly, oedd y dewis rai i wynebu her mor fawr. Fe fues yn ddigon ffodus i deithio gydag ef yn ei Morris Minor i dreialon lawer yn ystod gwyliau haf fy mhlentyndod. Coronwyd y diwrnod fwy nag unwaith ag ymweliad â'r pictiwrs yn y Coliseum, Aberystwyth. Bu'n berchen ar nifer o gŵn gwych yn ystod ei fywyd: yr enwocaf a'r mwyaf llwyddiannus oedd Moss, a anrhydeddwyd â chyfenw hefyd a'i gyfarch gennym fel 'Moss Lloyd'. Yn briodol, ond yn frawychus o sydyn, bu Ocky farw o drawiad ar y galon mewn treialon cŵn defaid.

Yr Eisteddfod Genedlaethol

Pawb â'i ffansi, a phawb â'i wendid. Rhaid i fi gyfaddef 'mod i'n yn dipyn o anorac eisteddfodol a gafodd o leiaf gyfran o bob Eisteddfod Genedlaethol yn ddi-fwlch er Eisteddfod Glyn Ebwy yn 1958, ynghyd â thair cyn hynny. Llwyddodd Margaret i fynychu un neu ddwy'n fwy na fi.

Hyd yn oed cyn mwynhau'r profiad o'm Cenedlaethol gyntaf, Aberystwyth yn 1952, yr oeddwn wedi dechrau prynu a chadw cyfrol y *Cyfansoddiadau a'r Beirniadaethau*. Mae'r casgliad yn gyflawn o Eisteddfod Rhosllannerchrugog, 1945, hyd 2013. Llwyddais i osod fy llaw ar ambell un arall hefyd. Pan ddaw'r chwalfa, mae'n siŵr mai'r cwdyn ailgylchu fydd eu tynged drist. Siawns nad yw ambell un yn fwy gwerthfawr na'r gweddill, megis cyfrol prifwyl y ddwy awdl yn 1976.

Hybu'r Gymraeg yn Aberystwyth

Bu cryn dyndra yn Aber yn ystod y saithdegau gyda llawer o garfanu ac anghytuno. Yr hyn sydd yn drist yw gorfod cydnabod fy siom yn agwedd a gweithredoedd mwy nag un

Cymro Cymraeg. Credais, a chredaf, iddynt gael eu defnyddio'n gyfrwys iawn gan elynion yr iaith a geisiai barchuso eu gwrthwynebiad a phrofi nad y di-Gymraeg yn unig a goleddai'r syniadau gwallgo. Gwelwyd hyn yn amlwg iawn cyn sefydlu Ysgol Penweddig ddechrau'r saithdegau ac yng ngweithredoedd y 'Language Freedom Movement' nad oedd am golli'r un cyfle i wrthwynebu a niweidio addysg Gymraeg.

Safodd Pwyllgor Addysg Sir Aberteifi yn gadarn o blaid polisi ei Swyddogion i ad-drefnu addysg uwchradd yn ardal Aberystwyth. Honnid ar y pryd mai i Gynghorwyr Sir yr ardaloedd gwledig, pawb o gynghorwyr Sir Bwrdeistref Aberystwyth, y mae'r diolch am gadernid y safiad. Ymatebodd y rhieni yr un mor gadarn i sicrhau y byddai'r niferoedd plant yn cyfiawnhau agor yr ysgol ym Medi 1973. Yn ein tro, fe gafodd Margaret a finne'r fraint hyfryd o gadeirio'r Gymdeithas Rhieni ac Athrawon a chynrychioli'r rhieni ar y Bwrdd Llywodraethwyr a threuliodd Robin a Siôn chwe blynedd yno cyn symud ymlaen i brifysgol. Ymgyrch wleidyddol a dogmatig oedd yn bennaf cyfrifol am yr helynt a'r teimladau drwg; brwydr ddibwrpas a achosodd raniadau diangen.

Cynhyrfai gweithredoedd Cymdeithas yr Iaith Gymraeg y dyfroedd ymhellach gan gynnig cyfle euraid i fwy nag un cynghorydd lleol wneud llawn ddefnydd o'r bocs sebon a llenwi colofnau'r *Cambrian News* a oedd, bryd hynny, yn nyddiau Henry Read, yn gytbwys a chyfrifol ei agwedd.

Cofiaf eistedd yn oriel gyhoeddus Neuadd Tref Aberystwyth yn gwrando ar drafodaethau'r Cyngor Tref a chlywed Cynghorydd o Benparcau'n cyhoeddi fod 'Mr Cyril Hughes' wedi condemnio un o weithredoedd y Gymdeithas, heb fod cyfle i'w gywiro a dweud mai celwydd noeth oedd ei honiad. Yng nghanol y cythrwfl, rhaid cydnabod yr arweiniad a ddaeth o gyfeiriad y Cyngor Tref, diolch yn bennaf, dybia i, i'r Cynghorydd Merfyn Jones. Galwyd cyfarfod cyhoeddus a phenderfynwyd ffurfio Cyd-bwyllgor Hybu'r Gymraeg. Merfyn hefyd a gynigiodd f'enw i'n Gadeirydd, a chytunodd Llinos Smith i ymgymryd â'r ysgrifenyddiaeth. Rwy'n sicr mai'r rheswm dros fy newis i oedd cydnabyddiaeth o barch a statws y mudiad a gynrychiolwn yn y dref a'n cyfraniad i'r bywyd yno. Pitw iawn yw presenoldeb yr Urdd yn Aberystwyth y dyddiau hyn, er mawr ofid i lawer ohonom. Arwydd pellach o'r dylanwad ehangach oedd i mi dderbyn gwahoddiadau i annerch cyfarfodydd cyhoeddus ym Mhorthaethwy a Chaerfyrddin yn nes ymlaen i ystyried sefydlu trefniant cyffelyb yn y ddau le. Ni chredaf i'r had ddisgyn ar dir ffrwythlon.

Llwyddwyd i raddau helaeth iawn i dawelu'r dyfroedd pan aeth y criw ati i feddwl am, a gweithredu, cynlluniau dychmygus. Yr oedd Iolo ap Gwynn a Hywel Wyn Jones wedi dyfeisio ac adeiladu offer cyfieithu ar y pryd, tipyn o fenter arloesol ar y pryd. Prynwyd uned gan y Cyd-bwyllgor a'i chynnig at wasanaeth pa sefydliad bynnag a ddymunai ddarparu cyfieithiad mewn cyfarfod. Sylweddolwyd ar amrant mai hanner yr ateb oedd cynnig yr offer am ddim. Pwy oedd yn gymwys a pharod i'w ddefnyddio? Camodd ein pwyllgor i'r bwlch unwaith eto trwy gynnig gwasanaeth cyfieithwyr hyderus fel Millicent Gregory, Ann Corkett a Hywel Wyn Jones. Fy nghyfraniad 'allweddol' i oedd cludo'r offer, ei osod i fyny a'i gasglu ar y diwedd a chynnig lloches iddo yn Swyddfa'r Urdd.

Trefnwyd nifer o nosweithiau o adloniant Cymraeg i ymwelwyr haf, pan fanteisiwyd ar y cyfle i sôn am Gymru a'r Gymraeg a dangos rhai o'n talentau. Darparwyd cardiau AR AGOR ac YNGHAU i siopau a dosbarthwyd amrywiaeth o daflenni pwrpasol. Ymdrech fach, efallai, ond credaf i ni lwyddo i ddiffodd peth o dân y frwydr ieithyddol a thynnu'r gwynt o hwyliau'r rhagfarnwyr.

Cadeiryddion

Er mai Cyfarwyddwr yr Urdd oedd pennaeth y staff, yr oedd yntau yn ei dro yn atebol i'w gyflogwyr. Yn ymarferol o ddydd i ddydd golygai hyn atebolrwydd i Gadeirydd y mudiad yn y lle cyntaf. Rhaid i'r berthynas rhwng cadeirydd a'i brif swyddog fod wedi ei seilio ar ymddiriedaeth a pharch y naill at y llall. O fewn rheswm, gall cyfeillgarwch personol fod yn elfen dra fanteisiol. Bûm yn hynod o ffodus yn yr ymddiriedaeth, y parch a'r cyfeillgarwch.

Oherwydd y pellter daearyddol rhwng Aberystwyth a Chaerdydd a baich ei ddyletswyddau dyddiol, yr oedd yn anodd i Owen Edwards lenwi'r swydd i'w hymylon, ond fe wnaeth, gyda'i brofiad a'i wybodaeth am yr Urdd, heb sôn am ei ddiddordeb. Yr oedd yn ffodus hefyd mai Alun Creunant Davies oedd yr is-gadeirydd, a chadeirydd y Pwyllgor Gwaith. Ymhen dwy flynedd, etifeddodd Alun y gadeiryddiaeth ac fe'i cefais yn gadeirydd delfrydol. Rhoddodd ar ddeall na fyddai'n ymyrryd mewn unrhyw ffordd â'm gwaith i ond y byddai bob amser ar gael i wrando cri a chynnal breichiau. Cadwodd at ei air a bu'n gefn pan gyfodai'r angen. Gwyddai aelodau eraill y pwyllgorau eu bod yn cyrraedd yn hwyr os gwelent fod car Alun yno o'u blaenau! Ni fu'r Cadeirydd erioed yn hwyr i gyfarfod, eithr fe gyrhaeddai i'r funud a chychwyn heb golli eiliad. Pan awn i'w weld yn ei swyddfa yn y Cyngor Llyfrau byddwn yn tynnu ei goes am y pentyrrau o bapurau a guddiai bob modfedd o'i ddesg eang, a chael yr ateb: "Rwy'n gwybod yn union beth sydd ar y ddesg, a sut i roi fy llaw arnynt heb orfod chwilio." Ni amheuais ei osodiad.

Tasg hawdd oedd taro heibio i Prys Edwards yn ei swyddfa bensaernïol, a byddai yntau'n ad-dalu'r gymwynas, gan gyrraedd ar ras – a diflannu'r un mor sydyn oni alwai'r achlysur am drafodaeth. Derbyniwn alwad ffôn i'r tŷ ambell noson ac yntau wedi ei gythruddo gan bechod gwirioneddol neu dybiedig un o'r staff ac yn bygwth tân a brwmstan. Diwedd y sgwrs fyddai gwahoddiad i'w swyddfa am baned o de fore drannoeth, a phan gyrhaeddwn fe gaem gyfnewid syniadau a setlo pob problem. Ar ein mynych deithiau i bob cornel o Gymru, ac i Iwerddon a Brwsel, fe osodem y byd yn gadarn a diogel yn ei le.

Deuthum i adnabod Bob Roberts yn dda pan drigai'r ddau ohonom yng nghyffiniau Caerdydd yn chwedegau'r ganrif ddiwethaf, a phan symudais yn ôl i Geredigion, Bob oedd f'olynydd fel ysgrifennydd i Bwyllgor Rheoli Canolfan yr Urdd, clamp o ymgymeriad ar unrhyw gyfrif oherwydd y gwaith codi arian a'r angen am weddnewid y tu mewn i adeilad a esgeuluswyd yn ddybryd gan y perchenogion blaenorol. Ni allaf, yn y cyswllt hwn, beidio â chofnodi diolch a thalu teyrnged i'r pensaer a'r cyfaill, Glan Roberts, a gyflawnodd wyrthiau wrth weddnewid adeilad tywyll a hen-ffasiwn yn ganolfan ieuenctid gyfoes. Bu Bob yn allweddol, gyda phobl fel John Evans, David Meredith, Dewi Bebb ac eraill, wrth drefnu'n fanwl Gêm Rygbi'r Jiwbilî yn Ebrill 1972. Darbwyllodd John Evans Undeb Rygbi Cymru i ganiatáu i Lewod 1971, o dan arweiniad Barry John, wynebu pymtheg o chwaraewyr amlwg o ddewis hyfforddwr y Llewod, Carwyn James. Y fenter hon, yn ddiau, fu'r cyfrwng mwyaf effeithiol i godi cronfa yr oedd yn rhaid wrthi i gwblhau'r gwaith ar y ganolfan yn Heol Conwy. Fel ar bob achlysur arall, nid arbedodd Bob ei hun. Pleser oedd i Evan Isaac a finne ymuno yn y trafod a'r trefnu.

Pan gododd yr angen am lenwi swydd fygedol Trysorydd

Cwmni'r Urdd, fe godais y ffôn at Bob Roberts a'i gael yr un mor barod a brwdfrydig ag erioed. O fod yn Drysorydd darbodus, arbennig o gadarn, y cam nesaf oedd llenwi cadair Is-gadeirydd, ac yna Gadeirydd, Cyngor yr Urdd. Nid gormodiaeth yw dweud mai Bob oedd y gweithiwr caletaf a mwyaf diflino y cefais y fraint o gydweithio ag ef. Laweroedd o weithiau, gwn iddo godi ar lasiad y wawr, gyrru i bencadlys y cwmni y gweithiai iddo ym mherfeddion Lloegr, a threulio diwrnod ar ei hyd yno cyn gyrru'r holl ffordd i Aberystwyth i gyfarfod neu ddau, cyn neidio i'w gar drachefn ar ei siwrnai adref i Landeilo. A hynny heb rwgnach nac ymffrost.

Ac yntau'n weithiwr caled ei hun, nid amlygai ormod o gydymdeimlad ag unrhyw un na thynnai ei bwysau – ac ni fyddai'n swil o ddangos ei deimladau. Parhaodd yn y tresi ymhell wedi fy nyddiau i, yn un o'r gwirfoddolwyr mwyaf teyrngar a dibynadwy y gallai unrhyw fudiad ddibynnu arno i'r eithaf.

Cyd-weithwyr

O gofio'r amrywiol swyddi a'r gwahanol ddyletswyddau yr ymgymerais â nhw dros y blynyddoedd, mae'n dilyn fy mod wedi cydweithio â degau lawer o ferched a dynion; rhai'n wirfoddol a rhai'n gyflogedig.

Bu Urdd Gobaith Cymru'n ddigon ffodus i gyflogi a chadw gwŷr a gwragedd ymroddedig a roddodd flynyddoedd o wasanaeth: llawer ohonynt am gyflogau llai na digonol. Soniais cyn hyn am R E Griffith a Dafydd Jones, ond bu eraill a wnaeth gyfraniad nodedig mewn gwahanol feysydd. Tyfodd y mudiad newydd i'r fath raddau erbyn 1931 fel y bu'n rhaid sefydlu cwmni corfforaethol i ddiogelu ei fuddiannau a'r sawl oedd ynglŷn ag ef. Fel y cofnodir yng nghyfrol gyntaf yr hanes, yr oedd yn rhaid bellach wrth gymorth ysgrifenyddol i'r Sylfaenydd: penodwyd Elsi

Williams, merch o Gomins Coch a oedd ar fin gadael Ysgol Ramadeg Ardwyn, yn glerc amser-llawn gyntaf yr Urdd ym Medi 1931. Buan iawn y daeth i deimlo bod y gwaith yn alwad yn ogystal ag yn alwedigaeth. Ymhen rhagor na deugain mlynedd yr ymddeolodd o'r unig waith y bu ynddo yn ystod ei hoes. Cychwyn fel clerc a gorffen yn Bennaeth yr Adran Ariannol. Roedd Elsi'r math o berson a roddai fenthyg ei cheiniog olaf i rywun mewn angen ond na wariai geiniog goch o arian yr Urdd heb ganiatâd a chyfiawnhad. Pan ymddeolodd Elsi, a'i holynu gan John Roberts, a oedd hefyd yr un mor ofalus o fuddiannau ei gyflogwyr, fe adawodd fwlch aruthrol, a chollasom arian byw o gyd-weithwraig.

Esgorodd yr Ail Ryfel Byd ar lawer cynllun a datblygiad newydd ym myd y gwasanaeth ieuenctid: un o'r cyfryw ddatblygiadau yn Aberystwyth oedd clwb ieuenctid dwyieithog mewn ymgais i wasanaethu holl ieuenctid y dref. Ni ellid clwb o'r fath heb Warden, a syrthiodd y dewis ar athrawes o Ysgol Sir Aberteifi, Gwennant Davies, yn wreiddiol o ardal Llangadog, Sir Gâr. Roedd hyn ym Medi 1943, a chyn ei hymddeoliad ym Medi 1973 roedd wedi llenwi amrywiaeth o swyddi allweddol. Bu'n gyfrifol, ymhlith pethau eraill, am y gwersylloedd, gwaith dyngarol a rhyngwladol a gynhwysai'r Gwersyll Cydwladol llwyddiannus yng Ngwesty Pantyfedwen, gwyliau dawnsio gwerin ac arolygu peirianwaith gweinyddol yr Urdd. Tystia llawer i'w charedigrwydd a'i chonsýrn dros eraill. Priododd â Jim Gillespie yn dilyn ei hymddeoliad, a bu farw yng Ngorffennaf 2013 yn 102 oed.

Gallai Huw Cedwyn Jones, un o hogiau Blaenau Ffestiniog, droi ei law at amrediad anhygoel o waith ymarferol yn y byd trwsio ac adeiladu yn ogystal â chynllunio gwelliannau ac adeiladau newydd yn y canolfannau gwersylla neu adeiladau'r Aelwydydd. Parod ei gymwynas, tynnwr coes didrugaredd a chwmni difyr bob amser: dyna'r Huw Ced a gofiaf i a llu o'i gyd-weithwyr dros gyfnod o flynyddoedd. Ymddeol o'r tresi a wnaeth yntau hefyd gan adael bwlch.

Fel y cerddodd Urdd Gobaith Cymru i fyd a chyfnod newydd, newidiodd natur a phwrpas llawer swydd a chrëwyd eraill o'r newydd. Sefydlwyd Adran Eisteddfod a Gŵyl, ac yn 1973 fe benodwyd Elvey MacDonald, yn wreiddiol o Batagonia, yn Bennaeth, gan ddatblygu ac ehangu'r gwyliau y tu hwnt i bob disgwyl. Gweithiwr caled, a aberthodd oriau a nosweithiau o'i hamdden i bwyllgora a theithio ym mhob cwr o Gymru. Y dasg oedd ceisio ei ddarbwyllo i arafu a dysgu dweud 'Na' wrth wirfoddolwyr a ddisgwyliai'r amhosibl ar adegau. Bu Geraint Davies yn gynorthwywr gwerthfawr yn yr adran: yr oedd y ddau ohonynt yn gwneud y tîm delfrydol – 'dream ticket' fyddai disgrifiad yr Americanwyr o'r bartneriaeth hon.

Fel Swyddog Datblygu Sir Gaerfyrddin yr ymunodd Wynne Melville Jones â gweithlu'r Urdd a'i benodi'n ddiweddarach yn Swyddog Cysylltiadau Cyhoeddus yn y pencadlys. Dyn y syniadau, a chanddo'r weledigaeth a'r gallu i roi cig a gwaed i'r syniadau oedd, ac yw, Wynne. Bu'n fyfyriwr yng Ngholeg Celf Abertawe a Choleg y Drindod, Caerfyrddin. Fe ddeuai i gnocio ar fy nrws, yn llawn syniadau a chynlluniau; ni chofiaf i mi erioed daflu dŵr oer ar ei frwdfrydedd. Cofiwn am y cymeriad lliwgar a phoblogaidd Mistar Urdd a'r asbri newydd a chwistrellwyd i'r mudiad a'r modd yr ymatebodd yr aelodau ifanc. Honnaf mai stondin yr Urdd oedd y prysuraf ar unrhyw faes eisteddfod – yn cynnwys Eisteddfod Llangollen, lle y gwerthwyd cannoedd o ddronsys Mistar Urdd – am flwyddyn neu ddwy neu dair yn dilyn genedigaeth yr anwylyn hwn. Llwyddiant ysgubol fu i ymgyrch Urdd 74 a Ras Falŵns Fwya'r Byd a hawliodd le yn y *Guinness Book of Records*. Cryfder Wynne oedd meddwl yn fawr a gosod targed uchel: nid oedd yn hapus oni fyddai ei ymgyrch nesaf 'y fwyaf yn y byd'! Anodd dychmygu curo bwrlwm y dyddiau hynny mewn unrhyw gyfnod arall.

Cefnu ar drefnyddiaeth sirol Sir Gaernarfon i ddod i olynu Gwennant Davies a wnaeth Gwilym Charles Williams o Lanberis, a llwyddodd i osod ei stamp ei hun ar swydd gyfrifol, amlweddog. Gwerthfawrogwn ei deyrngarwch di-syfl a olygai y gallwn ymddiried ynddo ar bob achlysur; ysgafnhaodd lawer ar faich y Cyfarwyddwr. Nid oedd heb ei synnwyr digrifwch. Mae'n debyg i un cyd-weithiwr a oedd wedi bod yn ddigon anffodus i ddifrodi ei gar, hwyrach nid am y tro cyntaf, i bwyso ar Gwilym i brysuro'r broses o sicrhau cerbyd arall i bwrpas gwaith. Ateb Gwilym, "Fe fyddi di'n lwcus os cei di ferfa!"

Dod o 'faes i fasnach' a wnaeth Selwyn Evans pan gyfnewidiodd gyfrifoldeb bugeiliol yn Sir y Fflint am swydd rheolwr cwmni Copa a ffatri'r Urdd ar Stad Glanyrafon ar gyrion Aberystwyth lle y lleolwyd y peiriannau argraffu. Roedd yn gyfrifol am rediad y fenter ac am nifer o staff. Yr oedd hon yn fenter fasnachol ddychmygus a llwyddiannus am gryn dipyn o amser. Ein breuddwyd oedd i'r fenter fod yn ffynhonnell ariannol sylweddol a allai, gydag amser, leihau dibyniant y mudiad ar grantiau a chyfraniadau. Er cystal y bwriad a llafur y staff, ni wireddwyd ein gobeithion a daeth y cyfan i ben toc iawn wedi fy nghyfnod i. Yr oedd Selwyn, ymhell cyn hynny, wedi symud i borfeydd eraill lle y mae'n adnabyddus hyd y dydd heddiw fel llyfrwerthwr 'Sisyrnaidd' yn yr Wyddgrug.

Chwyddo'r coffrau oedd rhan o waith staff Gwersylloedd Glan-llyn a Llangrannog – a hynny trwy groesawu cannoedd o blant a phobl ifanc i'r ddwy ganolfan o un pen i'r flwyddyn i'r llall. Dyma fenter a fu'n wirioneddol lwyddiannus, diolch i weithwyr ymroddedig fel John Japheth a Steff Jenkins yn Llangrannog a John Eric Williams a Dei Thomas ar lannau Llyn Tegid. Cyflawnasant hyn oll gyda chymorth cyd-aelodau o staff a degau lawer o wirfoddolwyr parod eu cymwynas. Soniwyd mewn cyswllt arall am bwysigrwydd y cylchgronau misol i Gymry Cymraeg a Dysgwyr. Arweiniwyd y tîm golygyddol gan Ifor Afan Owen a Ieuan Griffith yn eu tro.

Yn bersonol, fe ddibynnwn i yn drwm iawn ar ysgrifenyddesau a chynorthwywyr gweinyddol i fwy neu lai graddau am un mlynedd ar hugain faith. Yn y dyddiau cynnar, fe gawn gymorth gwerthfawr gan Margaret Brynmor Jones a Megan Evans, a daeth Carys Briddon (Jones gynt) i gynnal fy mreichiau wrth i'r baich gynyddu. Mewn cyfnod diweddarach, fy mhleser oedd cydweithio ag un o ferched gweithgar Pontrhydygroes ym mherson Alwena Richards (Davies gynt). Yn ychwanegol at fod yn chwaer i un o'm cyfeillion agosaf yn yr ysgol gynradd, gwyddwn am ei chyfraniad i'r Aelwyd leol ac achosion eraill. Gwerthfawrogwn ei chyfeillgarwch a'i gwên barhaus. Gyda chalon drom a theimladau cymysg iawn y cefnogais ei chais am swydd yn nes i'w chartref.

Camodd Sulwen Evans i'r gagendor a adawodd Alwena ar ei hôl ac ymgymryd maes o law â dyletswyddau cynorthwywr gweinyddol. Yn gymorth iddi yr oedd Juliet Parry, ac ni ellid dymuno partneriaeth fwy delfrydol. Nid yn unig yr oedd y ddwy'n ysgwyddo baich trwm peiriant gweinyddol yr Urdd, ond bu galw arnynt fwy nag unwaith i drefnu cynadleddau cenedlaethol i bwyso am sefydlu Cyngor yr Iaith Gymraeg, a gwell darpariaeth teledu. Llwythwyd y gwaith ond ni phylodd y parodrwydd na'r teyrngarwch. Y merched hyn oedd y pwerdy o ddydd i ddydd tra fy mod i a'm tebyg yn aml iawn yn eu gorlwytho â dyletswyddau di-ri.

Atebwyd y ffôn yn gwrtais a chyfeillgar gan Rita Evans am gyfnod hir nes i afiechyd ei llethu. Y mae eraill a haedda sylw, ond rhaid yw tynnu'r llinell yn rhywle, gydag ymddiheuriad diffuant. A fu pob penodiad yn llwyddiant? Naddo, siŵr. Fe gafwyd ambell gneuen wag a draenen mewn ystlys, ond yn y lleiafrif yr oeddent hwy.

Arolwg barn y *Daily Post*

Mae'n syndod beth sy'n llechu mewn amlenni a ffeiliau yr anghofiwyd am eu bodolaeth. Rhaid, ar y pryd, bod rheswm digonol dros gadw toriad o bapur newydd. Nid bob amser, ymhen blynyddoedd, y dyfelir pam y torri, pam y cadw. Nid felly mewn toriad o bapur Lerpwl a ddaeth i'r fei'n ddiweddar. Adroddir y stori yn yr is-bennawd: 'Wales votes for self-rule', o dan brif bennawd cyn egluro mai canlyniad arolwg barn gan y papur yw'r eitem. Mwya'r piti, ni chofnodir y dyddiad cyhoeddi, ond y mae'n bosibl dyfalu, o edrych ar gynnwys cefn y toriad, mai rhywle rhwng 1948 a 1950 yr ymddangosodd. Yn sicr, fe ddigwyddodd ar ôl sefydlu'r Gwasanaeth Iechyd Cenedlaethol.

Ar Ddydd Gŵyl Dewi'r flwyddyn arbennig hon fe gynigiodd y *Daily Post* bedwar dewis i'w ddarllenwyr yng Nghymru: hunanlywodraeth gyflawn; llywodraeth ffederal; Ysgrifennydd Gwladol; glynu at y drefn bresennol. Cyfartaledd y rhai o blaid rhyw fath o ddatganoli oedd 20–1. Cyhoeddwyd mwyafrif clir o blaid hunanlywodraeth gyflawn, ond dim ond ar draws hanner yr un nifer a ddymunai ffederaliaeth. Mynegwyd llai fyth o awydd am Ysgrifennydd Gwladol. Ymddengys i bleidwyr y 'status quo' fod ymron yn 'anweledig yma'. Datgelwyd ymhellach mai siroedd Caernarfon a Meirionnydd oedd yr unig gadarnleoedd gyda thros hanner y rhai a ymatebodd o blaid annibyniaeth lwyr. Ffaith ddiddorol yw y cynrychiolwyd pob proffesiwn ac eithrio'r Gyfraith ym mhleidlais gadarnhaol y ddwy sir. Pleidleisiodd Caerdydd a Chwm Rhondda 5–1 o blaid ymreolaeth.

Ar gefn y tudalen, cyhoeddwyd fod galw am sbectolau o ganlyniad i sefydlu'r Gwasanaeth Iechyd Cenedlaethol, yn gymaint fel bod y gwneuthurwyr wedi dihysbyddu eu cyflenwad o ddeunydd crai ar gyfer y ffrâm a lens.

O gyplysu'r ddau bwnc, gellir honni fod pobl y cyfnod hwnnw'n gweld eu ffordd yn glir.

Cau pen y mwdwl

Moelprysgau oedd 'y lle bu dechrau'r daith' o safbwynt cofio digwyddiadau, er taw yn ffermdy Bryncethin ym mhlwyf Llangeitho y gwelais olau dydd, os golau dydd hefyd, gan ei bod, yn ôl yr hanes, yn ddiwrnod oer o Ionawr. Rydw i wedi ailymweld â'r tŷ ar lan y Tywi fwy nag unwaith. Pery mewn cyflwr rhyfeddol o dda o gofio i'r teulu olaf orfod symud oddi yno tua 1942 ar orchymyn y Swyddfa Ryfel. Fe'i defnyddir fel 'bothy' bellach i gerddwyr y mynyddoedd. Os deil y tŷ fwy neu lai yr un fath ag erioed, nid felly'r tir o gwmpas, a hawliwyd ac a blannwyd â'r 'coniffers cythrel' gan y Comisiwn Coedwigaeth. Adeiladwyd rhwydwaith o ffyrdd sydd, yn naturiol, yn hwyluso'r daith i'r fangre ond nid oes dichon i'r anghyfarwydd fod yn sicr o gyfeiriad na phen draw ei siwrnai.

Un o'r 'anghyfarwydd' ydwyf innau bellach ac yn ddibynnol ar eraill i'm tywys. Cwta wythnos cyn cyflwyno'r gyfrol hon i ofal y cyhoeddwyr, fe fûm yn ddigon ffodus i allu manteisio ar gynnig caredig Charles Arch i fod yn dywysydd. Ni ellid wrth neb gwell na rhywun sydd yn hen gyfarwydd â chrwydro a bugeilio'r mynyddoedd agored hyn ac sydd yn ymddiddori yn yr hanesion difyr sydd yn rhan o chwedloniaeth a hanes y darn arbennig hwn o ddaear Cymru.

Heb ei gymorth, amhosibl fyddai lleoli adfeilion ffermdy a thai allan Tywi Fechan a oedd unwaith mor adnabyddus, na chlogwyn y Graig Goch gyda'i lwybr cul a dramwyem gyda gofal – ond nid ar ddiwrnod gwyntog. Cefais fy atgoffa gan Charles a'n cydymaith, Terence Williams, am y ddwy, os nad tair llofruddiaeth a gyflawnwyd gan y dihiryn Evan

Edward (â chymorth ei wraig ar un achlysur), yn nechrau'r ddeunawfed ganrif. Masnachwr y credid ei fod yn cario swm sylweddol o arian a fu'n ysglyfaeth i Evan a'i wraig, a'i gladdu, o bosib o dan y llawr. Yr un fu tynged brawd Evan a lofruddiwyd oherwydd eiddigedd.

Gwelsom y bedd gwag ar Ben y Bwlch, a dorrwyd mae'n debyg, gan wraig Evan ar ei ffordd i'w gyfarfod ym Mlaenglasffrwd. Gan mai creadur 'meddw ac afradlon' oedd Evan fe dybiodd y wraig mai gwaith hawdd fyddai ei drywanu i farwolaeth ar eu ffordd adref a'i gladdu yn y bedd parod. Ond Evan a orfu. Llofruddiwyd y wraig ac erys y bedd yn wag hyd y dydd heddiw. Dienyddiwyd Evan yng ngharchar Aberteifi. Adroddir am yr un digwyddiadau gan fwy nag un awdur. Amhosibl, mae'n debyg, yw cadarnhau'r holl ffeithiau ond mai Terence Williams, fel finnau, yn credu bod fersiwn Charles yn agos at y gwirionedd. Diolch i'r ddau am eu cwmni a'u gwybodaeth.

Yr hyn na welsom, wrth reswm, oedd praidd o ddefaid cynhenid ar dir Moelprysgau fel yn yr hen ddyddiau, er cael ein hatgoffa o'r rhigwm a ddyfynnir gan Tegwyn Jones yn y gyfrol werthfawr *Ar Dafod Gwerin*:

Care fain o dan yr ase
Bylchau bawd o war y clustie,
Dyna ydyw nod Moelprysge.

Cyfeirio mae'r rhigwm at nod clustiau defaid cynhenid y fferm. Y tristwch yw mai coed coniffer ac awyrennau hedfan isel a ddisodlodd gymuned gymdogol. Mae'r annibendod gweddillion coed, a thir nad yw'n cynhyrchu dim o werth, yn bechod. Ai dyma'r 'wilderness' y clywsom gymaint amdano pan geisiwyd cynhyrchu ynni glân a miliynau o bunnoedd i adfywio ardal eang? 'Mess', nid 'wilderness' a welais i.

Hunangofiannau eraill gan gewri o Geredigion!

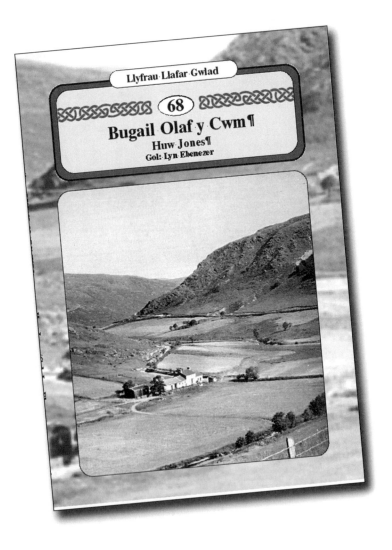

Llyfrau·Llafar·Gwlad

68

Bugail·Olaf·y·Cwm¶

Huw·Jones¶

Gol:·Lyn·Ebenezer

Dyddiau Cŵn

Bugail y Mynydd Bach:
Idris Morgan

Byd
Moc
Hunangofiant Moc Morgan

6/14

Y Llinyn Aur

Rhiannon Evans, Gof Aur Tregaron

"Nid bywyd yw Bioleg:
Mi af yn ôl i'r wlad"

Bwydo'r Bobol

STUART LLOYD
Siop Tships Lloyds o Lanbed

"A phawb eisiau ffish a tships
cyn mynd adre . . ."